北京市赵炳南皮肤病医疗研究中心
燕京赵氏皮科流派传承工作室丛书

精诚大医赵炳南

○主　　编　赵恩道　张广中　曲剑华　周冬梅

○执行主编　张　苍

○编　　委　（按姓氏笔画为序）

　　　　　　王嘉然　刘志勇　刘　清　李学燕

　　　　　　杨　岚　姜春燕

人民卫生出版社

图书在版编目（CIP）数据

精诚大医赵炳南 / 赵恩道等主编 . —北京：人民卫生出版社，
2017

ISBN 978-7-117-25737-4

I. ①精… II. ①赵… III. ①赵炳南（1899-1984）- 生平事
迹 IV. ①K826.2

中国版本图书馆 CIP 数据核字（2017）第 307237 号

人卫智网	www.ipmph.com	医学教育、学术、考试、健康，购书智慧智能综合服务平台
人卫官网	www.pmph.com	人卫官方资讯发布平台

精诚大医赵炳南

主　　编：赵恩道　张广中　曲剑华　周冬梅
出版发行：人民卫生出版社（中继线 010-59780011）
地　　址：北京市朝阳区潘家园南里 19 号
邮　　编：100021
E - mail：pmph @ pmph.com
购书热线：010-59787592　010-59787584　010-65264830
印　　刷：北京盛通印刷股份有限公司
经　　销：新华书店
开　　本：710×1000　1/16　　印张：16　　插页：8
字　　数：279 千字
版　　次：2018 年 1 月第 1 版　2018 年 11 月第 1 版第 3 次印刷
标准书号：ISBN 978-7-117-25737-4/R·25738
定　　价：62.00 元
打击盗版举报电话：010-59787491　**E-mail: WQ @ pmph.com**
（凡属印装质量问题请与本社市场营销中心联系退换）

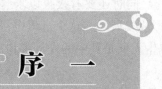

序　一

　　中医药学有悠久灿烂的历史,为维护民族繁衍昌盛,保障人民生命健康做出了突出贡献。中医药学不但是中华优秀文化的瑰宝,也是丰富的古代科学技术的结晶,值得深入研究与挖掘。

　　中医药学术发展呈现一个突出特点,就是不断适应社会需要,坚持基础理论的指导,汲取其他学科知识为我所用,在满足临床需要的同时,也促进了自身的学科分化与学术发展。特别是在春秋战国时期,"诸子蜂起,百家争鸣",中医药学也得到了长足的发展,趋于成熟。重要的标志是理论与实践结合形成了较完整的中医药学术体系;另一个标志是中医药学科出现分化,如中医外科学大致形成于这个时期。

　　自春秋战国时代,就注重外科临床实践经验的总结。马王堆帛书《五十二病方》记载有疽、痔、淋等数十个外科病证和敷、洗、熨、熏、砭、灸等多种外科治疗方法。《黄帝内经》《伤寒杂病论》更有丰富的理、法、方、药的记载。华佗创麻沸散开外科麻醉之先河。东晋《鬼遗方》总结痈疽治疗的消、托、补三法。唐《千金方》记载瘘管引流、葱管导尿等治疗方法,直至明清时期,陈实功《外科正宗》为代表,记载外科病证"列证最详,论治最精",中医外科学成为独立成熟的学科。皮肤科分化较晚,外科学中虽然包含了许多皮肤病内容,如疹、癣、疮等有关皮肤痛痒、疥癣等治疗经验,但皮肤科尚未独立分科,许多论述散见于外科各个疾病门类中。可以说,中医皮肤科出自中医外科。

　　明清之前,对于皮肤病治疗原则,常以"痒止痛消"为治,皮损消退与否并不重要,虽加内治之法,但也多用葱、姜、蒜、酒,但求痛安痒止。《医宗金鉴·外科心法要诀》论列疾病与皮肤相关者达到100余种,各有治法方药。自此,皮肤科逐渐从外科中分离,始有中医皮肤科雏形。然皮肤病治疗之法、皮肤病内外用药并未普及,服务于少数达官贵人,非寻常百姓可以奢望。

3

近几十年来，随着人民生活水平提高和社会环境的改善，人们日益重视皮肤保健及皮肤疾病的诊治。皮肤病学科虽然积累了丰富的诊疗经验，但尚没有成熟完善的中医皮肤病学科体系。建立一个崭新的中医皮肤学科，必须具备深厚医学知识积累和丰富临床诊治经验，同时还要有孜孜以求、精勤不断、甘于奉献的精神，才可造就一个学科的形成发展。在这个过程中，一大批中医皮肤科前辈做出了重要贡献，赵炳南先生无疑是其中的先行者和杰出代表。

赵炳南先生在解放前，开医馆以皮肤病诊治为长侍业，勤奋耕耘，不断进取，除诊治外尚刻苦专研，整理医籍，传授生徒，更亲自动手研制多种中药皮肤科药剂供临床之需。解放后，赵炳南先生以他卓越的医术为毛泽东、周恩来、朱德等老一辈国家领导人服务，并以卓越的疗效得到了赞扬。赵炳南先生在中央皮肤病性病研究所组建了中医研究室，借鉴现代医学研究方法开展中医皮肤病的科学研究；1974年，他又带领团队建立了全国第一个独立的中医皮肤病专科；1975年《赵炳南临床经验集》出版，这是第一册中医皮肤病防治的医验集；1984年又主编了《简明中医皮肤病学》，这也是第一册中医皮肤病学专著，系统阐明了中医皮肤学科的理论基础和治疗方法，形成了完整的学科体系，是中医皮肤病学科的奠基之作，也标志着中医皮肤病学科的形成与成熟。

综上，可以勾勒出一位中医学科开拓、奠基者为创建新学科所走过的路径和做出的贡献。赵炳南先生为中医皮肤科的诞生付出了毕生心血，令人肃然起敬，奉为楷模。先生深厚的中医学识、丰富的临床经验、勤勉的敬业态度值得我们学习。先生坚持面向临床，面向需要，坚持理论自信、学术自信、疗效自信，坚持博采众长，不断开拓的创新精神尤其值得传承和发扬。赵炳南先生学术长青！

高山仰止，望峰息心。谨以点滴学习体会与读者共勉，也权充为序。

中国工程院　院士
天津中医药大学　校长
中国中医科学院　院长

2016年7月于京华

　　行医 30 年,一直在思考,什么样的医生是好医生? 如何能成为一个好医生?

　　赵炳南老先生做出了完美的示范。赵老先生少年立志学医,拜于丁德恩先生门下,多思善悟,融汇百家,年方弱冠,誉满京华。精湛的医术广受称道。直到晚年,仍勤学不辍,每天完成医疗工作之后,还要读书到深夜,在他的工作室,几个大书柜引人注目,典籍经过反复的研读,虽显得有些破旧,但是历史的写照。他不但精研典籍,还广泛地学习、吸纳各方的经验,向西医同道学习、向其他科室同道学习、向民间学习,不断丰富、完善自己的学术内涵。赵老从不计较个人名利,从不考虑富贵贫穷,从不自视清高、目中无人,他对待每一个人都是尊重有礼,对待每一个病人都是认真负责。他把自己的经验毫无保留的献给国家,献给北京中医医院,因为在他的心中没有小我,只有"普救含灵之苦"的愿望。

　　北京中医医院的院训是"仁、术、勤、和",赵老先生的一生是最好诠释。赵炳南老先生是北京中医医院的院魂。

　　《大医精诚》言道:学者必须博极医源,精勤不倦,不得道听途说,而言医道已了,深自误哉。……凡大医治病,必当安神定志,无欲无求,先发大慈恻隐之心,誓愿普救含灵之苦。……夫大医之体,欲得澄神内视,望之俨然。宽裕汪汪,不皎不昧。省病诊疾,至意深心。详察形候,纤毫勿失。……夫为医之法,不得多语调笑,谈谑喧哗,道说是非,议论人物,炫耀声名,訾毁诸医。自矜己德。每每读到这些文字,倍感振奋、感动。好医生就是这样具有高尚道德、高超医术、高贵人品的人。赵炳南老先生就是这样一位精诚大医。

5

我们现在缅怀赵老，就是要好好的学习赵老，学习他精深的学术思想，更要体味、学习他高贵的人品，高尚的情操，朝着精诚大医的方向不断前行。

北京中医医院院长

2017 年 1 月于北京

引　言

　　赵炳南先生是我国已故中医皮外科专家,85年的人生轨迹、一个甲子的从医历程,医者仁心,救人济世。

　　赵炳南以六十余载的临床经验,形成独特的中医皮外科治疗风格,开创中医皮外科专门领域,开放通达,兼容中西医之长;诲人不倦,门下弟子、院内外学生桃李满园;勤勉精进,治学严谨,在专业领域发表大量专题论文,并著有《赵炳南临床经验集》,获全国科学大会奖。

　　赵炳南1926年悬壶于北京西交民巷,开设赵炳南医馆,有"年方弱冠,誉满京城"之美名,他坚持每日"施诊",以人道主义精神接济穷苦病患,以高超的医术救病人于危难,时任北京市中医公会外科委员、华北国医学院外科教授等职。新中国成立后,赵炳南思想先进,步入新生,他以发展中医事业为己任,当时被聘为北京医院、中国医学科学院、北京和平医院等单位的中医顾问。为支持北京中医医院成立,赵炳南积极参加医院工作,把医馆的药品、医疗器械、制药用具、办公设备无偿捐献给国家。

　　赵炳南先后担任北京中医医院皮外科主任、副院长、名誉院长,兼任北京市中医研究所所长等职务,并被推选为中华医学会及其外科学会及皮科学会委员,全国中医学会副理事长,北京中医学会理事长。还担任过北京第二医学院中医系教授,北京市人民政府委员。还曾被选为第二、三、四、五、七届北京市人大代表,北京人大常委会委员,第四、五届全国人大代表。

　　赵炳南先生的行医生涯中,其为人处世的道德观念,对医疗事业的无限忠诚,对中医医道的无私奉献,对患者的仁厚关切,折射出我国老一辈中医开拓进取的工作精神、艰苦朴素的生活作风、严谨真诚的做人态度。缅怀赵炳南先生,同时也是弘扬老一辈中医的宝贵精神遗产——对祖国传统医疗事业的无限忠诚、对我国广大患者的无尽关怀。为保留原稿风格，本书内容多为原貌呈现，以尊重历史，请广大读者阅读时参考。

赵恩道

2016 年 7 月

目　录

9

第二部分　缅怀先辈赵炳南

第三部分　赵炳南学术思想及经验浅谈

第四部分　赵炳南发表文章全录

11

12

附　录

第一部分

赵炳南传略

第一章

童年(1899 年—1913 年)

一、引子

"三岁看大,七岁看老"是流传已久的民谚,意思是一个人的童年表现将会折射他的成年际遇。据英国心理学最新研究成果显示,三岁幼童的言行可预示他们成年后的性格。如此一来,中西与古今、民间与科学竟达成了共识——童年决定论。

悬壶济世的一代名医,他的童年际遇究竟如何影响了他成年后的人生、医道?赵炳南的童年,多次徘徊于死生之间,羸弱的肩膀背负着两座大山——贫穷与疾病,而引领他走出苦境、顽强成长的则有三位贵人,他们潜移默化的影响把赵炳南送上了医者之路。

二、两座大山

19 世纪 50 年代,山东德州地区连年遭遇大面积、持久性旱灾,庄稼绝收,农户生存处境极端恶化。赵炳南的祖父赵文昇(赵贵)一家,正是挣扎在生死线上的千万农户之一。1860 年,咸丰十年,夏季的旱灾成了压垮山东农民的最后一根稻草,连年饥荒的折磨让他们再也难以承受任何打击。除了农活,赵文昇还会些厨艺,但即便如此也难以维持全家人的生计,于是他举家搬迁,跟随众乡亲邻里,拖家带口,背井离乡,沿大运河北上,最后来到河北宛平县一处名为三里河的回民村落。

那一年,正处于英法联军发动的第二次鸦片战争期间,咸丰帝出逃京师,清军在南方与太平天国僵持,大批山东饥民北上逃荒。赵文昇一家虽然落了户,但身在异乡,举目萧然,回想一路逃难,从山东到河北,披星戴月数千里,艰辛不已,可谓家破人未亡。原本的家庭虽不富裕却也安居乐业,但身处异地,放眼四周只有贫穷与苦难。如此一来,全家的生计重担都由多病缠身的赵文昇一肩挑起。

赵文昇7岁丧父,13岁丧母,但并未因自己是孤儿而自怨自怜,长大成人后刻苦习得厨师的手艺,尽管收入微薄,也算能负担全家生计,逃过饥荒后,这个奔波的家庭总算缓过一口气。旦夕祸福一瞬间,赵文昇操劳过度,突患重症,很快就离开人世。于是,全家的生计负担又转而压在儿子赵宏斌的身上。好在赵宏斌有制作清真糕点的手艺,依靠技术能挣些微薄收入,勉强让一家人糊口。

1899年,赵炳南降生在这个生活窘困的家庭中。对这个饱受疾苦摧残的脆弱家庭来说,赵炳南可谓"生不逢时"。增人添丁,特别是男丁,对一般家庭来说是特大喜事,但在这样的贫苦家庭,增丁就意味着添口——吃饭的口,赵炳南的降生无疑是雪上加霜,并未给家里带来欢乐,反而给父母赵宏斌夫妇平添愁容。

赵炳南自幼羸弱多病,营养不良,仅从5岁到8岁这短短三年中,他接连患过麻疹、伤寒、猩红热,甚至痢疾、天花,最要命的是疟疾。恶疾频发,一波又一波的摧残,让没钱治病的赵炳南骨瘦如柴。他的童年,始终与病魔相抗,而病魔的帮凶则是贫穷。

三、三位贵人

赵炳南的童年,伴随着疾苦,却也蕴含着希望,疾苦来自两座大山,而希望则源于三位贵人。这三位贵人,一位拯救他的性命,一位传授给他知识,一位开启他的未来。拯救赵炳南性命的贵人,是位民间医者。

赵炳南5岁那年,染上痘疮,也就是天花。他高烧昏迷,痘疮出全之后,已经体无完肤。贫穷助长了病魔的威胁,家中没钱给赵炳南治病,于是他就强忍着病痛,但是他本就营养不良,又何来力量抵抗? 眼见赵炳南日渐虚弱,再这样下去性命不保,父母一筹莫展。生死关头,第一位贵人出现在赵炳南面前,可谓天降神兵,正当其时。此后,她凭借高超的医技多次将赵炳南从死神手中夺回,不仅如此,她高尚的品德也深深影响了年幼的赵炳南。

村子里这位善治小孩病的医者姓王,在家中行二,人称王二大妈。她虽不通文墨,却粗晓医理,多知多会,常以民间土方偏方为乡人诊病,尤其善治孩童,屡见奇效。赵宏斌夫妇请来王二大妈为儿子诊治,她看过之后,就给赵炳南开了"化毒丹",服后很快好转,数日逐渐痊愈。愈后,赵炳南落下一身疤痕,甚至遍及面部，被村里孩子们取了个外号——"麻孩儿"。赵炳南就这样带着一身疮疤成长，并不介意。然而令人称奇的是，20世纪20年代后期，赵炳南医馆开业后，他的疤痕竟全部消失，面部平复如初。

天花只是赵炳南童年苦难的前奏，5岁天花刚刚治好，6岁的他竟又染上了痢疾。当时红白痢疾肆虐，排便中带有脓血，痛苦难当，赵炳南未能幸免，染病持续数月，每日排便的次数难以数清。当时家境贫寒，别说是手纸，就连最便宜的豆纸都买不起，赵炳南的父母只好把破旧衣服撕成碎片给儿子当做手纸用，用后洗净、泡在石灰水中消消毒、晒干后再用……半年多的时间里，赵炳南不仅用完了家中所有的破旧衣服，甚至把乡亲邻居送来的破衣烂布都用光了。宛平县城的大夫诊治数月，虽症状稍缓，却经久不愈。病痛折磨数月，本就消瘦的赵炳南只剩一身皮包骨。王二大妈雪中送炭，出了个偏方：无花果加蜂蜜蒸熟，每次4~5粒，日服三次。赵炳南连服三日，疗效立显，没过几天就痊愈了。

7岁那年夏天，赵炳南突染疟疾，病来如山倒，受尽折磨却没钱进城治病。赵家门前的老槐树下有块大青石，发热时，他就在石面上躺一躺；恶寒时，他就到门外晒太阳……不少人出过偏方，都不见效，就这样错过了医治的最佳时机，病情急剧恶化。赵炳南的母亲托人告急，王二大妈连夜从外地亲戚家赶回。赵炳南的父母满以为救星到了，却发现王二大妈看过之后，表情竟呈现出前所未见的凝重。当时，赵炳南脸色惨白，骨瘦如柴，王二大妈不敢轻易下药施治，犯起难来。赵宏斌夫妇只好把王二大妈请至屋外，坦陈"孩子的病实在太重，城里的医院都不敢收治，您就死马当活马医吧！"王二大妈沉吟片刻，提出："有个单方，只能冒险试试看，好了就好了，不好就了了。"于是，她冒着极大风险采取攻伐之法，拿一块绿豆大小的信石用布包包好、砸碎，以白开水送服。几经周折，终于把赵炳南从死神手里夺了回来。

几十年后，赵炳南对家人和学生提及这段可怕的经历，他说："7岁那年的疟疾死里逃生，虽然已经过去几十年，却始终记忆犹新。当时服药后，我就觉得有如腾云驾雾一般，恍惚间，眼前出现一条天梯，我就顺着它往上爬呀，爬呀……一个不留神，撒了手就摔下来，惊出一身冷汗，从此病也就逐渐好起来了。其实哪里有什么'天梯'？就是高烧导致的幻觉！"他还说："连年重病，让我失去了启蒙读书的最好时机，却也带给了我在学校里学不到的深刻体会——穷人家的孩子得了重病，无疑就是灭顶之灾。"

连年恶疾，虽然耽误了赵炳南读书的最好时光，却也使他对人生磨难、病痛疾苦的体会比同龄人更加深刻，更重要的是，幼小的他竟对医者这份职业心生向往。他常幻想:要是能像王二大妈那样解人疾苦,那该多好!那时,赵炳南并不像其他孩子一样东跑西耍,他就喜欢到王二大妈那儿去,看她熬膏药、配方子,偶尔给她打打下手。

赵炳南悟性奇高,在和王二大妈接触中,也学到了一些验方土方。他9岁时,正遇村中回族办红白事,杀鸡宰鸭,热闹非凡,本家的小外甥奔走相告,却不留神摔倒在石头角上,头上撞个大口子,流血不止。村民有人掬一捧细灰尘土,用手堵住他的伤口,孩子的血却越流越多。赵炳南想起王二大妈曾经说过的一味土方:用鱼骨研粉外敷止血。于是当即找来,敷在伤者头上,很快就好了。

像王二大妈一样治病救人,是赵炳南童年时期的一颗种子,深深扎根到他心里,他对父亲赵宏斌道出自己的心声:"我要好好读书,将来做一名医生,像王二大妈那样把那些看不起病的穷人们全都治好,而且不收他们一分钱!"赵炳南的远大志向,只是令父母欣慰地点点头,之后却是一声长叹,叹息中隐藏着父母的无奈与心痛:这样一个贫寒的家庭,哪能供得出一个大夫呢?

然而,在赵炳南的恳求下,在他8岁那年,全家节衣缩食,咬着牙把他送进了一家私塾学堂,从此开始了求学之路。从而,赵炳南得以结识童年时的第二位贵人——吴先生。

经济拮据,加之体弱多病,六年的私塾学习,赵炳南竟中途辍学四次,不过他还是凭着顽强的毅力,取得了优异的成绩,最终完成了学业,获得私塾吴先生的高度赞扬。在吴先生的努力下,学堂还主动免除了许多费用,给这个穷困家庭减轻了不少负担,这在旧社会私塾学堂里是极少见的事情。

在少年多舛的求学过程中,吴先生曾对赵炳南讲过一句古话——"人生在世,不为良相,便为良医!"这话像楔子一样钉进赵炳南幼小的心里。他当时想:仅凭他的家境,怎敢奢望做良相、良医?要是能像王二大妈那样,骑个毛驴拎个包袱,随行随诊,也就知足了。但是,赵炳南听出了吴先生对他寄语中的殷切期望,更加坚定了自己从医的志向,更加严格地要求自己。

于是,赵炳南勤勉求学,责己严苛,他少年时立下的志向、私塾先生的寄语,在其后66年的从医生涯中完完全全地兑现了。

及至成人,赵炳南出徒,开业行医,治好了一位盲人患者。患者出于感激,问了赵炳南的生辰八字,听后掐指一算说:"好刚强的八字,就是五行缺火,自幼多灾难,改个名子还可以补救。"常言道:"南方丙丁火"。于是,赵炳南的名字就这样叫开了。后来,赵炳南自己说:"我幼年多病,哪里是什么五行缺火,是旧中国给我们穷苦人带来的贫困和饥饿!"

　　几十年后,赵炳南教育他的子女,总提起这段苦难往事,训诫子女务必要珍惜今天的幸福生活。他说:"我总是讲我小时候的经历,不是让你们忆苦思甜。你们从来就没受过苦,还忆什么苦? 所以现在的甜,你们也不觉得是甜,还总想着更甜。这样下去怎么能成为国家的有用之才呢? "他常说:"人的一生什么都可以没有,就是不能没有良心;忘掉什么都可以,就是不能忘记根本。"这句格言,是赵炳南一生的做人准则。

　　如果仅有私塾知识、仅有偏方土方,赵炳南恐怕无从成就以后的成绩。他的专业修行、医道传承、处世为人皆受益于第三位贵人,德善医室的丁德恩先生。丁德恩与赵炳南,这段师徒佳话,该从赵炳南的少年学徒说起。

第二章

学徒奇遇（1913 年—1922 年）

　　1912 年秋天，是赵炳南人生的重大转折点。那一年，他 13 岁。在父母的努力下，在亲朋好友的帮助下，赵炳南经人介绍，到"伯贤氏"中药铺当学徒，迈出了他走向社会的第一步。终于走出家门，他激动的心情难以言表：虽不是去学医，但学药也是令多少人羡慕的本事！

　　自 1913 年起，赵炳南正式到"伯贤氏"中药铺学徒，他学习刻苦，待人忠厚。虽然个头瘦小，却抢着干粗活，从不计较分内分外。作为学徒，赵炳南悉心照料掌柜及其家人的生活起居，守礼周致，聪敏灵巧，颇受掌柜一家的疼爱，逢人便夸，遇人就讲。赵炳南心里自然也十分高兴。

　　就在赵炳南按部就班学徒的时候，一件不可思议的事情突然发生了。中药铺掌柜仉伯贤先生有位挚友，就是哈德门（今称崇文门）外"德善医室"的丁德恩先生。二位相交多年，过从密切。一天，丁先生到药铺串门，随行还带着一个他新招的小徒弟，名叫陈起。丁先生来看望老友，一进门就发现这里也多了一个小伙计，此人正是赵炳南。丁先生发现赵炳南这个孩子看上去虽然身体瘦小，但十分惹人喜爱，经询问才得知他是仉先生最近刚招的一个徒弟。巧合之下，丁德恩更悉心打量一番赵炳南，却越看越喜欢，便半开玩笑地对仉伯贤说："老弟啊，看在咱哥俩多年的交情上，能不能把你这个小徒弟让给我啊？"仉伯贤当时非常爽快："说实在的，我非常喜欢这孩子，可谁叫你是我哥哥呢，既然你这么喜欢他，那咱们就换徒吧。"丁德恩听后连声道谢，笑着说："太谢谢你了！刚一进门我就看出这孩子日后必有大才。"仉伯贤则说："那你就带回去好好调教吧。"丁德恩这次串门，破例连晚饭都没吃，赶紧带着赵炳南回到了德善医室。

　　就是这样一个机缘，改变了赵炳南的一生，让他如愿以偿地实现了多年来可望而不可及的学医梦想,踏上了从医的漫漫征途。

父母得知换徒的消息后,立刻拜访了仉先生和丁先生。赵炳南当时对父母说:"我一定好好学,争取早日出徒,为穷人治病。"

医室的学徒生活照例十分艰苦。每天早晨四点多起床,下门板、生火、收拾铺盖、倒便器、买东西、做饭、熬膏药、打丹、帮下手……不仅伺候老师,还要照顾师兄。无冬历夏,一年到头皆如此。由于赵炳南年龄小,手脚麻利又勤快,惹人怜爱,师兄都叫他"小沙弥子",偶尔也叫他"小不点儿"。

艰苦的生活,繁重的体力劳动,并没有磨灭赵炳南强烈的求知欲望。他始终记着私塾吴先生对他的期望和王二大妈的榜样。一整天下来,连学带工,对于一个13岁的孩子来说已经是超负荷了,但是每当夜深人静,大家熟睡之时,赵炳南就挑灯夜读,疲乏了,用冰片蘸水点一下眼角,醒醒神,又接着念。

几年间,赵炳南自学了《医宗金鉴·外科心法要诀》《外科名隐集》《外科准绳》《疡医大全》《濒湖脉学》《本草纲目》等医籍,有的还能背诵,至今不忘。对于一些中医皮外科基本功,如熬膏药、摊膏药、搓药捻、上药面、打丹等,也都掌握得很娴熟。这一切,丁德恩都看在眼里,喜在心头。

一次,因为读书读得太晚太累,次日白天在熬药膏时,赵炳南头一晕,竟把自己的右手伸进了滚烫的药锅,顿时脱了一层皮。他强忍着钻心的疼,没有声张,自己涂上一些冰片,简单包扎了一下,又用左手干活去了。丁老大夫看出伤势,亲自为他治疗,并嘱咐他休息。而赵炳南依然用未伤的左手继续干活,后来,右手烫伤痊愈,左手竟然练习得跟右手一样灵巧!

三年的学徒生活转瞬即过,赵炳南的医术学习已经走上正轨,取得进步。这离不开恩师丁德恩先生的言传身教。学徒期间,赵炳南耳濡目染的尽是丁老中医的济世情怀。

丁德恩,字庆三,回族,生于1854年,卒于1917年。丁德恩崇尚医道,医术独树一帜,先是义务为附近回民诊病,后来在哈德门(今称崇文门)外北羊市口开设"德善医室",人称"小楼丁家外科"。

丁德恩慈悲为怀,对穆斯林孤儿尤其关照,百般呵护,在孩子们的教育和成长方面竭心尽力。他常把孤儿送往清真寺修习经典,或送往店铺做学徒,学成一技之长,培养成人。晚年,丁德恩还收养过一位义子,此中故事也成为坊间轶闻。2009年秋,赵炳南诞辰110周年纪念大会,其间,北京地安门中医门诊部主任哈毅先生发表专题文章《赵炳南先生与德善医室》,该文章于2009年10月22日在《中国中医药报》上全文刊登。此文客观、真实、全面,细致准确地还原了历史真相,颇值得一读。

丁老师的言传身教,对徒弟赵炳南的影响是潜移默化的。赵炳南行医六十余载,他的言行善举、济世情怀,其实都能映射出丁德恩先生、私塾吴先生和王二大妈的身影。赵炳南常对家人和学生讲:"没有丁老师,没有王二大妈,没有吴先生,就没有我赵炳南的今天,做人不能忘本!"

1917年,丁德恩病故后,赵炳南和几位师兄弟、师侄一起,继续在德善医室工作,医术有了长足进步。这一切都得益于丁老师的言传身教,也得益于师兄弟们的互相提携与帮助。

作为丁德恩先生的弟子,赵炳南不仅继承发扬了恩师的医道,更时刻感念丁老师的知遇之恩与授业之恩。1926年—1938年,赵炳南先后有三子一女降生,为纪念先师,在给三个儿子起名时,他特地在三人的名字中冠以老师名字中的"恩"字:长子赵恩裕(字绍南)、次子赵恩公(字步南)、幼子赵恩道(字指南)。

赵炳南不仅以子嗣命名感怀恩师,在子女的职业规划方面也做了长远打算:他想要将三子一女全部培养成为中医师,甚至规划了每人的术业专攻:长子恩裕专攻中医内科、次子恩公专攻中医儿科、幼子恩道专攻中医皮科、女儿赵桐凤专攻中医妇科。

当时,赵炳南之所以作此愿景,皆出于对恩师丁德恩先生的感怀之心,他希望丁老德恩的医道能通过自己、通过自己的子嗣一代又一代薪火相传,希望中医事业能够永远存续、不断进步。

附:赵炳南先生与德善医室(作者:哈毅,北京地安门中医门诊部主任)

我的祖父哈锐川翁与赵炳南先生同为"德善医室"之弟子,均受业于丁德恩(字庆三)先生;故我自幼常听家父哈贵增(原北京农业大学教授)谈及他们的一些逸闻趣事。余有幸20世纪70年代末随诊于炳南赵老,也曾在诊余聆听赵老谈及一些往事。记得一年春节我去赵老家拜年,临出门告辞之际,赵老随口说让我代问"师弟"好,他是指我的父亲而言;可我来赵宅之前,父亲曾让我代问他对"师叔"的问候。我非常奇怪他们二人相互之间的称谓。回到家中我特向父亲询问了个中缘由,父亲告诉我说:"赵老一生谦和,他入德善医室略晚,赵老是1913年到德善医室的,丁德恩(庆三)先生1917年病故,在丁老患病卧床之际,德善医室诊务均由你祖父承担,故大师哥与小师弟共同切磋,赵老认为师哥是在代师授艺,所以在你祖父去世时,赵老执意要执弟子之礼相送。"此后,赵老一直称呼我父亲为师弟,赵老一生为人厚道可见一斑。

"德善医室"确实是以"德善"为本,丁德恩老先生就曾收养过一个孤儿为螟蛉义子,后来此公步入梨园,成为京剧界一代名净。近几年有人可能是道听途说,将丁老收养孤儿之事张冠李戴,误传为赵炳南先生,说:赵老"童年家贫,流浪街头,被恩师丁庆三公领养。"(见

《京城国医谱》第一卷）。在《京城国医谱》"丁庆三"一节（164页）中记述："光绪末年，丁氏冬日清晨遛弯儿，见到一个小男孩，衣褴褛，面带饥色，一问得知此童系郊区孤儿，问答之中，觉得世子有几分才气，便留在家中，收为门人，尽心教诲，此人即后来北京名噪中外的皮外科专家赵炳南先生。"其他书籍也曾以讹传讹，例如《百年北京中医》这部中医巨著中也曾错误地引用过这种说法，书中605页记载："赵炳南原为北京街头的一个流浪儿，被丁德恩领养，收为门徒，也尽得真传，日后成为一代名医。"书中第七章中医教育第二节216页和960页中，有关丁德恩之介绍均引用了《京城国医谱》的记载，此类说法不胫而走，令赵氏后人及门人颇感不安。其实，赵炳南先生早在20世纪80年代初就曾在《山东中医学院学报》上发表过文章，详细记述了少年时代进入德善医室学医的全部经过，后来由山东科学技术出版社整理成《名老中医之路》刊载于第二辑中为证。赵老以"悬壶生涯六十年"为题，他在文中这样记述到："14岁那年，我经人介绍到'伯贤氏'药房学徒。一次偶然机会，德善医室的老师丁庆三出诊到药房歇脚，顺便谈起正在他那儿学徒的陈某想去其舅父伯贤氏开办的药房学徒。于是二人商议互换徒弟，我就换到德善医室，投师丁庆三，开始了新的学徒生活。"这段话是赵老亲口讲述，由张志礼、孙在原、邓丙戍、陈凯整理而成。同样是《百年北京中医》这部书，在前后的记载也有出入，如书中：附录三（1161页）"北京中医名家赵炳南生平"一章中，就曾正确地记载了这段往事，书中写道："1913年，14岁的赵炳南经人介绍到伯贤氏药房学徒，一次偶然的机会，拜在北平德善医室丁德恩门下，开始了他的学徒生涯。"从赵炳南先生自己的讲述和其哲嗣赵恩道先生最近为纪念其父所发表的文章，都清清楚楚讲明了赵老进入德善医室的时间和经过。

今天我们在纪念赵炳南先生诞辰110周年之际，要还历史的本来面目，以告慰炳南赵老。

第三章

知　　恩

——恩师丁德恩先生与"丁氏三杰"

丁德恩(1854—1917),字庆三,北京人,祖籍浙江绍兴。北京中医外科名医,社会活动家,民族教育家。回回人家尊称其为"丁三巴"①。丁德恩与其长兄丁善恩、次兄丁庆恩均为会稽丁氏家族的第六代世孙。

一、行医

丁德恩幼年时期居住在北京德胜门外西村,常在马甸一带为人牧羊,所得薄金贴补家用。少年时期,家境见转,遂入私塾读书,刻苦用功,颇受私塾先生赏识。数年后,在外祖父家学习文化和中医基础知识,其外祖父是清廷太医院御医。在外祖父的教诲下,丁德恩受益匪浅,他潜心学医,因此积累了深厚的中国传统医药学功底,研读明·陈实功的《外科正宗》尤为用心,能背读成诵。自此,他立志从医,普救众生。

及长,丁德恩以羊行为业,维持生计。闲暇之时,他自制红升丹、白降丹,熬制膏药,为教内亲朋故旧义诊施药,疗效奇佳,颇受好评。此后,丁庆三转以行医为业。19世纪70年代,丁德恩在哈德门②外花市大街北羊市口的一座小木楼开设"德善医室"③。因其医术高明、医德高尚,在哈德门内外有口皆碑,人称"小楼丁家外科",疗效显著,患者络绎不绝,门庭若市。

丁德恩擅长中医外科,外疗痈疽疔疖、瘰疬疮疡有奇效。清末,北京底层社会民众的卫生条件极差,患有上述外科症疾者很多。面对浓重恶臭,甚而创

11

---

① "巴"读上声,意为"爷",因其在家排行第三,故被尊称为"丁三巴"。

② 今称"崇文门"。

③ 医室的名称,以丁德恩和其长兄丁善恩的名字连缀而成。

面生蛆的患者，丁庆三从不嫌弃，开刀、清创、上药，有时甚至用嘴吸吮脓液。他在诊室门口设一小木箱，病人自行投放医资，不限定数额，此木箱也无人看管。丁德恩对贫者不但不收费，还要无偿提供食物、衣物，让他们饱暖之后再就医。

丁德恩自己的生活却十分简朴。有件丝绸马褂，虽算不上名贵，却是他的"镇家之宝"，他从来不穿。德善医室左近有家"天兴典当铺"，每当丁德恩应诊，遇到病情严重而又无力支付医资药费的患者，他就差伙计将这件"镇家之宝"拿去典当，当得的钱全部用于穷苦病人的医药费，等到德善医室开销逐渐周转回来、有了余钱，丁德恩再将那件马褂赎回。多少年来，这件马褂就这样在"德善医室"与"天兴典当铺"之间往来进出，不知救济了多少穷苦病人！当铺的伙计们当然认得这件马褂，丁大夫与马褂的故事由此不胫而走，传为佳话。故事虽小，但丁德恩先生的医德医风、乐于助人的精神可见一斑。

据北京史志资料记载：道光、咸丰以来，京师行医者，士人绝少，多为回族人主之，外科尤甚。丁德恩即为其中之佼佼者。应该说，丁德恩是我国中医领域划时代的人物。在他之前的中医外科，不为人所重视，被谑称为"瞧疙瘩的"，社会地位与剃头匠同类。正是丁德恩和他的弟子赵炳南、哈锐川等人用高明的医术和普慈的心怀，改变了人们的看法。从此，中医外科作为一门学科，登上了医学的大雅之堂。

二、社会活动

生活在清末民初动荡时代的丁德恩，时刻关注着国家与民族的命运。他为清廷覆灭、共和肇始而欢呼。1912 年，他联名王振义、王浩然等发表"全体回族上袁大总统电"。虽然当时多数国人并未识破袁世凯的狼子野心，但却表达了包括回族在内的各族人民盼望国家新生的心声。

随后，他还组织参与了回教各界在前门外织云公所欢迎孙中山的盛会。同年，他与马振武、王浩然等发起创办"中国回教俱进会"，并供职评议部。

丁德恩还曾捐资鼎力协助花市清真寺大修工程。

三、教育

丁德恩热心回族教育事业。1910 年，他签名支持杨仲明创办"京师清真教育会"，是 18 位会员之一。此后，他专注于崇外花市地区的回族教育，发起创办清真小学，即后来的西北二小、穆德小学。1906 年，他以自家房契为抵押，赎回校产，并与其他校董共同出资支付教员工资，以维持教学。1909 年，出资捐助办学,成立花市清真第五小学。

丁德恩响应孙中山"五族共和"理念,大力倡导回童启蒙教育,并强调回族儿童最晚 9 岁必须上学,并兼修回汉文化。

丁德恩在孩子们的教育和成长方面竭心尽力,常把孤儿送往清真寺修习经典,或送往店铺做学徒,学成一技之长,培养成人。晚年,丁德恩还收养过一位义子,此中故事也成为坊间轶闻。丁德恩一生勤俭律己,每天习惯清晨自扫庭院。一日,他打扫时,发现一个衣衫褴褛的流浪儿,蜷缩在大门外石阶旁的角落。丁德恩细观之,此人虽面带饥色,但难掩清秀伶俐,惹人怜爱。丁德恩随即把他带回家,照料调养,后得知此人是回民之子,便把他收为义子,尽心教诲。后来,丁德恩把他送到"富连成戏班"学艺。数十年后,此公在戏曲界取得大成就,成为京城梨园一代名净。

四、丁氏三杰

丁德恩先生与其长兄丁善恩、次兄丁庆恩均为会稽丁氏家族的第六代世孙。丁氏世居德胜门外西村,次兄丁庆恩在清真寺任阿訇,长兄丁善恩是清末马甸清真寺之首事掌教之一,膝下四子:长子丁国瑞(字子良),次子丁国珍(字宝臣),三子丁国璋(字少三),四子丁国琛(字子瑜)。在丁善恩与丁德恩的培养教育下,子良、宝臣、子瑜闻达于世,在当时并称为"丁氏三杰"。

其中,次子丁国珍(字宝臣,下文皆称作"丁宝臣")过继给丁德恩。

丁宝臣,(1876—1913),名国珍,字宝臣,经名"萨利赫",为丁善恩次子。会稽丁氏至宝臣这一代,已是第七代。1881 年,5 岁的丁宝臣被过继给丁德恩为子。在丁善恩、丁德恩的影响下,丁宝臣少年时代就习经熟文,思想开化。幼年时代,丁宝臣曾先后师从王友三、马梅斋、马玉麟等回族诸大开明阿訇攻读阿拉伯文,逐渐熟习听说读写,并达到融会贯通的程度。

1898 年左右,丁宝臣只身游历山东一带,视野逐渐开阔,1900 年"庚子之变"后返北京,又师从王浩然大阿訇门下深造,于 1903 年"蒙众回绅赠万名幛一轴,配幛二十余方"而卒业成名。但他目睹国弱民穷,山河破碎之景,没有担任教职,而是一边从丁德恩在"德善医室"行诊,一边秉笔呼号,发表文论。1905 年至西单牌楼清真寺,独立行医,并兼理《天津商报》撰稿人之职。1906 年 4 月,出版《清真启蒙》一书,提出关于回族应"兴工艺厂"和清真寺应"立半日经汉学堂"的主张。不久,迁回崇文门外北羊市口的"德善医室"。此后,他继续在有关报刊上著文——《尽人力就是知天命》《回回诉委屈》,坚持振兴民族、宗教,富民强国的改革主张。

　　为了真正冲破保守意识的阻挠，宣传正确的道理，开民智、启民风，1906年11月，丁宝臣在友人王子贞、杨曼青，以及四胞弟丁国琛的支持下，创办了迄今我们所见到的第一份回族人办的报纸——《正宗爱国报》，走上了以"开通民智""传达民情""匡正时弊"为天职的新闻事业的道路。该报守正不阿、主持正义，坚持7年之久。

　　丁宝臣在《正宗爱国报》不仅担任"总理"，策划出版、发行，还兼做采编工作，在该报及其他报纸上撰写了大量社会评论及新闻作品。1913年7月，该报刊出抨击时弊的评论，揭露社会不平等，故积怨于袁世凯政府。8月1日，丁宝臣被捕，19日遇害，终年仅37周岁（虚称38岁）。丁宝臣是当时回族报刊界的佼佼者，是迄今为止我国新闻史上第一位为民主主义革命献身的斗士，他的牺牲比人们熟知的新闻战士邵飘萍还要早13年。

　　丁宝臣膝下有三子四女，其中长子丁秉铨（字少臣）、次子丁秉钰皆师从丁德恩，于"德善医室"学医行医，与赵炳南、哈锐川、金光甲同辈学习。丁宝臣的三子丁秉鑑（字幼臣），自幼生长在德善医室，在丁德恩去世后，师从长兄丁秉铨学医，共同经营"德善医室"。新中国成立后，丁秉鑑应诊于宽街的北京中医医院，后因身体原因，调职到北京市崇文区中医医院。丁秉鑑有二子一女，长女丁崇慈供职于崇文区卫生系统，次子丁梦溪供职于民航系统。丁梦溪先生热心提供文字及图片资料，对本稿贡献颇多。

　　丁子良（1870—1935），名国瑞，字子良，号竹园，清末民初的著名社会活动家、评论家、演说家、爱国报人、著名中医。丁子良是丁善恩之长子，在叔父丁德恩的耳濡目染之下，他自幼崇尚医道，刻苦学医，于1891年在德胜门外关厢租房开设中医门诊部。1895年春，丁子良赴津行医，遂将其改为粮油店，由二弟丁国璋（字少三）经营。

　　丁子良在天津法租界梨栈大街大安里55号开设"敬慎医室"，主攻中医内科、妇科和小儿科，医道精湛、医德高尚。根据多年经验，丁子良配制了"九转地黄丸""丁制坤顺丹""肥儿粉""消核膏""明目羊肝丸""神效九圣散""舒肝平安丸""红色蜜药"等成药，颇受患者欢迎；自制"古玉生香露"的药皂，除洗面润肤的功能外，还具有散风活血、解毒杀虫、除垢祛湿的功效，特别对粉刺、疥疮有治疗作用，深受广大青年患者好评。丁子良在治疗妇女闭经方面更有独到之处，效果立竿见影，但当他得知不少年轻女性在看病时述说病情难以启齿，甚至因病情加重而殒命，他毅然将治疗妇女闭经的秘方公开刊登在《社会星期报》上，此举不仅福泽广大女性患者，更是在民间传为佳话。他将多年的经验写成医书，用敬慎医室的名义，出版了《说疫》《治痢捷要》《增补瘟疫》

等书。

丁子良视病人如亲人,据《竹园丛话》记载,最初的敬慎医室位于天津西北角文昌宫西大马路南,主要以内科、妇科、小儿科为主。门诊脉金分为几种情况:"一般情况是大银元一元,无力者六角五角均可,再无力者,仍可酌减,量力而为,悉听尊便。凡素通往来之亲友,及附近街邻,皆不拘上例。"丁子良觉得,"贫者无衣无食,有病唯听天由命,无钱讲卫生",所以他将诊金一减再减,直至免费。他对贫苦病人不但全免其诊费,还助其衣食,如此济世之举广受病人称颂。

丁子良以其高尚的医德和精湛的医术,深得人们赞誉。20世纪初,丁子良在天津的名望渐起,民国元年天津考取中医时,他被邀请担任主考官,足见其在中医界的威望。

丁子良不仅是医者典范,还是爱国先锋。一生并不满足于"以医济人",还致力"以言济世"。他目击时艰,深感内忧外患,一边行医,一边关心时事,参与社会活动,抨击时弊,为民说理请命,经常在《直报》《大公报》《中外实报》《民兴报》《爱国报》《社会星期报》上撰文抨击时政,开导人心,为老百姓说话。1907年8月他集资创办《竹园白话报》,次年10月改称《天津竹园报》,共出了373期。以"忧世忧民之苦心,阐发公理,持论正大,规谏政府"。

丁子良曾在报纸上撰写了大量抨击鸦片毒害的文章,揭露帝国主义向我国贩卖鸦片毒品的罪行。1910年11月,他与刘孟扬、张伯苓等共同倡导建立了恢复禁烟主权会(后更名为"中国国民禁烟会顺直分会")。1911年4月,他又邀请刘孟扬等人成立了"国民求废烟约会",任会长兼"求废烟约"代表,赴京请愿,为彻底废除1858年第二次鸦片战争后不平等的中英《天津条约》而奔走。

丁子良著述之丰,达百万余言,他的文章集结在《竹园丛话》中,其内容涵盖政治、经济、军事、文化、艺术、教育、卫生、历史、民族、宗教、天文、地理、水利、交通、体育、伦理道德、社会风俗等,为人们研究清末民初的中国历史和近代回族史留下了重要的原始资料。

1935年的一天,丁子良在家中看到柜子上的座钟停了,于是踩着小凳上弦拨表。忽然脚下不稳,从凳子上摔下来,就此一病不起,终因脑出血病逝于天津河北路寓所,享年65岁。

丁子瑜(1884—1944),名国琛,字子瑜,笔名无知。民国时期的著名社会评论家、教育家,丁善恩的四子。丁子瑜重视教育,思想进步,是二哥丁宝臣创办《正宗爱国报》的得力助手。他为办报全力筹措资金,置办设备,改善报馆环境,除了担任编辑、记者外,他还兼理校对和账目管理等事物。

1909 年,张子文大阿訇在北京的北郊马甸回民聚居区创办了"经儒学校",丁子瑜参与教学。丁宝臣遇害后,为躲避当局迫害,他隐姓埋名,赴张家口从商,来往于东三省。1915 年返京,在马甸创办了"私立广育第二国民学校"(今北京海淀区马甸小学的前身),亲任校长,并兼教学工作。

"五四"运动期间,丁子瑜参与小学教员罢课运动,发表《西北郊联合讲演会之感言》《普及教育之难》等评论,称赞"学生再接再厉,同心救国","系本着真知灼见,为正确之行为"。1920 年,他以"大演说家"之誉,被《爱国白话报》相邀,兼任该报专栏作家。

丁子瑜从事教育、教学事业几十载,所办学校始终秉承"广育"原则,力求学生全面发展。在教学实践中,他提倡"实事求是,勿粉饰门面,勿希图虚荣,总期有益儿童身心","为国图强盛,为邻里谋幸福"的精神,备受赞誉。

丁子瑜一生有许多著述,如《寻月指南》《劝国人猛醒》《民食堪忧》《说纸币》《结婚宜慎》《代小民请命》等,达数百篇之多。内容涉及社会之政治、文化、教育、经济、民族宗教、国计民生等诸方面。

清末民初,时局动荡,民智有待开化,"丁氏三杰"在父辈丁德恩、丁善恩的教育和影响下,逐渐成长成为爱国、爱民、爱教的民主革命义士和民族教育先锋。在那个风云突变的时代,丁家两代人以其普世的情怀、进步的思想、无私的精神,推动了当时京津、回族、乃至国人的前进,也赢得了国人的敬爱与感怀。

第四章

医馆春秋（1922 年—1956 年）

—— "北京有个赵炳南"

　　赵炳南悬壶六十载，充分展示了他高贵的人品，高尚的医德，高超的医术。人们之所以尊敬、爱戴赵炳南，是缘于他从事治病救人的神圣事业，缘于他对病人的尊重和关爱，也缘于他把病人视如亲人的质朴亲切的态度。在治病过程中，他从未把自己摆在"救世主"的位置上，而是把自己当成和病人患难与共的朋友。病人痛苦他痛心，病人烦恼他理解，病人康复他快乐。赵炳南曾多次讲过："把病人的病治好，是我一生中最快乐的事。"

　　1917 年，赵炳南的恩师丁德恩先生因病去世后，众弟子不仅没有离散，反而比老师在世时更加亲密团结。师兄弟们相互提携帮助，共同经营着德善医室，把恩师的事业发扬光大。丁德恩先生留下的宝贵的中医外科事业从而更加辉煌。

　　1920 年后，师兄弟们陆续取得了开业行医的资格，先后离开德善医室，开启了各自的行医生涯。留守的，就只有赵炳南和丁氏家族的两位师侄。

　　两年后的一天，当时的河南省长身患外科重症，遣人来京，恳请名医丁德恩先生赴豫诊病，星夜兼程来到京城，却得知了丁老仙逝的噩耗。来人于是恳求当时在场的三位医生中有一位随他回豫为省长诊疗。经三人商议，最终决定由赵炳南随来人前往郑州。

　　数日后，赵炳南诊疗归来，并带回省长赠送的精致礼物——一对唐三彩骏马。事实上，除了这对精美的古董之外，再无其他任何钱财物品。然而，赵炳南此行却招致丁氏两位师侄的猜忌，不久即被辞退，被迫离开德善医室。

　　此后，在亲友的资助下，早已取得行医资格的赵炳南，在北京前门内西交民巷 74 号租得数间简陋房屋，从此悬壶，开启他的独立行医生涯。

17

1926 年秋，北京西交民巷 51 号，"赵炳南医馆"正式成立，可谓众望所归。在赵炳南六十六年的行医生涯中，人们都能看出丁德恩老师对他的言传身教。丁先生潜移默化的影响，都——注入到了赵炳南的言行之中。赵炳南的济世情怀、言行善举，都能映射出当年丁德恩先生、私塾吴先生和王二大妈的身影。赵炳南常对家人讲："没有丁老师，没有吴先生，没有王二大妈，就没有我赵炳南的今天。做人什么都可以没有，就是不能没有良心；什么都可以忘记，就是不能忘记根本！"

"赵炳南医馆"正式成立后，历经三十载春秋，小小医馆诞生了数不清的动人故事、感人事迹、传世佳话……

一、"施诊"与"免费牌"

自 1926 年"赵炳南医馆"成立之日起，赵炳南就立下了几条馆规，这些规矩由他和弟子、同仁们一丝不苟地执行了整整三十年。其中，"施诊"与"免费牌"，被广大患者，特别是穷苦病人誉为"雪中送炭"的善举，争相传颂，成为佳话。

所谓"施诊"，就是免费给穷苦病人诊病，不附带任何条件，全部费用一概免除。"赵炳南医馆"每日七点开诊，而医馆"施诊"的馆规是：每日清晨开诊前，从六点到七点这一个小时内，施诊十位病人。无论病情轻重，一律义务诊疗，分文不取。每年，除春节休假五天之外，无冬历夏，天天如此，从未有一次停诊。约略统计，三十年来，施诊累计人数超过了 10 万 8 千人次。特别是冬天，天寒地冻，日出之前，清晨的西交民巷整整一条街都是一片昏暗，唯有这家小小的医馆里，却是灯火通明，人来人往。医馆门外，宽阔的便道旁，人力车夫们也早早就候在这里等生意。

中华人民共和国成立前的北平，在广大皮外科患者及其家属中，"赵炳南"这个名字已不陌生了。"北京有个赵炳南，看病不花钱"，这句顺口溜早已广为流传。

在赵炳南医馆里，三十年来，有一个铁打的规矩：凡是穷苦的重症患者，来医馆初诊时都会得到一张"免费牌"。这个小小的牌子，不仅免去了初诊时的挂号费、诊疗费和药费，而且还是"一免到底"——无论病情多么严重，病程多么漫长，直到痊愈为止，费用一律全免。整整三十年，到底有多少个患者享受了特优待遇，无从统计。

二、"到家"

"赵炳南医馆"里有位老药工，名叫李长泰。他经常向人们讲起他亲眼目睹的一个故事：有个穷苦患者来看病，小腿开了刀。术后，赵炳南让他到休息室歇一歇再走，在床头给他留下一个小红包，嘱咐他待会儿雇辆人力车回家。这个病人在屋里躺了一会儿，拿起红包，慢慢走出了大门。然而出门后，他却并没有雇车回家，而是一瘸一拐地离开医馆，向西交民巷西口走去。这时，赵炳南刚好送一位朋友出大门，无意中看见这一幕，他赶紧从衣袋里掏出钱，顺手交给一个在门口等活的人力车夫，叮嘱他赶快追上那个病人、送他回家。赵老站在原地，久久望着坐上车的病人渐渐离去，一直等他消失在尽头。

此外，对于那些清晨还没有吃过早点的穷苦病人，赵炳南总是给他们一些零钱，让他们先去对门的"庆丰"包子铺吃点东西，吃完再候诊。对那些下肢病重，特别是刚开过刀行走不便的穷苦病人，赵炳南则给他们发车资，让他们乘人力车回家去。那时病人都说："赵大夫真是关心病人到家了。"

"到家"一词，真可谓一语双关，足见病人对赵炳南的感激之情！

三、"活菩萨"

有一次，一个重症病人，小腿溃疡化脓感染，来医馆就诊。他一进诊室就对赵炳南说："我这病时间太久了，已经烂得很厉害了，而且气味特别大，先生不用打开了，只求先生听我说一下病情，给我开些药，回家我自己上就很好了。"

赵炳南听后，亲切地对他说："没有关系，不怕。'看病''看病'，就得看了以后才能把您的病治好啊。"说着就亲手给他打开了脏臭的绷带、纱布，清洗伤口，为他治病。病人感动得泪流满面，连声道谢，称赞"赵先生真是活菩萨啊！"

这个事迹，令当时在场的徒弟们无不感动，而赵炳南却带着敬佩之情，动容地讲起了另外一个故事：1916年夏天的一个早晨，一名中年男子一瘸一拐走进德善医室，他患了"臁疮腿"，小腿严重溃疡，疮大而深，脓液黏稠而量多。丁德恩先生应诊，一眼便知此乃重症，疮口不能用力挤压。在当时没有顺拔器的情况下，丁老不顾恶臭，竟毫不犹豫地用嘴对着疮口吸吮脓液……病人当时感动得泪流满面，在场的弟子无不动容。

多少年后，赵炳南再次讲起恩师的事迹，依然难掩发自内心的敬佩之情，他总是说："丁德恩老师，事事处处都做在我们的前面了，那才是为人师表的楷模！我们所做的，与师长相比，还差得很远很远呢！"

四、中国时间

正当赵炳南的事业蒸蒸日上的时候，国家、民族遭受到了巨大的灾难。20

19

世纪 30 年代,日本侵略者的铁蹄践踏了祖国的大好河山,百姓瞬间沦为亡国奴。赵炳南对日本鬼子的横行霸道、倒行逆施深恶痛绝。

一天,一个日本军官来医馆看病,无意中看见诊室墙上的挂钟没有按照日本时间拨快一小时,很是生气,质问赵炳南为什么不遵守日本时间。赵炳南说:"这里是中国,是北京,不是在日本。中国在日本西边,有一个小时时差很正常,为什么要用日本时间呢?"短短数语,问得日本军官哑口无言。恼羞成怒的日本军官立刻举起手中的拐杖,把挂钟捅下来!挂钟摔得粉碎,他扬长而去。

过了几天,这个日本人来复诊,刚到诊室门口就发现墙上又挂上了一座新钟,起初还很高兴,走近一看,钟上竟然还是中国时间,脸气得发白,气急败坏地又把钟捅了下来。过后,赵炳南又令人重新换上挂钟,依然是中国的时间。这样一连三次,这个日本人再也没露面。标志着中国时间,标志着民族尊严的挂钟,像往常一样滴滴答答地走着。它似乎向人们诉说着中国人民不可辱的坚强意志和中华民族的大无畏精神。

五、王朝末日

1945 年秋,浴血奋战了八年的中国人民终于迎来了抗日战争的伟大胜利。赵炳南和所有国人一样,兴高采烈地走上街头,燃放鞭炮欢庆中国人民的新生。但是,人民的喜悦心情没有持续多久,国民党便发动了内战,再一次把广大人民推入了水深火热之中,民不聊生,怨声载道。在小小的"赵炳南医馆"中发生的事情,也折射出当时社会的一个侧面。

一天上午,医馆里来了几个国民党宪兵,他们不挂号,也不按顺序候诊,闯进来就看病,说话蛮不讲理,临走还拿了不少绷带、纱布、橡皮膏。他们那种穷凶极恶的样子,令在场的医生和患者敢怒而不敢言。只有老药工李长泰在一旁小声嘟囔了两句,没想到竟被他们听见了,闯下了大祸。当天下午三点左右,突然闯进几个便衣,其中就有上午来过的那几个宪兵。赵炳南见事态严重,赶紧安排李长泰避风头。结果,李长泰却还是被他们搜了出来。宪兵们对李长泰一顿暴打,把六十多岁的他打得遍体鳞伤,还砸了挂号室,扬长而去。大家看在眼里恨在心头,却又无能为力。赵炳南一边给李长泰治伤,一边叹气:"得道多助,失道寡助。得民心者得天下,失民心者失天下,气数已尽啊!"他的这番话,三年后得到了应验,国民党蒋家王朝覆灭了!

六、"为回族同胞做些实事"

在赵炳南八十五年的人生历程中,有半个世纪的光阴是在旧社会度过的,他亲身经历了旧社会的黑暗与腐败,也深切体会到中医受到的歧视与侮辱。

赵炳南压抑着心中的愤慨,为了振兴中医事业,与几位同仁一起组织成立了"北平中医公会",他自筹资金,自出人力物力,开展中医学术活动。同时,赵炳南还向华北国医学院资助经费,并在外科任教,为研究整理中医遗产、发展国医教育、培植中医专门人才尽自己的一份力。

除了对中医事业发展一如既往的支持,赵炳南身为回民,一直想"为回族同胞做些实事"。长久以来,他对本民族的事业一向给予鼎力支持,尤其是对教育、卫生、医疗以及慈善事业,赞助颇多。

1947年,"中国回教协会北京分会"在广安门大街100号创立了一所医疗机构,名称是"中国回教促进会普慈施医院",旨在更好地为回族患者提供医疗服务,然而由于当时政府的"卫生法令"明文规定——只有西医才可以申办医院,中医没有资格。所以,该医院就被分成了两个部分,西医部称"医院",而中医部只能称作"诊所"。

即便如此,赵炳南依然为"普慈施诊所"的成立而倍感高兴,他把开设所需的医疗器械、生活用品无偿捐赠给诊所。赵炳南一直以来的"为回族同胞做些实事"的愿望再次得以实现,而这个小小的"普慈施诊所"正是今天的北京市回民医院的前身。

几十年的变迁,医学事业的发展,新中国政府的扶持,让回民医院已经完善成多学科综合性医院。如果赵炳南在天有知,定会感到无限欣慰。

第五章

新生（1956 年—1984 年）

——晚年辉煌

　　1956 年，北京第一所中医院——北京中医医院诞生了。赵炳南毅然关闭经营了整整三十年的"赵炳南医馆"，参加了北京中医医院的建院工作。他把原医馆的药品、医疗器械、制药工具、办公、生活用品及各种设备全部无偿捐献给了国家，甚至把在家中存放了多年，准备盖房用的建材也全部贡献出来，用于国家建设。赵炳南的这一行为，受到了政府的表扬和鼓励。

　　1956 年至 1984 年间，赵炳南先后被任命为北京市第二中医门诊部主任、北京中医医院外科主任、皮科主任、副院长、名誉院长，及北京市中医研究所所长等职务；他还被推选为中华医学会及其外科学会委员、皮科学会委员、中国中医学会副理事长、北京中医学会理事长；中国伊斯兰教协会理事、北京伊斯兰教协会副会长；此外，他还当选为北京市第二、三、四、五、七届人民代表大会代表、市人大常委会委员，第四、五届全国人民代表大会代表。

　　"昨天一个瞧疙瘩的小大夫，今天成了人民代表，在大会堂与国家领导人共议国事，这在旧社会是连想都不敢想的啊！"赵炳南经常如此感慨地说。

一、"您"

　　赵炳南行医几十年，在与病人的接触交流中，无论男女老少，称呼对方总是用"您"字，而不用"你"。有人曾问他，对年轻人何必以"您"相称呢？赵炳南笑着说："当我们走在大街上，会与许许多多陌生人擦肩而过，彼此互不认识。但是，如果换个地方，在医院诊室里，一个陌生人坐在我们这些穿着白大褂的医生面前，他就不是一个普通的路人，他就成了渴望我们能为他解除病痛的病人了，而我们之间的关系也就不再是普通路人的关系了，是医患之间的关系了。'您'字与'你'字的区别，就在于多了一个'心'，'心'上有'你'，就构成了'您'。正是这个'心'字,缩短了医患之间的距离,融洽了医患之间的关系,密切了医患之间的感情。"

一个简单的"您"字,不仅是北京人的客套称呼,更体现出了医者对患者的关切之心,也是医者对医道的敬畏之心。这一个简简单单的字,却饱含了赵炳南对医道对患者深沉的爱。

二、行医与做人

1975年夏天的一个上午,赵炳南例行去鼓楼中医医院出门诊。开诊后不久,一个中年男子闯进门来,满脸怒气,质问赵炳南:"我吃了你上礼拜开的7剂中药,怎么病情越吃越厉害呀?疹子越吃越红,越吃越痒,你算是什么名医?"在座的学生们听了,惊愕当场,随之而来的是满腔愤慨——怎么能用这种口吻对一位老人讲话,况且又是一位德高望重的老中医呢?小诊室里的空气顿时凝固,人们都不约而同看向赵炳南。

赵炳南和颜悦色地对病人讲:"您不要着急,任何疾病的发生、发展、变化、治愈总是要有一个过程。这个过程有时短一些,有时长一点,是受多种因素影响的。上方您吃得效果不好,今天咱们再看看,调调方再试试,千万别着急,急躁情绪只会加重病情,对疾病是非常不利的。"说到这儿,赵炳南话锋一转,接着说:"不过,话又说回来了,像您这么重的病,得在谁身上都会十分痛苦,也会着急。若是我本人得了您这种病,可能比您还急躁呢。"赵炳南这番话打破了紧张的气氛,方才冰冻般的空气顿时融化,打动了在座的学生们,更深深打动了那位病人的心。那病人突然站起身,向赵炳南深深地鞠了一个躬,抱歉地说:"刚才我说错了话,请赵老原谅我!我不是故意的,实在是太痛苦了。"诊治过后,赵炳南还特意起身送他到诊室门口,嘱咐他按时吃药。回到座位后,大家都用敬佩的目光望着这位老人。赵炳南只说了一句话:"他是病人,他的急躁正说明他是多么需要咱们的理解与关怀!"

后来,这位病人痊愈,特地来医院看望赵炳南。当时赵炳南正好不在,他的儿子赵恩道医生接待了他。得知赵炳南不在,病人张着嘴半天也没讲出一句话,脸上只有失望的表情,好像有千言万语要说,最后却只有一句话:"他老人家不仅治好了我的病,还教会了我如何做人!"

三、手表轶事

20世纪70年代末,北京中医医院门诊部设在大公主府的大殿里。一天,赵炳南正在应诊,进来一个彪形大汉。"您感觉怎么不好啊?"赵炳南身形清瘦却声音洪亮。"浑身瘙痒,胸闷,憋气。"大汉身材壮硕却声如蚊蚋。赵炳南看过大汉身上的皮疹,号过脉,又给他测量血压。"血压不高,是不是生气了?"赵炳南问。大汉道出了郁闷已久的原因:他在海南当了三年兵,复员回家,却不料女友变了心。他这口气憋在心里出不来,总想打人、摔东西,还添了健忘的毛病。赵炳南按照"肝郁不舒证"开了三服汤药,又开了皮疹外用药,最后和蔼地嘱咐大汉:"年轻人遇到烦恼的事儿要想开点儿,退一步海阔天空。您吃完药再来看看。"大汉依言离去。

"下一位请进!"应声而入的是位拄杖老者。没等老者坐定,那大汉竟气冲冲跑回来,粗声质问:"我的手表哪儿去了!?""刚才测血压是不是摘下来了,赶紧找找。"赵炳南提醒。大汉一通翻找,还是不见手表,顿时无名火起,冲着赵炳南吼道:"这手表可是我唯一值钱的东西,丢了媳妇也不能丢了它……"赵炳南耐心劝道:"您别急,再仔细找找。"大汉粗暴打断:"得了吧!刚才这屋里没别人,我是干什么的?能吃着亏……"他的语气透着威胁。"那您说怎么办?"大汉暴跳如雷:"怎么办?打人!我早就想打人了!"话音未落,大汉已经抢起拳头。

刹那间,那位拄杖老者扬起拐棍向大汉的拳头挡去,"咔"的一声,拐棍竟断成了两截。大汉吃痛,叫了一声,顿时缩回拳头,揉着胳膊暗自纳罕。少时,大汉撸起袖子,想看看伤到没有。袖子卷起的瞬间,在场所有人都看到手表就戴在大汉自己的胳膊上,正是这块表碰到了老者的拐杖,硌疼了大汉。

大汉懊悔不已,低下头,摆出一副任打任骂的样子。赵炳南却不恼不怒,并无一句责备,反倒拍拍自己的脑袋说:"不对不对,我刚才辨证有缺陷,您应该是'肝郁化火',光吃这方子还不行。小伙子,我再给您加上一副去肝火的药吧,一块儿治了,一准儿就好。"

大汉羞愧不已,黯然离开。

(本段轶事由赵炳南先生次子赵恩公供稿)

四、实至名归

1982年7月10日,北京市卫生局在人民大会堂举行座谈会,热烈庆贺赵炳南教授行医六十五周年。邓颖超同志赠送了贺文及花篮,盛赞赵炳南坚持以祖国传统的中医和西医相结合的方法治病救人,希望他老当益壮,精益求精,健康长寿。全国政协副主席王首道、卫生部顾问钱信忠、卫生部长崔月犁、石油部长唐克、北京市市长焦若愚等同志到会致贺。

时年83岁的赵炳南,是医术精湛、医德高尚的一代名医。在他悬壶的早期,就全面掌握了中医的基础理论和皮外科的医疗技术,因而有"年方弱冠,誉满京城"之誉。六十多年来,赵炳南始终奋战在临床第一线,以精湛的医术攻克了无数顽癣痼疾,救治了无数危难重症的患者。他先后研制成功了黑布药膏、拔膏棍、熏药疗法等多种特色药品及医疗手段,在临床应用中成效卓著。

会上,北京市卫生局、北京中医医院等单位及首都医学界知名人士向赵炳南赠送了书画。北京中医医院还特别为赵炳南开设行医六十五周年专题展览。

会上,赵炳南语重心长地说:"在旧社会,像我这样一个给人家'瞧疙瘩的'小医生,达官贵人看不起我,黑恶势力欺负我。给这些人看病,整天提心吊胆,还得看人家脸色,哪有什么社会地位?哪有什么尊严?解放以后,党、国家和人民给予我这诸多荣誉,还选举我做了全国人民代表大会代表,在大会堂与国家领导人共议国事,这在旧社会是连想都不敢想的!真是新旧社会两重天!"

赵炳南在座谈会上激动不已,他诚恳地表示,座谈会的召开,不仅是他个人的荣誉,更是党和人民对广大知识分子的关怀、对中医药事业的关怀。他还说:"我有三句话,一是'不忘本',二是'但求无愧我心',三是'知识不停留,经验不带走'。"

其实,早在1975年,凝聚着赵炳南几十年心血的专著《赵炳南临床经验集》问世,这是赵炳南行医六十载经验的提炼、医术见解的升华,是他智慧和汗水的结晶。有人统计,赵炳南贡献的秘方、验方,仅书中所记载的,竟多达115件!献方之多、内容之广,在古今中医史上也属罕见。这本经验集在1978年荣获全国科技大会奖,当之无愧。

赵炳南有句顺口溜:"人活九十九,经验不带走。"他还说:"我的经验,一点一滴都是从患者那里得来的,都是病人的奉献,我们应该把这些经验用于临床、还给人民。"赵炳南的诺言,在1975年兑现,而这一天距他辞世尚有十年。

赵炳南曾多次讲到:"我出身贫寒,不能忘本,不能忘记我童年受过的苦难,不能忘记与我同根相生的穷苦病人,一定要把他们的病医好,让他们早日恢复健康。这样才能做到我所遵守的信条——'岂能尽遂人愿,但求无愧我心'。"

第六章

首长健康的卫士

一、伟大的"患者"

1973 年初的一个晚上，正逢阴历腊月，北京和平门井楼胡同赵炳南家中，全家人围坐炉边共进晚餐的时候，电话铃声骤然响起。这是一部专线电话，国家卫生部中央保健局为了方便联络赵炳南给中央首长诊病而专门设置。赵炳南曾特意关照，把这部电话安装在中院两屋房间里，那是赵炳南长子的居室。长子身患半身不遂，赵炳南则为儿子提供尽可能多的活动机会，有助于康复，接听电话就是其中一项。电话中说："请赵老先生做好准备，有外出任务，时间可能要长一些。明早八点，有陪同人员及车到家接。"其他消息，电话里只字未提。次日早上，车子接上赵炳南，直奔首都机场。进入机场后，赵炳南并未办理任何手续，在陪同人员的带领下，直接登机，机舱内，他没见到任何旅客。陪同人员在飞行途中热情招待了赵炳南，但都对此行的终点和任务守口如瓶，他也不便多问。飞行时间并不长，飞机就开始下降、着陆，赵炳南下飞机时才知道自己来到了湖南长沙机场，随后他在随行人员陪同下径直前往住所，终于见到了一张熟面孔——汪东兴主任。赵炳南当时就明白了，此行是来为毛主席诊病的。

在此之前，赵炳南也曾给多位中央首长诊治过，有的还来往密切，然而给主席诊病却是头一次。在汪东兴同志的陪同下，一行人立即前往毛主席住所。毛主席见到赵炳南很高兴，握住他的手说："赵老先生，你可来了，我现在已经体无完肤了。"赵炳南立刻给主席查看了病情，随后对主席讲："主席，您不用着急，我估计服药三个月左右，您的身体就能恢复健康了。"主席听了有些惊讶，对赵炳南说："我这病已经很久很久了，时轻时重，奇痒难忍，若是真能够在三个月内医好,那就太好了,赵老先生,您可不要老王卖瓜自卖自夸啊。"说罢,主席哈哈大笑。看到主席这样随和,赵炳南本来紧张的情绪瞬间烟消云散。

经过赵炳南两个多月的治疗,在主席积极的配合下,重症皮肤病痊愈了。毛主席高兴地拉着赵炳南的手说:"赵老先生,你真是名不虚传!"主席看着自己光滑洁净的皮肤,又兴奋地邀请赵老:"咱们一起去游泳吧,庆祝一下你为我治好了病。"赵炳南被主席的真性情打动,感慨不已,然而他不习水性,竟不知该如何应答主席的热情邀请,半晌无语,他还是如实对主席讲:"主席,我是土生土长的山东人,从小连水都很少见到,更不会游泳了,我还是在一旁欣赏主席的泳姿吧。"毛主席听了哈哈大笑,他对赵炳南讲:"你不要怕水,就像你从不怕'病'那样,'病'和'水'都是纸老虎,你不仅不要怕它,而且要征服它,才会赢得胜利!"主席已经年逾八旬,但他的宽广胸怀和宏伟气魄深深感染了赵炳南。

三个月的诊疗期满,春暖花开之时,赵炳南从长沙回到北京,虽然是去治病,但是对他而言,其实收获更大,毛主席这位伟大的"患者",他的胸襟气魄、率真性情令赵炳南终生难忘。

二、珍贵的生日礼物

1970 年初秋,赵炳南七十寿辰之时,收到一份从上海送来的独特贺礼:寿桃七十枚、藤椅一对,聊表贺意之外,还祝愿赵炳南健康长寿、造福人民。这份贺礼,是宋庆龄先生特地托人送来的。

宋庆龄副主席,身患皮肤重症多年,经久不愈,后经邓颖超大姐推荐,请赵炳南医治。宋先生久居江南,对北方干燥多风的环境十分不适,所以每次诊治都是赵炳南乘飞机去上海。周总理得知这一情况后,立刻做出安排:赵炳南赴沪为宋副主席诊病时,可乘坐总理专机。不仅如此,每次赵炳南从上海诊疗归来,邓大姐总是亲自接机,还送上鲜花一束,表示敬意。经过赵炳南的精心治疗,宋先生的皮肤顽疾终于得以治愈,喜悦之情自不必说。后来,为感谢赵炳南的医治,在他七十寿辰之际,宋先生特地托人送来了贺礼。

三、专车里的诊疗

周总理对宋副主席的健康关怀备至,但他日理万机,无暇顾及自己身患多年的皮肤病。上世纪 70 年代,中央保健局曾邀请赵炳南为总理诊病,做了几次安排却都因为总理国事繁忙或临时有要事而未能进行,一次又一次延搁。

赵炳南第五次赴约去中南海,终于见到了周总理,刚要开始诊病,总理又接到重任,马上要出发去机场迎接外宾。周总理让秘书征求赵炳南的意见,是否可以同车前往机场,顺路在车里看看病。赵炳南听了百感交集,忍着热泪当即随总理上车。

途中,赵炳南总算是为周总理诊了病。总理连连道谢,亲切问候。赵炳南激动地对总理说:"总理什么时候需要我来,我都会随叫随到,能为您减轻一些疾病痛苦,是我的愿望,更是我的责任。请总理一定多多保重!"之后,赵炳南换乘备用车,折返回城,坐在车上,他回望总理的专车往机场方向远去、远去……

在回城的路上,赵炳南回忆起1955年初次为周总理诊病后,总理对他的谆谆教导。当时总理对赵炳南说:"看病要安全有效,中西医结合,积极谨慎,与病人商量。"总理的话言犹在耳,饱含着对广大人民群众的关怀、对新中国医务事业的关切、对医务工作者的期冀。

四、急病急治

朱德同志担任全国人民代表大会委员长时,年事已高,兼之公务繁忙,突患面部三叉神经第二支带状疱疹,此病是皮肤病中的重症,表现为无间歇、无休止的针刺状剧痛。朱委员长十分焦急,因为他三天后必须主持大会并做重要报告。中央保健局速请赵炳南前去"救驾"。

赵炳南赶到朱德同志住所后,立刻为他查看了病情,随后对他说:"您老千万不要着急,病情虽然重了一点,但是只要咱们治疗及时,很快就会好的,急病急治,快来快去,您就放心吧。"朱委员长听了如释重负,心情放松多了。经过赵炳南的治疗,三天后,全国人大开幕,朱老总的重症痊愈,疼痛尽消,面部仅留下一点色斑。老人家心绪极好,轻松愉快地走上了大会讲台。

大会结束后,朱委员长还特意派秘书送给赵炳南一些礼品和半扇猪肉。赵炳南托来人向朱委员长表示谢意和祝贺。赵炳南是回教徒,遂将猪肉转送到北京中医医院食堂,为院职工添了几道美餐。

五、老友诀别

1964年的一个傍晚,赵炳南正在家休息,突然接到中央保健局的电话,被告知次日上午要到紫竹院去给一位"王先生"看病。以往的通知都是只告知时间,从不告知地点,更不可能提及患者姓名。赵炳南当时就意识到:这位"王先生"肯定不是一般的首长。然而个中缘由也不好多问,他便没再多言。

次日,赵炳南到了紫竹院,一进门,他就见到了这位"王先生"。二人对视,一时无语。原来，这位"王先生"竟是与赵炳南相交多年的老朋友——彭德怀元帅。彭老帅一贯英雄气概，但是此刻的他却形销骨立，面色萎黄，与此前判若两人。

赵炳南心如刀绞，但碍于陪同人员在场，只有短暂瞬间相互问候致意，二人心里都很清楚：这次的见面，很可能就是诀别。在规定时间内，赵炳南为彭老总诊了病，分别时却连握握手都成了奢望。

六、保守治疗

20世纪60年代，刘伯承元帅曾多次请赵炳南诊病，刘夫人汪荣华大姐也多次前往赵家探望，刘老总与赵炳南之间交往频繁。每当提起看病，刘帅总是念念不忘当年的一次脚部重症多亏了赵炳南，言语中总是流露出对他的感激之情。

赵炳南接到中央保健局通知，直接告知刘伯承元帅希望赵炳南为他看看脚部疾病。赵炳南很快赴诊。当时，刘帅痼疾已在某部队医院治疗了一个阶段，但疗效不甚理想，甚至到了要截去脚趾的地步。刘帅听后，表示一定要请赵老中医看看再做决定。刘帅的脚趾已成黑紫色，赵炳南仔细查看了病情，详细询问治疗经过，他看到刘帅的表情，就安慰道："先服几剂中药，保守治疗一个阶段，如果有效果就不必截趾了，若无进展再截也不晚。"

刘帅服了几剂中药后，病情稍有转机，接着再服几剂，病趾已有感觉，微微发热，说明血脉开始通畅。月余，奇迹出现了，病趾的黑色渐渐退去，关节也能活动，又过一阵，刘帅病愈出院。从此，刘帅逢人便讲赵炳南医术高明、医德高尚，不吝溢美之词。刘夫人汪荣华同志，更是多次探望赵炳南，一次还特意送给他两只活母鸡，在那个物资稀缺的年代，不啻为最珍贵的礼物。

七、银耳的遗憾

邓小平同志的政治生涯跌宕起伏，几度起落，堪称传奇。在他的低潮时期，郁郁不得志，报国之心无从施展，患上了皮肤顽疾，请赵炳南诊治。赵炳南查看病情后，开了一帖中药方，并嘱咐小平同志按时服药，疾病会很快痊愈。临行时，赵炳南顺便问了邓家人一句："您家有没有银耳？吃些银耳会好得更快一些，对目前的身体状态也会大有益处。"家人摇摇头，当时物质稀缺，市场上很难买到银耳。这也成了赵炳南的遗憾，他家中也没有银耳，若有，必定会给小平同志送去的。

赵炳南行医六十余载，历经五个时代，诊治过的患者不计其数，其中不乏权贵,有晚清王朝的皇帝,也有民国时期的军阀。回首一生悬壶,赵炳南感慨良多,他常对家人讲:"我从医六十多年,新旧社会各占一半,在旧社会里,看到的是皇帝、军阀,他们个个都是高高在上,唯我独尊,盛气凌人。而新中国诞生后,咱们国家的领导人,每一位都是平易近人,和蔼可亲,待人体贴入微,真是新旧社会两重天!"

(注:本章内容由赵炳南次子赵恩公先生提供)

第七章

赵炳南学术经验浅谈

　　我国现代中医皮外科学奠基人赵炳南先生,生于 1899 年,卒于 1984 年。在他八十五年的人生旅途中,留下了苦难童年、艰辛少年、奋斗中年及辉煌晚年的足迹。向人们充分展示了他高贵的人品,高尚的医德,高超的医术。赵炳南在六十余载的中医皮外科医疗实践中,勤奋学习、刻苦钻研深刻领悟积累了许许多多的宝贵经验。他常说:"病人是我们的衣食父母,我们的经验都来源于成千上万的患者,是他们的奉献。"他还说:"从病人那里得来的经验,不能带走,不能私有。我们要把这些经验用于临床,把他们的病医好,使更多的病人从中受益早日恢复健康。"赵炳南的宝贵经验丰富了中医皮外科学的医学宝库,为中医皮外科学的发展做出了巨大贡献。

一、赵炳南治医的一贯宗旨及原则

　　六十余年来,赵炳南治疗了数以万计的皮外科病人。在他们中间,虽然病种各异,治法相迥,病情轻重有别,临床表现不一。但他总是强调"万变不离其宗,不能忘其根本",在总结经验、著书立说时,他也总强调"做人不能忘本,做学问也不能忘本"。总结起来,赵炳南在一生的医疗实践中,坚定不移地坚持"一条宗旨,两个特点"。赵炳南始终遵循着"正气存内,邪不可干"这一条永恒的古训。赵炳南一贯认为"生命的存在,都是正气充盈,气血调和,阴平阳秘使然,任何疾病的发生,都是正不压邪,正消邪长,阴阳失衡的结果。"他在医疗活动中还始终不忘突出中医的特色——整体观念及辨证论治,强调脏腑功能失调是疾病发生的主因。他说:"没有内乱,不得外患。"身体的健康都无不以阴阳之平衡、气血之调和、脏腑经络之贯通,有着密切的关系。他还强调说:"皮肤病虽形于外,而实发于内。""治疗皮肤病,忽视外治法是错误的,因为外用药可以直达病所,其作用不可低估。治疗皮肤病,区别于内科病就在于它看得见,摸得着,很直观。使用外用药是一极大优势,要充分发挥。但是,强调外治法而忽视脏腑功能之调节,不重视发挥整体观念这一中医特色甚至于放弃内治,也是十分错误的。"作为一名中医,无论从事哪个专业,都要牢记中医学的特点,并切实应用到医疗实践中去。

赵炳南在治则治法上,特别重视"扶正祛邪""标本兼治""急则治其标,缓则治其本",以及"同病异治,异病同治"等论断。赵老认为"扶正祛邪"包含两层意思:一方面是,把扶正做为一种手段。在正邪消长中,正气不足,已处于劣势,增补正气以达邪气外出之目的;另一方面,有扶正与祛邪并举之含义,使邪消而正长。这种看法带有"标本兼治"的意思。并举也好,兼治也好,绝非机械地等分,"急则治其标,缓则治其本"这一原则很好理解,但在实际应用中,值得注意的是在治标时,不要攻伐太过,邪祛则止,否则伤及正气,反而助邪增长。总之,这些原则及治法的确立,都是结合患者病情而定的,要从实际出发,辨对证才能立好法,才能选择正确的方药。辨证、立法、方药,三者一环扣一环、不可颠倒、不可忽略,在跟随赵老学习过程中,每处一方,方中必须写明辨证、立法、方药。赵老说:"这些治法、治则的确立,要多动脑筋、多分析,久而久之才能在医疗实践中运用得当。中医这门科学,只有一条路可走,那就是到实践中去,要多看病,多接触病人,要勇于创新,不断总结成功的经验,汲取失败的教训,才能有所提高,有所进步,无捷径可循。"师父领进门,修行在个人,就是这个道理。赵老常说:"师父再好、书读得再多,脱离了实践必将一事无成。没有长期的积累、没有个人的体会,任何人也不能帮你悟出道理来的。"赵老经营赵炳南医馆的整整三十年中,他亲自确立了治馆信条:"提倡'虚心学习,开动脑筋,科学探索,提高悟性,勇于创新',反对'死记硬背,机械照搬,安于现状,不思进取'"。治馆的三十年中,赵炳南在每个月最后一个周末的下午,都要召开全体徒弟讲评会,每个徒弟都要做总结、评议,最后由赵老做点评,优劣分明。赵炳南医馆里,没有合同、没有试用期、没有铁饭碗、没有关系户,即使亲侄子在馆学徒,赵老也一视同仁。安于现状,不思进取,无成绩者是离开医馆的主要因素之一。赵老并不要求每一个徒弟做到"一日为师,终身为父",但作为一个徒弟,应当尊重师长,虚心学习,刻苦钻研,不求功名,这是他对徒弟素质的一个基本要求。

二、学习赵炳南在皮肤病治疗中的部分经验

(一)关于清热、祛湿、润燥的论述及体会

熟悉赵炳南临床用方用药的人,都知道他在治疗急性炎症或者慢性皮肤

病急性发作时,最重视肝胆与心的辨证,最钟爱的方剂是"龙胆泻肝汤",甚至于有人戏称"赵老是用龙胆泻肝汤起家的"。赵老闻之一笑,因为此话不无道理。赵炳南认为"心肝火盛"是导致急性炎症皮肤病发生的主要原因,而"龙胆泻肝汤"正是清泻肝胆实火、清利肝胆湿热的众多方剂中最具代表性的。据赵炳南查阅,古医籍所记载的"龙胆泻肝汤"方剂有六个之多,其方药味差异较大。他说:"李东垣所述'龙胆泻肝汤',没有黄连、大黄,而有柴胡,除了清泻肝胆湿热,还通利小便,多有升散作用。《证治准绳》所载的'龙胆泻肝汤'方中,没有连翘、生地、车前子,却有知母、麦冬、五味子,除清泻心肝二经之火外,又偏重于滋阴、养血、清热。《沈氏尊生书》所记载的'龙胆泻肝汤'中,没有生地、车前子,却加入了青皮、白芍、柴胡等疏肝敛阴之品,这些与常见的皮肤病临床表现并不完全对证。"赵炳南根据自己的临床经验认为,"湿疡之为病(赵老泛指湿疹的病,统称为'湿疡'),虽然起于湿,但急性发作时,具有热重于湿的特点。"他紧紧抓住这个特点,采用《医宗金鉴·外科心法要诀》中记载的"龙胆泻肝汤"加减方,其方中龙胆草清利肝胆之湿热,另外再用赵炳南自己的验方"三心汤"方(莲子心、连翘心、生栀子)中的莲子心或生栀子(用连翘心更佳,但无货供应),清心火、泻三焦之热邪,再用生地、丹皮、生甘草凉血解毒,以木通、车前子、泽泻清热利湿,热重者加大黄以釜底抽薪(大黄并非专为通便之品,而且还具有凉血、祛瘀、清热解毒之功)。他既不用柴胡升散,又不用麦冬、五味子敛阴,这是因为升散过而伤正,而且在热盛时期用养阴药敛邪,会导致邪不出、热不解,反而加重。这样,赵炳南运用的"龙胆泻肝汤"方,实际上独具特色,由以下十味药组成:龙胆、黄芩、生栀子、泽泻、木通、车前子、生地、丹皮、大黄、生甘草。赵炳南晚年更强调;"肝火盛,心火也盛",常把"龙胆泻肝汤"方与"三心汤"方并方使用,每每收到更佳的效果。赵炳南常用这个方子,减去了当归、柴胡,增加了丹皮、大黄。原方中的木通,本已具有清心火、利湿、通血脉之功。在"三心汤"方中,赵炳南对"连翘心不入药"感到非常遗憾,用竹叶替代连翘心实属无奈之举,因为连翘心不仅清心火力专,而且还有解毒、凉血、散结之功,作用之广、功效之大,不可低估。此外,除上述"龙胆泻肝汤"、"三心汤"是赵炳南最钟爱、最常用的方剂外,还有"凉血五花汤","凉血五根汤",也是赵老的验方。在"凉血五花汤"(凌霄花、鸡冠花、玫瑰花、野菊花、红花)中,赵炳南对凌霄花情有独钟,治疗因肺胃湿热、热重于湿、火热上炎导致的头面部皮肤病,如痤疮、玫瑰痤疮、头面部脂溢性皮炎、急性过敏性皮炎等有极佳疗效。凌霄花并不入肺、胃二经,而是入心包经、肝经,此药辛散、泻血热、破瘀血,对血热生风之皮肤瘙痒亦有良好疗效,但体虚弱者当慎用。其他四味都具有凉血之长,而鸡冠花、红花还有活血消斑之功,在治疗面部红斑性皮肤病中,能发挥良好作用。选择玫瑰花,意在加强发挥其理气疏散作用,而用野菊花,则取其凉血解毒的功能。方中,赵炳南并未选用人们常用的双花、菊花、槐花等,但是仍可会临症加减,并不拘泥一方。除此之外,"黄连解毒汤""犀角地黄汤"等清热、凉血、祛湿之方,也是赵炳南经常选用的方剂。

赵炳南在皮肤病的医疗过程中,对于湿疹的治疗尤为重视。他有句名言:"在诸多皮肤病中,善治湿者,当治皮肤病之半。"短短一语,足以说明赵炳南抓住"湿邪为病"的这一核心,人们足可以从中悟出最根本、深刻的医学道理,从中也可以看到赵炳南对湿邪的重视程度和认识深度,以及"湿邪为病"的本质性、广泛性及代表性,可以说,他抓住了众多皮肤病的医治核心,这是赵老学术经验中一个重要的组成部分。赵炳南把各类湿疹统称为"湿疡",从性质上分,又细分为"风湿疡"(急性湿疹),"湿毒疡"(亚急性,伴有感染的湿疹)和"顽湿疡"(慢性湿疹)。在病邪方面,在高度重视"六淫邪气致病"的前提下,对皮肤病的致病因素,赵炳南对于湿、热、风、燥、虚五个方面尤为重视,特别对"湿邪",给予突出重视。

在治疗中,治湿的方药有如下一些代表性方剂及习惯用药。方剂有"除湿胃苓汤""健脾除湿汤""除湿健脾汤"方,以及"清热除湿汤"(湿疹一号)、"除湿止痒汤"(湿疹二号)、"健脾润肤汤"(湿疹三号)、"除湿丸"等。前三方带有广泛性、普遍性之特点,后四方更具有针对性(湿疹)。

下面对于前三方做一些简单介绍:

【除湿胃苓汤】

本方为"平胃散"与"五苓散"合方,加减使用,其方组成为:炒苍术、炒白术、赤茯苓、猪苓、泽泻、炒黄柏、炒枳壳、陈皮、厚朴、滑石块、炙甘草。

方中用赤茯苓、猪苓、泽泻、滑石块利水渗湿,炒白术、炒苍术健脾燥湿。临症还可以选用车前子、川草薢、防己、木通、生薏苡仁、茵陈、赤小豆、金钱草、灯心草,及"三仁汤"(薏苡仁、杏仁、蔻仁)等加强利水渗湿之功。水湿停滞或寒湿者用白茯苓,有湿热者用赤茯苓。"五苓散"(茯苓、猪苓、泽泻、白术、桂枝)中,前四味已选用,桂枝是通阳之品,一般在此较少选用。茯苓与猪苓比较,猪苓以淡渗利水为主,其利水渗湿之功大于茯苓,但健脾功能又远不如白茯苓,而泽泻除利湿外又偏于祛湿热。故茯苓(白茯苓)、赤茯苓、猪苓、泽泻四味在处方时,应注意准确选择,以利疗效。而车前子性寒,有较强的利湿清热的功效,清热而不伤阴,若与白术、茯苓等配伍尚有实脾作用,所以车前子是赵炳南在用于清热利湿时最常选的药品之一。在临症处方时,赵老常将车前子与车前草同时使用,以利于车前草发挥清热解毒之功效,在急性湿疹的治疗中,极为多见。滑石块的使用亦是同样道理,也是治疗皮肤病时的常用药。此外,"八正散"中的木通、车前子、栀子、大黄、滑石、通草六味经常选用,意在通利膀胱湿热。

赵炳南经常嘱咐后人,"除湿胃苓汤"的使用机会十分广泛,选药时一定要知道每一味药之所长,用药准确,方可取得较满意的疗效。

【健脾除湿汤】

本方为赵老经验方,其主要组成为:白术、白茯苓、怀山药、薏苡仁、炒扁豆、黄精、芡实、炒枳壳、大豆黄卷、萆薢、黄柏。

方中集中了大量的健脾益气药,采取扶正气祛湿邪(顽湿)的手段,以达到健脾祛湿的目的。本方是赵炳南一贯遵循"正气存内,邪不可干"古训的很好体现,也是抓住主要矛盾,集中药力,重点突破的典型范例。可用于一切慢性、肥厚性、角化性皮肤病的治疗。如慢性湿疹、慢性皮炎、鱼鳞病、毛囊周围角化症、结节性痒疹、银屑病、手足皲裂症,以及硬皮病、大疱病的辅助治疗。其病变表现为干、糙、厚、硬、裂五种,均为脾虚湿盛,湿久化燥所致。赵炳南认为:"湿邪可因脾失健运而致,湿积日久又导致脾被湿所困,脾气不足而致脾气虚弱,实际是一种逆向循环。湿久可从一个极端表现(即渗出、流水),转化成另一个极端表现(即干燥、角化),故集中投以健脾益气之药以从根本上解决脾虚湿盛问题。这一点可以认为是赵老辨证的学术思想的重要体现。

此外,还要谈一下有关黄柏一药的使用问题。绝大多数医生都熟知"三黄"——黄芩、黄连、黄柏为清热燥湿之药,其代表方剂为"黄连解毒汤",三药虽同具清热燥湿功能,但由于各药入经不同,黄芩主入心、肺、胆、大肠、小肠经,黄连主入心、肝、胆、胃、大肠经,黄柏入主肾、膀胱经、大肠经。所以人们往往将其功能发挥的部位分别归属于上、中、下三焦了(这种认识并无差错),皮肤科进而将三药划分为黄芩主头面部,黄连主躯干部或全身,黄柏主下肢(这种认识并无差错),但是赵炳南似乎对黄柏情有独钟,他认为黄柏作用不应局限于下肢而更具有布达周身之功效。皮肤科常用成药"二妙丸"是个老牌成药了,其中苍术健脾燥湿,黄柏则清热燥湿,虽仅两味但药少力专。专用于燥湿兼顾健脾与祛湿,健脾而不敛邪,清热而不伤正,正气不伤而邪气已去,实为妙方。它可用于任何燥湿之症,无论是哪个部分,均可收到良好疗效。赵老曾在临床中分别用黄芩、黄连与苍术搭配组方,然则效果不如"二妙丸"。古人之所以选定黄柏与苍术组方,是长期实践的结果。总之,在治疗慢性、肥厚性、角化性(包括一些遗传性)皮肤病时,坚持扶正(健脾)祛邪(祛湿)的原则是十分重要的。

【除湿健脾汤】

此方不是赵炳南的经验方，并未收入到任何文集，它是赵老在 1983 年，专为鼓楼中医医院皮肤科拟定的一个方剂，其功效仍为健脾除湿，与经验方"健脾除湿汤"相比，健脾药不变，又增加了养血润肤，滋阴润燥及少量疏风止痒药。这样在解决慢性肥厚性、角化性皮肤病的问题上，由"一条腿走路，变成三条腿走路"，药虽多一些，但各司其职，各发挥其所长。

组方：黄芪、白术、苍术、怀山药、焦槟榔、厚朴、炒枳壳、猪苓、熟地、元参、白芍、花粉、黄柏、当归、丹参、鸡血藤、秦艽、防风、苦参、刺蒺藜。

这个方剂效果较好，可供参考。但应用时，当然要临症加减，这是很重要的。

在健脾益气的选药方面，赵炳南常用的有黄芪、白术、茯苓、怀山药、炒扁豆、黄精、党参、西洋参、太子参、甘草、大枣等，其中前四味药使用率极高，尤其偏爱黄芪，有时黄芪与黄精同用。其次是怀山药，非河南怀庆产莫属。之所以重用怀山药，是因为怀山药在入经方面，主入肾、脾、肺三经，而其他诸多健脾益气药都仅入脾肺二经，只有山药独入肾经，赵老认为脾虚者，肾气也不固，所以山药是物美价廉、健脾补肾之佳品。《衷中参西录》："山药色白入肺，味甘归脾，液浓益肾，宁嗽定喘，强志育神，性平可以常服多服。"对于参类，赵炳南常用党参、西洋参、太子参，而人参、红参、野山参用之较少，这可能与个人用药习惯有关，也可能由于多数常见多发皮肤病治疗时，患者体质极虚弱者数少，远未到非红参、野山参救治的地步。

下面再简单谈一谈"润燥"的问题。前面所说除湿润燥是一个重要方面，除此之外，燥邪之为病，还有因血虚生燥及阴虚生燥，也是慢性、肥厚性、角化性皮肤病生成的原因。《外科证治》中有"养血润肤饮"一方，是赵炳南喜用的方剂之一，其组成如下：

【养血润肤饮】

组方：黄芪、当归、生地、熟地、天冬、麦冬、桃仁、红花、升麻、黄芩、花粉。

赵炳南在应用"养血润肤，滋阴润燥"法则时，经常出现"二冬""二地""二芍"、桃仁、红花，以及当归、丹参、鸡血藤、川芎等药，皆出于此方。在实际处方时，经常加入祛风湿、息风之品，如秦艽、防风、钩藤、刺蒺藜等。赵炳南验方"润肤丸"即是代表方剂。

综上所述，在解决慢性、肥厚性、角化性皮肤病时，可从健脾祛湿润燥，养血润燥及滋阴润燥三方面入手，当然临症时，要根据具体情况有所侧重，才能取得满意疗效。

　　（二）关于"调和阴阳"法则在皮肤科的临床应用

　　阴阳是我国古代朴素的辩证法思想，它代表对立统一的两个方面。它们之间相互依存、相互消长、相互转化的规律，构成阴阳学说。人体的阴阳，两者既是对立的、矛盾的，但又是统一的、调和的。所以《素问·生气通天论》说："阴者，藏精而起亟也；阳者，卫外而为固也""阴平阳秘，精神乃治……"

　　不仅人体内部的阴阳要协调平衡，而且还要和外界大自然的阴阳相协调，才能保持生理常态，才能健康生存。若阴阳不协调，就会导致不同的疾病。因此，辨病要首辨阴阳，掌握其阴阳失调的情况，方可得出正确的立法、方药，才能治愈疾病，使身体恢复健康。如果阴阳失调如果长期得不到纠正，进而造成严重阴阳失衡，直接导致生命的垂危或终结。故《素问·生气通天论》中还有"阴阳离决，精气乃绝"之说。由此可见，调和阴阳在临床上对疾病（包括皮肤病）的防治有着多么重大的意义。

　　阴阳失调，主要表现在阴阳的偏盛偏衰方面。根据其偏盛偏衰不平衡的规律来看，阴盛则阳病，阳盛则阴病；阳病则热；阴病则寒；阳气有余身热无汗，阴气有余则多汗身寒。阳虚则卫外不固，不足以抵御外邪，易受外界风寒湿热之邪侵袭。阳胜又易消阴，阴虚阳则亢进。阴虚又可产生内热，表现为低烧缠绵不断，五心烦热，盗汗等症。在皮肤科中有许多皮肤病是与阴阳失调有关系的，如不定时头痛、头晕，四肢逆冷，手足发凉而手心发热，畏寒肢冷又五心烦热，腰痛，也有时出现心肾不交水火未济的证候，如心悸心烦，健忘失眠，头晕耳鸣，腰膝酸软，潮热盗汗。也出现上火下寒，上实下虚的证候，如既见口舌生疮，口干唇裂，又见腹胀泄泻，腹痛等症。也有妇女经血不调，带下淋漓，甚至少女无经而白带时见，男人又有见肾虚寒导致遗精、阳痿、早泄、阴囊湿冷等症。在脉象上，赵炳南认为"多为寸关弦滑，双尺沉细，或见芤脉、涩脉"，这种脉象完全符合阴阳失调，上火下寒之现象。在皮肤症状表现上，面部红斑、黑斑，结节红斑，皮肤瘙痒，脱发，口腔溃疡等。常见病种可有狐惑病、红蝴蝶疮、瘾疹、油风脱发、口腔溃疡等。有些疾病，进行过大剂量糖皮质激素的治疗后更为多见。以上诸症应重点考虑阴阳失调所致。

　　前面叙述了有关阴阳及阴阳学说的概念，阴阳失调的机理以及阴阳失调的表现。可以说是辨证中首辨阴阳的具体证候，把临床出现或观察到的证候，分成了两大类，哪些属阴、哪些属阳进行归属。按照八纲辨证的原则，在"首辨阴阳"的前提下，而后才是辨明表里、寒热、虚实。其实后六纲仍然是相对的三组阴与阳的更加具体的表现，其中里寒虚属阴，表热实属阳。有的人认为："有了八纲辨证，首辨了阴阳，分清了泾渭，任何疾病无论是内科还是儿科，是妇科还是皮肤科，所有疾病就都可以归为"阴阳失调"了。至于卫气营血辨证、脏腑经络辨证，也似乎不是那么重要了。既然辨证决定立法，立法决定方药，那么只要确定哪些药物可以调和阴阳、使之平衡，疾病必然治愈了。

赵炳南经过多年实践，所确立的"四藤"——天仙藤、鸡血藤、首乌藤、钩藤，对人体已经失和的阴阳具有整体调和的作用。但是，"调和阴阳"是指这四藤整体调和，并非只用四藤就可以包治百病，也不是针对某一科某一种病的。尽管"四藤"能够调和阴阳，但这并不代表可以忽略卫气营血辨证及脏腑经络辨证，反而应当更加准确地辨证，以达到配合"四藤"的基础调节作用，从而发挥更大的作用。

从"藤不治病"到"四藤"可以调和人体阴阳，是认识上的巨大飞跃。从实践中得来的体会，只有再回到实践中去得到进一步检验、升华，才能成为真正的经验。赵炳南在他生命的最后十年中，可以说一直有"四藤"相伴。跟随赵炳南抄方的同志都知道：几乎每一个病人的处方上都有"四藤"，特别是一些症状复杂、体质偏弱的中老年患者，尤其是中老年女性，几乎每方必用"四藤"。赵炳南的初衷，就是要比较一下用"四藤"与不用"四藤"，对这些病人有哪些不同，从而验证"四藤"的特殊功效。直到 1984 年病重、病危时，在病榻上，赵炳南仍念念不忘"四藤"，他认为十年的时间只是走过了"初级阶段"，时间虽然不长，但"四藤"的功效药理作用是可以肯定的，"四藤"是一个不可分割的整体，它的组合中的每一味药，除了发挥其固有的药性外，"四藤"整体相加，一同煎煮，还产生了某些特殊作用，这些特殊反应究竟是什么？人体吸收后又产生了何种反应？这些反应又对人体起到何种作用？这一切都有待于后人继续努力探索研究。赵老临终前，有人建议将"四藤"正式定名为"四藤汤"以慰赵老。他听后说："作为藤药可以使用，但作为一个方剂则尚不成熟，未来的路还很长。"这番话体现了赵老严谨的治学态度，也寄托了他对后人的殷切期望。

有关"四藤"方面的论述，到目前为止，还为数不多，"四藤"的综合作用及其机理尚不明确，所有面世的文章对"四藤"中每味药的功效，还仅仅停留在单独描述上。赵炳南对四藤的描述是："如果说'四藤'是一个方剂，那么天仙藤肯定是君药，占主导地位。但是，天仙藤作为一味中药，其在中医皮肤科，乃至中医内、外、妇、儿科都很少得到使用。"不过，据说在一百多年前，赵炳南在德善医室学徒时，恩师丁庆三老中医就善用天仙藤。后来，赵炳南正式悬壶，在赵炳南医馆行医的三十年中，也用过此药，那时也是针对顽湿所致皮肤病的治疗，取其疏泄通达、除湿、疏风、活血、通络之功。但在医馆停业后的二十多年里不见多用。直至 20 世纪 70 年代初"调和阴阳"一法提到日程上后，赵炳南开始再次选用此药，并给予重用。问之缘由，未得其解。对于天仙藤，赵炳南认为其味苦性温，入肝、脾、肾经。苦主疏泄，性温得以通经，故可以活血、通经络，而使水无不利，血无不活，风无不除，周身上下得以调达。一药入三经，取其疏泄、通经之所长。欲使人体阴阳得以调和，疏通是前提，没有疏通，其他药性的发挥，必然受阻。

在养血、活血药中，可以说，鸡血藤是赵炳南所爱之药，大凡运用鸡血藤时，多有当归、丹参为伴，这也是他用药的习惯。"三药为伴"，也多次在赵炳南的验方中出现。在组方中，鸡血藤多用作臣药，其性温、味苦、微甘，入心、脾二经。舒筋活血，祛瘀生新，是行血药中之补品，加以川芎、香附配伍，是调和气血之要药。赵炳南之所以重视此药的运用，旨在发挥其调理人体全身气血运行的重要作用，从而达到调和阴阳之目的。

如果是组方，首乌藤多用作佐药。其性平、味甘、微苦，入心、肝、脾、肾经，此药是四藤中入经最广（多达四经）的一味。具有养血安神、祛风通络、补中益气的作用，能行经络、通血脉，还可以引阳入阴，促进阴消阳长，达阴平阳秘之目的。赵炳南曾称"首乌藤是一味'多功能'药"，盖因其涉及脏腑之多、功效之广，气、血、神、风、通、引六个方面综合调理，使人体已经紊乱的阴阳得以调和，他称赞首乌藤"用一药而益全身"。

赵炳南先定下来"三藤"，后来他又感到在舒筋、息风方面不足，于是增补了钩藤，其性味甘、微寒，入肝、心包经，清热平肝，息风定惊，舒筋除眩，下气宽中。

以上四药中，天仙藤以疏泄通经为主；鸡血藤以气血运行为长；首乌藤以布达全身为长；钩藤以舒筋息风为所用。四药合用，可通达十二经。疏泄通经，行气和血，通调血脉，舒筋活络，承上启下，以达调和阴阳之目的。"四藤"功能广泛，但多而不乱，广而协调，诸药各司其职，又相互补充，使人体失调的阴阳得以平衡，诸病得去，身自安康。

还要提及的一点，是赵炳南在使用"四藤"时，需符合他确认的人体阴阳失和的标准，此标准即是：一是脉象寸关弦滑，双尺沉细；二是体质为上火下寒类型；三是临床症状多为表里不一，寒热并杂，虚实并举，这些症状多为邪盛正衰之表现。

再要说明的一点，是赵炳南在拟订调和阴阳处方时，从未有一方是纯"四藤"。他还有一个"五味"方，经常与四藤同用，为了叙述方便，这里暂且称之为"秦艽五味"方。

39

　　"秦艽五味方",是赵炳南晚年在确定"四藤"后,为加强"四藤"在调和阴阳方面的作用而拟订的又一"方剂"。本方是他根据古籍《医宗金鉴·外科心法要诀》中的"秦艽丸"方加减化裁而来。"秦艽丸"方加减,是赵炳南行医六十余年治疗神经性皮炎、皮肤瘙痒症、结节性痒疹、扁平苔癣、淀粉样变、口腔溃疡、外阴湿疹、阴囊皮炎,以及晚年治疗红斑狼疮等症极常用方。赵炳南晚年将原方——"秦艽丸"方减去四味(苦参、黄芪、大黄、防风)加入白花蛇舌草一味,"秦艽五味"方的组成为:秦艽、乌蛇、川连、漏芦、白花蛇舌草。

　　此方散风清热,除湿解毒,调和气血,用以补充"四藤"中的散风清热、除湿解毒之不足。秦艽一药的使用,赵炳南极为重视。几十年前,早在赵炳南医馆治疗诸多皮肤病时就经常使用,除发挥其除湿热、退虚热、止痒消疹功能外,晚年特别强调秦艽除前述功能外,还有散结除邪、调和气血、扶正祛邪之特殊作用。

(三) 关于赵炳南善用的部分方药简介

1. 单味药

　　(1) 薏苡仁——清利湿热代表药,在治疗一切湿热内蕴之皮肤病时,无论热重于湿,还是湿重于热,经常首选。赵炳南用此单味药,治疗扁平疣效果极佳。在日常生活中,赵炳南经常煮薏米粥代食。

　　(2) 龙葵——清热祛湿止痒药,可内服亦可外用。赵炳南家中庭院内海棠树下,每逢夏季长出绿色滚珠大小外观似茄的果实,秋后变紫黑色,他路过海棠树下时,常随手摘取数枝,让病人生用涂擦患处。止痒效果很好。

　　(3) 楮桃叶——本人上小学时,在和平门外河沿购买"桃树"树苗三棵,回家后种植于空地上,数十年后已长成参天大树,枝叶茂盛,果实不能食。叶为不规则短缺锯齿形。赵炳南告知此树名曰"楮桃",秋后取其落叶,煎水浸泡,止痒效果很好,彭真委员长之老母患老年性皮肤瘙痒症,用之,痒速止,甚喜。

　　(4) 凌霄花——在皮肤病的治疗中,上焦头面部疾患常用"花"药以发挥其轻扬之功能,"凉血五花汤"中凌霄花为主药,是一切以凉血为则,以花为药的方剂中的首选。赵炳南对此药情有独钟,见印有凌霄花图片必将其剪下,加入书中保存。

　　(5) 怀山药——集药品、补品于一身,是诸多健脾、补脾药中重点选用药。在补气药中,它是唯一入脾、肺经,兼入肾经之品。同时具有双补脾气、肾气之功。河南怀庆地区的孟县、武涉、温县、博爱等地产的山药,是全国最佳怀山药,亦有濡润肌肤之功,益寿延年。诸多著名古方如"六味地黄丸""金匮肾气丸"中均有山药入方。

（6）黄芪——在补气药中,赵炳南经常使用,并多与怀山药配伍。他认为非体质极虚者,宜用黄芪,补气而不燥,少用人参、红参之品,以防燥热伤阴。

（7）大黄——赵炳南经常提醒后辈:"大黄不仅仅是泻火通便,不要忘记大黄尚有凉血活血通瘀的功能,凡血分有实热者,用之可效果卓著。"另外,火热上炎的证候,如头面部皮肤病也可以选用,效果良好。此外,不必畏惧大黄通下太过,少用则泻下,多用反而厚肠胃。与诸药配合使用,不但止痒功效增强,而且可以促进肥厚皮损的消退。总之血分有郁热,肠胃有积滞者,均可选用。赵炳南还经常强调,大黄的使用要得法,要分清生军、熟军,同煎、后下之不同。

2. 双味药

（1）苍术与黄柏——前已叙述。

（2）龙胆与莲子心——分别是赵炳南清利肝胆湿热时最喜欢的"龙胆泻肝汤"及赵老验方"三心汤"中的君药。二味君药合并使用,只要对症,效果极佳(其中,龙胆建议用量为 6~12g 为宜)。

（3）连翘与夏枯草——清热解毒,软坚散结,是囊肿性痤疮的杀手。

（4）当归与益母草——养血、活血、调经,是治疗月经不调、痛经的要药,是治疗中青年女性痤疮、脂溢性皮炎、玫瑰痤疮,并有痛经、月经不调者的重要辅助药品。

（5）双花炭与生地炭——此二味药配伍,凉血功能大增,对于急性湿疹、急性过敏性皮炎、日光性皮炎、药疹、银屑病进行期,用之效果显著。是赵炳南在临症中总结出来的重要组合。

（6）当归与浮萍——透达表里,驱邪外出,是治疗急性荨麻疹、人工荨麻疹、过敏性皮炎的重要组合,再配牛蒡子疗效更好。

3. 三味药(方)

（1）莲子心、连翘心、生栀子("三心汤")。

（2）当归、浮萍、牛蒡子。

4. 四味药(方)——天仙藤、鸡血藤、首乌藤、钩藤("四藤")。

5. 五味方——"凉血五花汤"、"凉血五根汤"、"秦艽五味"方。

6. 十味方——"龙胆泻肝汤"。

7. 十味以上方——"除湿胃苓汤","健脾除湿汤","除湿健脾汤","养血润肤饮"。

第八章

追思与怀念

　　1984 年 7 月 8 日的《北京日报》发布了赵炳南逝世的讣告,文中记录道:赵炳南的丧事按照伊斯兰教礼仪办理。卫生部部长崔月犁担任赵炳南治丧委员会主任。7 月 11 日,《人民日报》也发布了相关讣告。

　　1984 年 7 月 21 日,赵炳南先生辞世"二七"后,"赵炳南同志追悼会"在北京人民剧场隆重举行。彭真、邓颖超、万里等人送了花圈,全国人大常委会、全国人大教育科学文化卫生委员会、卫生部、国家科委、北京市委、市人大、市政府、市政协等机构送了花圈。郑天翔、唐克、钱信忠、谭云鹤等人参加了追悼会。北京市政府、市人大、市政协领导人,北京市卫生局、北京市中医药管理局、北京中医医院相关领导,全国、北京伊斯兰教协会负责同志,赵炳南生前友好、医务界同仁、弟子、亲友、赵老生前治愈的患者代表、赵炳南家庭成员,四百余人参加了追悼会。7 月 22 日的《北京日报》做了详尽报道。

　　相关领导在会上致悼词,对赵炳南一生的经历做了概括介绍,对他高贵的人品、高尚的医德给予了高度评价,对他的学术贡献给予了充分肯定和高度赞扬,并对赵炳南的后人及弟子在传承医道方面给予厚望。悼词中评价赵炳南"不愧为开拓中医皮外科事业的一名巨匠,称得上流芳千古的'一代名医'。赵炳南同志的名字将永远载入祖国医药学的史册,与世长存……赵氏名门桃李满园,后继大有人在……赵炳南同志的一生,是革命的一生,是无愧于党和人民的一生,是平凡而又高尚的一生。"

　　7 月 30 日,《北京日报》第二版发表了由钟暄撰写的《一代名医,风范长存——已故著名老中医赵炳南行医生涯侧记》,文章客观、系统、专业、简明地记录了赵老行医生涯的一个侧面,饱含深情,充分体现了赵炳南先生的医道精神,也蕴含着后辈医务工作者对赵老的崇敬。

2009年10月21日下午,北京市中医管理局主办、北京中医医院承办的"赵炳南诞辰110周年纪念会"在人民大会堂重庆厅隆重举行。卫生部副部长、国家中医药管理局局长王国强、世界中医药学会联合会会长佘靖、北京市中医管理局局长赵静、中国中医科学院院长曹洪欣、北京市有关部门领导和北京中医医院党委书记陈誩、院长王莒生等院领导及赵炳南家人、徒弟、学生、同事180余人与会。

纪念会由北京市中医管理局副局长屠志涛主持,来宾们首先观看了《精诚大医赵炳南》专题片,该片生动再现了赵老行医一生的伟大贡献。王莒生院长发表了热情洋溢的讲话,她说"赵炳南先生是现代中医皮外科的奠基人和开拓者。在六十余年的行医生涯中,他以高尚的医德、高超的医术救治了不计其数的患者,教育和培养了一大批中医皮、外科优秀人才。他是当代名老中医最优秀的代表之一,是北京中医医院永远的荣耀!"赵炳南之子赵恩道医生在讲话中感谢各级领导对赵炳南先生的肯定,这也体现了党和国家对中医药事业的高度重视和亲切关怀。国家级名老中医陈彤云作为赵老的学生,用亲身经历讲述了赵老精心育人、热爱病人、诚恳待人的动人故事。北京市中医管理局局长赵静在讲话中对赵炳南从医生涯中,继承前人、勇于创新,为促进现代中医皮外科事业的发展、推动中医皮外科学术水平的提高所作出的贡献给予高度赞赏。卫生部副部长、国家中医药管理局局长王国强高度评价了赵炳南的高贵的人品、高尚医德和高超的医术,赞扬他是大医精诚的典范,是中医药界的一面旗帜。他希望年轻医务工作者应该学习一代宗师的医德医风,全心全意为群众提供优质的中医药服务,将名老中医的学术思想和临床经验一代代传下去。

为了表达对赵老的怀念之情,书画名家和同行纷纷泼墨,以"杏林春暖橘井泉香"赞扬赵老的行医生涯。党委书记陈誩和工会主席蔡念宁接受了著名画家袁熙坤写有"岂能尽遂人愿,但求无愧我心"的墨宝。王国强、赵静等领导分别向赵老的家人及相关代表赠送了《精诚大医赵炳南》纪念画册和邮册。

人民日报、光明日报、健康报、中国中医药报、北京日报、北京晚报、法制晚报、京华时报、北京人民广播电台、三九健康网、搜狐网等媒体进行了采访报道。

43

附 赵炳南同志悼词

今天,我们怀着极其沉痛的心情,对全国人民代表大会代表、北京市伊斯兰教协会副主任、北京中医医院名誉院长,著名中医皮外科专家赵炳南同志的不幸逝世表示深切的哀悼。赵老因病经多方治疗无效,于 1984 年 7 月 6 日 20 时在北京逝世,终年 85 岁。

赵炳南同志生于 1899 年 9 月 1 日,河北省宛平县人,14 岁从师学徒,专攻中医外科。1924 年学成开业于北京。有"年方弱冠,誉满京城"之声望。解放后,他以治病救人为己任,备受敬重。历任北京医院、北京皮肤性病研究所中医顾问医师;从 1956 年到北京中医医院工作以来,先后担任该院外科主任、副院长,北京市中医研究所所长;国家科委中医专业组成员;北京市人民政府、卫生局高级卫生人员考试委员会委员;中华全国中医学会副会长,北京分会名誉理事长;北京第二医学院教授等职。在此期间,他被选为第四、五、六届全国人民代表大会代表;北京市第三、四、五、七届人民代表大会代表,第七届北京市人大常委会委员。系农工民主党党员。

赵炳南同志在半个多世纪的生涯中,一步一个脚印地向前迈进。他拥护中国共产党的领导,在 1950 年他响应抗美援朝总会的号召,主动为患病的军烈属免费诊疗,受到登报表扬;北京中医医院建立,他愉快地参加医院工作,并主动献出自己的验方、秘方和一些医疗设备;1965 年,他已是六十多岁高龄了,还积极参加基层和农村巡回医疗,置身于工农之中。十年动乱期间,他对"四人帮"的倒行逆施深恶痛绝,粉碎"四人帮"之后,特别是党的十一届三中全会以来,他拥护党的各项方针政策。他身为人民代表,忠于自己的职守,经常宣传党的政策,特别是党的民族政策和知识分子政策,关心伊斯兰教工作。在他最后的时刻,还带着重病参加完六届人大第二次会议,并满怀热情地向全院职工传达完会议精神。

赵炳南同志是我国医药卫生界的一位尊敬的良师益友。解放前,他以真挚的感情济贫扶危,对就医的穷困病人,非但分文不收,还常给些买药钱;对于达官豪富,绝不趋炎附势。解放后,他全心全意地为人民服务,待病人如亲人。他的医术高明,疗效显著,对每一个病人都十分耐心地问病察色,仔细诊脉,辨证精确,立法用药恰当,更为可贵的是医嘱详尽,态度和蔼可亲。无论是对工农群众还是对领导干部;无论是对普通百姓还是对知名人士,他都一视同仁,叟幼无欺,从无厚薄之分,从不以貌取人。

赵炳南同志主动团结中西医同道和护理、后勤人员。他平易近人,以诚相待,技术全面,主动相互交流。他从不背后论是道非,看不起别人。他对中西医同道都十分尊敬。大家都乐于接近他,求教于他,受益于他。他时刻鼓舞大家团结起来,为了一个共同的目标振兴中医事业,全心全意地为人民服务。赵炳南同志对工作极端负责,就是在他重病在身的晚年仍坚持上班,积极整理自己的经验。他身涉医林六十七年,从未离开过临床,从未离开过他的岗位,尽管各级领导十分关怀,多方劝阻,然而直到临终住院的前一天,他仍以 85 岁的高龄,拖着重病的躯体,怀着一颗忠于人民卫生事业的红心,来院上班,站完最后一班岗,真是"春蚕到死丝方尽"。

赵老常说:"勤能补拙",他勤于学习,全面继承了古人的精华;他勤于实践,积累了丰富的临床经验;他勤于思考,为创新开拓了宽阔的思路。虽然到了晚年,他仍坚持专心致志地学习。他是自学成才,自学成为专家的典范。他自己总结道:"学习贵在专,师古更创新"。正是由于他刻苦钻研,勤奋学习,他才知识渊博,精通中医理论,医术精湛,治病有胆有识,善治疑难大症，顽癣恶疮，在中医学术方面颇有独到的见解和发挥。他注重实践，对中医传统的外科操作都十分娴熟。他首创拔膏疗法，对27种皮外科疾病疗效满意，而且使用方便，费用低廉。1975年出版了三十余万字的《赵炳南临床经验集》，荣获1978年全国科学大会奖，在全国性的一些杂志上发表过数十篇高质量的学术论文，有的还在国际皮科学术会议上宣读过。他先后编审过《中西医结合临床外科手册》、《实用皮肤病学》、《简明中医皮肤病学》等约计180余万字。在助手们的帮助下将疗效比较好的10种常见皮肤病的治疗经验输入电子计算机，对中医皮外科的发展做出了毕生的努力和卓越的贡献。赵炳南同志是当今难得的颇有建树的中医皮外科专家。他不愧为开拓中医皮外科事业的一名巨匠，称得上流芳千古的"一代名医"。赵炳南同志的名字，将永远载入祖国医药学的历史史册与世长存。赵炳南同志不但自己学而不厌，而且诲人不倦，在技术上他从不保守，精心培育下一代。他心中时刻缅怀1955年周恩来同志对他的教导，看病要"安全有效，中西医结合，积极谨慎，与病人商量"。他大力支持中西医结合工作，并付出了大量的心血，实践了他的"知识不停留，经验不带走"的诺言。现在他的徒弟和助手们都能根据他的经验独立治病，成为医疗、科研、教学中的骨干，赵氏名门桃李满园，后继大有人在。

总之，赵炳南同志的一生，是革命的一生，是"无愧于党和人民"的一生，是平凡而又高尚的一生，是全心全意为人民服务的一生。

我们悼念赵炳南同志，就要学习他热爱党、热爱人民、热爱社会主义祖国的深厚感情；学习他团结友爱，对同志满腔热情，对工作极端负责的态度；学习他兢兢业业，不辞辛劳，病重在身依然鞠躬尽瘁坚持工作的精神；学习他生活俭朴，廉洁奉公的品德；特别要学习他把毕生精力献给祖国的医药卫生事业、全心全意为人民服务的高尚医德。

赵炳南同志和我们永别了。我们失去了一位好大夫，好专家，好前辈，这是我们医药卫生事业，特别是中医药事业的一大损失。让我们化悲痛为力量，同心同德，团结一致，立志改革，为振兴中华，早日实现四个现代化而努力奋斗。

赵炳南同志安息吧！

赵炳南同志治丧委员会

1984年7月21日

结　语

　　1984年7月6日晚8时，赵炳南先生结束了他八十五年的人生旅途，安详地阖上疲惫的双眼。他孑然一身地离开了这个世界，毫无保留地给后人留下了无比珍贵的医学财富。他是一支蜡烛，燃尽自己的全部精力，以真诚殷切的医道情怀烛照后世，为后人留下了一座丰碑，也留下了对祖国中医药事业繁荣发展的殷切期望和牵挂。

　　今天，时间已经过去了整整三十个春秋，而人们对赵炳南先生的记忆，并未因时间流逝而淡化。无论是医界同仁，还是后学晚辈，抑或是病患家属……人们仍在以各种方式感怀、追思赵炳南这位质朴的老中医。八十五载人生路，一甲子悬壶济世，这经历对于一个人来说或许是漫长的，然而在人类历史的长河之中，它仅仅是一瞬间、一滴水、一个小小的闪光点，但它却以自己的温暖和光明，灯塔一般照亮了后人前进之路，引领着后人医道之旅，垂范给后人医者仁心。

　　我们完全有理由相信，后人一定不会辜负赵炳南先生的殷切期望，以医者的实际行动告慰先辈的英灵。全体医务工作者，一定能团结起来，继承先辈遗志，开创祖国中医药事业更加辉煌灿烂的未来。

赵恩道

2014年5月

第二部分

缅怀先辈赵炳南

忆赵炳南医馆往事

赵恩公

　　1926年,父亲取得中医行医执照,在北京前门内西交民巷51号开业行医,院门口挂上了一个小木牌,上书"赵炳南医馆"。开业数年后,父亲治好了诸多疑难皮外科疾病,不少患者在病愈后送来木匾,上面刻的大多是书法家题字,如"华佗再世""妙手回春"等。父亲十分珍视患者给予他的荣誉,就请人把这许多木匾挂在医馆的外墙上,远远看去,蔚为壮观。那些年,父亲带着他的徒弟、伙计们都住在医馆内,家眷则留在阜成门外三里河回民村,当时那里属河北省宛平县管辖。

　　1937年7月7日,日本侵略军在卢沟桥对中国发动战争,他们占领了北平的部分郊区。父亲为防不测,决定让全家十口人都搬进北平城里,临时住在医馆内。数月后,父亲在西交民巷西侧的半壁街租了一个小四合院,举家老少三代十一口人全搬过去了。进城时,我只有5岁,由于家和医馆相距不远,我就有了机会常去医馆看这问那。

　　当时的社会风气使然,父亲这一代人大都如此,并没有让子女接受"现代教育"的想法。对于我们,父亲的想法是:识字读书,看懂医术,逐渐学习开药方,将来子承父业,继承他所开创的医馆事业。所以,我9岁前并未读过小学,而是遵父命从父亲的徒弟王玉章师兄处学些启蒙读物,《三字经》《百家姓》《弟子规》等;再从李梦陀师兄处学些算术。此外就是去清真寺学阿拉伯文、宗教常识,如冲洗、礼拜等。

　　当时的医馆是个三合院,没有南房,大门开在东房旁边。东房后面有个小侧院,用来堆放药材、杂物。东屋南半间是挂号室,北半间是候诊室。北屋东头两间是诊室,另有半间房是手术室。我听说,腮腺炎、乳腺炎都要开刀,父亲虽是中医,但手术的方法、工具、材料和消毒方法都和西医完全一样。北屋西头两间是父亲的卧房，屋内就是一张床和生活家具，其他就都是书籍，全部是古文线装医书。西屋是厨房和卫生间。

医馆内除了父亲之外，还有三四个徒弟，我叫他们"师哥"。诊病时，每个患者都由父亲亲自望闻问切，然后开方，再由徒弟上药、包扎。医馆内的所有工作人员一律是回民，我都要称他们为大伯，回族称谓发音为"麻巴"，挂号分诊叫号，由李长泰大伯负责；厨师是马大伯；张大伯是人力车夫，送父亲外出诊病，也兼顾院内卫生保洁等杂活。

医馆的门诊时间是上午，病人很多。夏天，我上午去医馆，院子里经常排满了人等待叫号。下午父亲外出应诊，为预约的人家上门诊病，这些人大都是官宦人家，或是商贾富裕人家。后来，医馆对面开了家汽车行，有三辆出租车，父亲外出应诊就改坐出租小卧车了。医馆里的下午时间，大多由徒弟们制药，有的研磨药材，有的做药捻，有的熬膏药，有的给手术工具消毒，还有人外出采购药品。有时，他们要工作到很晚才能把次日用的药品全部备好。医馆的晚上，诊室和候诊室就变成了职工宿舍。那时交通不便，即便是在城里有家的人也不可能天天都回家，当时自行车是稀有品，大街上仅有几条有轨电车，根本没有公共汽车，办事一般都是靠步行，要是远途也只有有钱人能雇得起人力车夫"拉洋车"。

西交民巷东口路南，有间卖西药的小药店，名为"新中国药房"。店主其实就是我的父亲，店面由我的二伯父经营打理。父亲是有名的中医，为什么要开一家西药房呢？

自清末开始，西方先进文明包括医学慢慢渗入中国。辛亥革命起，无论是北洋政府还是南京国民政府，乃至日本统治时的汪伪政权，卫生部门领导都是西医出身，他们大都是受过西方医学教育的人，在他们眼里，中医是不科学的，他们甚至多次扬言要政府取缔中医。后来到中华人民共和国成立初期，新中国人民政府卫生部某些领导也坚持认为中医必须裁撤。在当时的历史形势之下，受制于时局，父亲也担心中医这个行业恐难维持太久，所以才开了一间西药房，以备不时。

中医外科不同于中医内科，除了开方还需要外用药、包扎、换药等，这样医馆也就有了售药这个程序环节，然而也正因此，本来为了方便病人用药而开设的售药环节，却在1951年的"三反运动"的背景下使父亲成了挨批斗的"资本家"。父亲也因此受到了激烈地打击，几经折磨，最后被定性为"基本守法户"，万幸的是只是被罚款，并没受到更大的处分。

谁也没想到，没过几年，政策转向，提出"中西医结合"，各地开办中医院，还

49

成立了中医高等学府。父亲也参加了北京中医医院的工作，还受聘为副院长。

我表兄周振佟是父亲的徒弟之一，常对我讲起当年医馆的事。我全家都是回族人，父亲更是虔诚的伊斯兰教徒，他在医道上成名后，有了较多的收入，所以对穷苦回民同胞看病一律免费，尤其是对家乡三里河的回族村民们更是优待。他大力资助三里河清真寺、牛肉湾（即绒线胡同西口）清真寺，使它们得以维持正常运营。此外，父亲还帮助过"成达师范学校"，这是一所中国现代伊斯兰教新型学校，专门培养回族子弟，虽然名义上是"国立"，但经费拮据，父亲也给予了大力支持。另外，1947年回族医务界在北京牛街成立了"普慈施诊所"（这里的"施诊"，即是对回族穷人免费治病，不收取任何医药费。）诊所的经费都是回族各界名流长期资助的。父亲把开设所需的医疗器械、生活用品无偿捐赠给诊所，给予鼎力支持，而这所诊所正是今天北京回民医院的前身。

父亲事业上的成功，除了自身刻苦努力之外，还有一个重要的因素，那就是母亲的无私奉献。父亲在经营私人医馆期间，每天就只有晚上7点到9点两个小时能在家与家人相聚小憩，其他时间全部投入到医馆的诊务和经营上。家里的生活起居一律由母亲安排，大妈在旁协理。大妈是父亲的嫂子，大伯英年早逝，留下四个女儿，再加上我们兄弟姐妹一共八个孩子，都是由父亲出钱，母亲和大妈出力，才培养成人的。直到中华人民共和国成立后，父亲参加北京中医医医院工作，母亲依然在默默地无私奉献着，支持着父亲，支持着我们这个大家庭。令我至今难忘的是，母亲娘家的兄弟姊妹按当时的"成分论"来说，出身都不好，大舅是富农，姨夫的成分也高，而母亲为了支持父亲的事业、让他免受亲属关系的殃及和影响，毅然决然地与他们断绝了往来，几十年来也不准我们小辈去姥姥家和舅舅家。现在回忆起来，母亲决不是不思念她的兄弟姊妹，她只能是默默地独自流泪……

1955年，中国开始全面的由"新民主主义时期"向建设"社会主义时期"过渡，城市里取消了私营经济，公私合营单位也一律改为国营。父亲经营了三十年的"赵炳南医馆"也到了"寿终正寝"的时候了。他从此成为了一名公立中医医院的职工，走上了另外一条为人民服务的道路，比之前更为光辉的道路。（2014年）

作者简介：

赵恩公，赵炳南之次子，1932年生，1957年毕业于清华大学机械系，曾任华北石油职工大学矿机教研室主任、教授。

淡泊者致远

——记我的父亲赵炳南先生

赵桐凤

我的父亲——现代中医皮外科奠基人、一代名医赵炳南先生逝世近三十年了。光阴似箭,岁月流逝,对我来说,他光辉一生的往事仍然历历在目,终生难忘。现就所知,做几点回忆。

(一)劳动人民本色

父亲出身寒苦。祖父是一位糕点工人,收入微薄。可以想见,当时父亲一家过的是很苦的日子。所以,父亲从小就养成热爱劳动的美德,而且这种美德一直保持到晚年,即使到七八十岁高龄,他也不顾子女劝阻,依然不时洒扫庭院,浇花锄草。每到冬天,他不但与子女一起安炉子装烟囱,还经常把碎煤球用水和成泥,在院子里抹好摊平,再用瓦刀一道儿一道儿划出小方格,晒干了再当煤球烧。

有一次全家包饺子,他看我们每次只擀一个皮儿,便露了一手绝活:把两个面团儿放到一起,一下擀出来两个饺子皮儿! 大家看了十分开心。我想,如果不是曾经熟练地干过,恐怕是做不出来的吧。

(二)勤奋惜时的一生

父亲早在 20 世纪 30 年代就弱冠成名、誉满京华了。他在医学上的成就,既是源于天赋,更是来自勤奋。他一生惜时如金,从不浪费时间。为了研究医术,他苦读古今医学名著。为了有一个能够安心学习研究的环境,他心无旁骛,经常独宿医馆,终夜苦读。

父亲平时很少与人闲聊,对于徒弟晚辈来访,一般有话则长,无话则短,一杯茶后便用一句话表示送客——"两便吧!"徒弟们都了解师父惜时如金的心情,大家也就习以为常,并不介意。

记得父亲在 80 岁前后,还叫女婿替他买最新版本的《本草纲目》。他还经常学习和研究针灸,在自己身上按摩穴位,说:"人活到老,也要学到老,不能抱残守缺。学问也要触类旁通。"他每天时间排的很紧,没有浪费。他的半导体收音机的收听波长都是固定的,从不变动,早餐六点半一开,准是中央人民广播电台的新闻节目。有一次他不在家,我用他的收音机听节目,忘了把波长恢复原位。第二天早餐麻烦了,他打开收音机听不到平时的节目,很不高兴,几乎发火。母亲说:"你爸干什么都有准时候,早晨就那点时间。"从那以后,我就特别注意,尽量不动他的东西,不给他找麻烦。同时,我也进一步了解了爸爸惜时如金的品格。

(三) 科学思维的老人

父亲在医学上的成就,自然是源于他的天赋和勤奋,同时也是由于他有一套科学的思维方法。我不懂医学,但从一些细小的事情上可以看出一点门道来。比如:

1. "去时要想着回来。"

父亲住院时,我和我爱人去陪护。我们洗碗、开冰箱取东西的时候,往往顾此失彼,往返重复。父亲说:"去的时候要想着回来,一次能完成的事不要跑两趟。"事情虽小,却显出他的思维方法与运筹学是多么契合。

2. "这样就像个包了!"

父亲住院时,我用一张方纸包了点花生米叫我爱人送去。他打开包一看,纸上残破、缺了一角儿的地方包在最外层,很不好看,也包不严实。他重新包了一下,把残角包在里边,方方正正,说:"这样就像个包儿了!"

3. 抽屉里的东西要井井有条。

一次,他在医院拉开一个抽屉,里面除了杂物,上边还有三把剪子,放得歪歪斜斜,不分大小。他把剪子依其大小,按 45°角重新放了一遍,然后说:"这样看着顺当,拿也方便。"

4. 讲究记忆方法。

父亲一生积累了很多学问,但他不是死记硬背,而是很讲究方法。有一次他说:"记事有难易,要讲究方法。比如戊、戌、戍、戎四个字,字形相似,容易混淆。"他说有一个顺口溜:"戊字空,戌点横,斜点为戍,十字戎。"这个顺口溜虽不是他的发明,但他却是这个方法的热心传播者。他的学生们听了,就很欣赏老师的顺口溜记忆法,曾说:"从一句顺口溜,可以看出赵老的思维方式是生动、灵活、科学的,而这也是他一以贯之的医学之道。"

(四) 温情的丈夫,慈爱的父亲

父亲一生从医,把毕生精力都献给了医学事业,但他同时也是一个温情的丈夫、一位慈爱的父亲。

父亲为了研究医学，经常独宿西交民巷的医馆，但每天他不管是否在家吃晚饭，都会回来陪母亲和家人说说话儿。每次他回来，都会带几包大家喜欢吃的各色点心、水果和零食。我们小孩子每晚都盼着他回来。他不仅带回好吃的，有时还专门给母亲沏上一杯茶，仿佛是对她操持家务的慰劳。每回父亲给母亲买衣料，都从不忘给他的寡嫂也带一份。父亲对我和我的几位叔伯姐姐，也是一视同仁，十分疼爱。

有一年，父亲手上起了一个小疙瘩，叫我给他按摩。我拿着他的手揉啊揉，没想到揉了两次就好了！他既让我帮他治了病，也享受了天伦之乐，当时我还不到 10 岁。

父亲对家人的温情，也成为了晚辈的榜样，甚至对亲朋晚辈产生了积极影响。已故皮外科专家周振佟先生（父亲的外甥、我的表哥）青年时代不但把父亲视为事业的偶像，还曾羡慕地说："将来我也要像我老舅一样，每天回家给亲人带一包好吃的回来！"

（五）爱国主义情怀

上世纪二三十年代，国难当头，洋货横行，民族资本纷纷破产，国人曾掀起抵制洋货的浪潮。当时，父亲曾给母亲买了一件特殊的布料，是一块上好的丝绸，上面除了美丽的花纹之外，还绣着"请用国货"字样。后来母亲用这块丝料做了件上衣，这件衣服一直保存了许多年，从残旧的程度看，母亲应该穿过很多次。大约在上世纪 80 年代，为了让这件珍贵的历史文物能永久保存、教育后人，我把它捐献给了国家博物馆。

记得家里还有一包"抵羊牌"毛线，是上世纪 30 年代天津的产品，"抵羊"取谐音，意为"抵洋"，抵制洋货，这包毛线应该是与那件"请用国货"的丝绸上衣是同时代的产物。

上世纪 30 年代，溥仪知道父亲的医术高明，曾经请父亲去给他家人看过病。后来溥仪做了伪满国的皇帝，想请父亲到长春去做他的御用医生，父亲断然拒绝了。（2014 年）

（本文为赵恩道先生推荐）

53

作者简介：

赵桐凤，赵炳南之女，1935 年生。毕业于北京外国语大学俄语系，曾就职于新华通讯社、北京十三中分校。

难忘的老宅

石君玺

时间：1955 年前后

地点：和平门内后细瓦厂井楼胡同 3 号

关键词：赵炳南、老宅、回忆、游乐园、欢聚

姥爷家的老宅是我幼年记忆中最难忘怀的，这里记载着我的姥爷赵炳南老先生五十余年的生活状况，记载着姥姥和大舅的音容笑貌，记载着我童年的欢乐，记载着表兄妹们成长的历程。

老宅坐落于和平门内后细瓦厂井楼胡同 3 号，藏身于小胡同里很隐蔽的位置，总面积 600 多平方米，为三进院落，大门坐东朝西，门口有五层青条石台阶，门前装饰朴素而庄重，只有右手门框上红色的电铃按钮，提示这可能是座深宅大院。推开对开的两扇木门，处处彰显出主人处事严谨，木门上撞锁、门闩一应俱全，门后还立着顶门杠。进入前院，迎面是座灰色的影壁，瓦顶、砖基。转过影壁首先映入眼帘的是左手靠北墙那棵老香椿树，依旧那么枝繁叶茂，巨大的树冠像把大伞，为客人遮蔽着烈日骄阳，像排队迎宾的队伍一样。第二个出场的是左手一个高大的葡萄架，一串串晶莹剔透的葡萄和翠绿的枝叶把葡萄架装扮的更加惹眼。葡萄架的东面是坐北朝南的垂花门。垂花门东侧有棵低垂着枝条的石榴树，一个个硕大果实咧着大嘴，把老树压得弯下了腰。石榴树的南面有棵大枣树，青红相间的大枣挂满了枝头，一阵风吹过还不时跟你开个小玩笑，红红的大枣砸在你头上，准能吓你一大跳。前院最东侧有两间平房，那是负责家人饮食起居的杨姥姥和孟姥姥的居所，权且叫它佣人房吧。平房北侧是个小夹道，夹道北墙有一个很不起眼的小门，关上门，小门就像失去了踪影，与墙体完全融为一体，很难被外人发现。穿过小门，就进入了最隐秘的东小院，小院又细又长，只有三间北房，分别是厨房、水房和厕所。东小院有自

己独立的供水系统,那是一台老式压水机,轻轻压几下就能流出清凉的井水。压水机的出水口是根水管,通过一个带节门的三通,向上、下分出两根水管,向下一根通向水缸,另一根通向屋内的高架水缸,高架水缸又分出两根水管,一根通向厕所,供如厕后冲水。另一根引入厨房,并有一个分支通向灶台的暖缸,暖缸可以利用做饭的余热为主人提供洗碗、洗菜的热水。水缸选择的位置可谓别出心裁,放在了水房门西侧的小窗下,屋里、屋外可以共用一个水缸,并以小窗隔为两半,方便主人从窗外取水、浇花。这种超前的设计在上世纪三四十年代的北京是很难见到的。

垂花门是全院装饰的点睛之笔。是内宅、外宅的分界,故又称为二门子(即大家闺秀要遵从的大门不出,二门不迈的二门)。垂花门上方是飞檐斗拱的门照,下方望板有一对与板面垂直的木柱,向前突出,柱头呈梅花形,称为垂珠。两扇朱红色的棋盘门上各镶着一个金光闪闪的饰物,是一对虎头衔环的铜拉手。门两侧各卧着一只活泼、可爱的小石狮。棋盘门夜间锁闭,是内院的一道屏障。三进院落的特点是步步高升,登上门口的三级石阶,穿过棋盘门,是一个木质门楼,门楼开口向东,木门楼是垂花门的院内设施。迎面为四扇可开关的绿色木屏门,迎宾会客时,可向两侧开启,平素锁闭后,恰似一堵墙,兼有影壁的功能。

拐过木门楼东侧的出口,便到了花木成荫,生气盎然的中院。

中院只有东西厢房各三间,青条石的地基均向前探出了近半米,形成了一个通长的台阶,下面的三级石阶表明房屋的地基至少被抬高了半米以上,使房屋显得更加高大、明亮。东西房的台阶下整齐地码放着几株盆栽花木,有无花果、石榴、芭蕉和橡皮树。那是由洋桥花匠赵师傅精心呵护,定期更换的。东西厢房都是一明两暗的格局,东房是大姥姥和五姨的居所,西房是大舅的住处。两间房内的摆设也代表着东、西方文化的差异,东房正中摆着紫檀的八仙桌和两把太师椅,靠东墙是紫红色的硬木条案,条案上摆着绘有五子登科、白猿捧寿、刘海戏金蟾等典故的尊罐、掸瓶和帽罐,最显眼的是一簇红彤彤的珊瑚盆景,给条案上的摆设,平添了一丝喜庆。靠北墙摆放着张紫红发亮的罗汉床。南墙西侧是硬木大柜和中式多斗柜。东房里有一个精巧的设计,房间东南角有一个三角形的角柜,灰黑的颜色、仿古的样式与屋内的陈设浑然一体。拉开柜门,眼前豁然一亮,原来这是通向东小院的暗门。这种别具匠心的设计,既能让主人规避突发的风险,又为主人洗漱和如厕提供了方便。

大舅西房里的陈设与东房截然不同,一套时髦的浅色家具让居室显得格外明亮,电镀床头的席梦思床,全包的大沙发,钢琴漆的写字台、书柜和沙发桌整齐的摆放在室内。透过书柜的玻璃可以看到一本本厚厚的医学书籍,它透露了主人的身份,大舅是同仁医院的内科医生,身着洋装的西医大夫当然更容易接受西洋文化的熏陶。

中院地面一条鹅卵石甬道从木门楼直通向西北角的后院,甬道西侧是一棵高大的海棠树,上面挂满了粉红色、小灯笼样的果实。甬道东侧有一棵略显苍老的枣树,但依然是果实累累。地面上被鹅卵石围起来的树坑暗示着两棵老树的年龄,它们至少与老宅同龄。甬道拐向中院的西北角,登上三层石阶后,东侧出现了拔地而起的竹制花障。穿过花障的小门就到了我们的游乐园——北上坡。那是为了建造五间北房留的地,地基都打好了,1955年姥爷去中医医院上班后,就全身心地投入了工作,无暇顾及盖房的事,将盖房的木料全捐了给医院。

在上世纪四五十年代,说北上坡是个游乐园并不为过,这儿有可以荡来荡去的秋千,有可以跳远、翻跟斗的沙坑,有可以攀爬、锻炼的双杠。沙坑南面还有一棵高大的楮桃树为我们遮阳避雨。靠东墙是姥爷的自留地,种满了金银花、薄荷、马齿苋、草茉莉和指甲草等很多属于草药的花草,五彩缤纷,争妍斗艳。这都是姥爷亲手打理的,那也是老人热爱中草药的一种表露吧。姥爷在靠北墙处用竹竿搭起了瓜架,各种瓜果的枝条奋力攀爬着,给北墙挂上了一张绿色的壁毯。整个瓜架像个取之不尽的大果筐,这儿挂着满身疙疙瘩瘩的苦瓜,那儿挂着咧着嘴,露着红肉黄籽儿的癞瓜;这儿有耳朵形状的白扁儿和红彤彤的西红柿,那是细长的丝瓜和粗壮的黄瓜。

到了寒暑假,大姐石君碧都能在姥姥家住上几天,她应该算是姥姥家的常客。另一位常客是大表姐洪静怡,她是大姐的闺蜜,姐儿俩有共同的爱好,有说不完的悄悄话。

对于我们的光顾,长辈们的招待方式各有不同,但发自内心的疼爱却没有差别。大舅夹着大皮包,西服革履地下班了,看见我们几个,招呼都没打,急冲冲奔向后院,我正觉得奇怪,大舅又汗流满面地转了回来。笑呵呵地说:早就盼着你们来呐,有口福,有口福。随手把一个油纸小包放在花障旁的小桌上,在小桌旁坐了下来,悠闲地跷起二郎腿,一边从西服口袋里掏出白绸手帕,擦拭着金丝眼镜;一边眯起眼睛,观察我们的反应。我沉不住气了,三把两把扯开了油纸包,一股凉气冒了出来,眼前出现了一个珐琅面的精美小盒,上面绘制着金发碧眼的外国女人,小盒入手冰凉,像是刚从冰箱里拿出来的。掀开盒盖儿,一排码放整齐的金币映入眼帘。看到我们吃惊的样子,大舅开怀大笑起来,大声催促着:快吃快吃,好吃得很! 天太热,化了就不好吃了。真把我弄糊涂了,金子还能化吗？大舅抢过小盒,哗啦一声把金币全倒在小桌上,揭开了谜底:傻小子快拿,是巧克力! 这是我第一次品尝进口巧克力,那得托爱吃、贪吃的大舅的福。大舅一生可以说是尝遍天下美食,吃是他的第一爱好,吃也让他过早地离开了我们。大舅生病期间,我看望过他,因为脑出血大舅已经基本失语,但还是指着桌上的糖果,艰难地迸出两个字:吃,吃! 那是老人发自内心的疼爱呀! 大舅半身不遂15年,都是大舅妈亲自照顾的,还要上班、照顾三个小表妹,她老人家是老宅当之无愧的功臣。

二舅是清华大学机械系的高材生,平时住宿学校,较少回家,偶尔遇上我们,总会忙前跑后地从果树上采下石榴、海棠、葡萄和大枣,装上满满的两大兜,为我们准备带回家的美食。

五姨对我的照顾最为上心,常常举着水杯,追在我身后,喊着:别玩了,喝口水吧,别跑了,小心摔着! 关切的叮嘱声很快被我们的欢笑声、尖叫声淹没了,每逢此时,大姥姥也会撂下从不离手的笤帚,松开平常紧锁的眉头,默默地来到花障旁,饶有兴趣地欣赏着我们嬉戏打闹,脸上还会露出一丝少有的微笑。

三舅虽然比我们大不了几岁,那可是小辈们心中的偶像,他有高挑的身材,健壮的体魄和广泛的爱好,这应该是我们成为小粉丝的理由吧! 三舅似乎也为有我们这些小粉丝而自豪,总会摆出一副小老家儿的谱儿,有条不紊地招待我们这些小家伙,先从储物间搬出小木马,把我扶上马,嘱咐几句后,才去拿姐姐们的玩具,支上克朗棋桌,手把手地教姐姐和静怡姐打克朗棋。偶尔三舅也会在双杠上露几手,摆个 pose,然后像突然失了手,跳进沙坑,吓得姐姐们一声尖叫,随后就是大家开怀的大笑。

姥爷招待我们的方式别具一格,老人蹲在东墙的花草前面,一边用小铲松着土,一边讲述着各种花草的知识,谈到金银花、马齿苋等草药时更是滔滔不绝。然后会走到北墙的瓜架前,用剪刀和小筐为我们采摘熟透了的癞瓜、西红柿、黄瓜、大白扁,嘴里还不停叮嘱着,什么都要吃一点儿,时令的才是最好的。老人终于忙完了,坐了下来,挂着满脸笑容和尚未挥去的汗水,开始兴致勃勃地欣赏我们戏耍,兴致来了还会拿个铁簸箕,打着锣鼓点儿,看我们扭秧歌。自从姥爷去中医医院上班以后,这些场面就很难见到了,欢聚的场景就像电影胶片一样,永远存储在了我的脑海中。

花障的西面搭着高高的凉棚,凉棚一直延伸到大舅的房前。这儿是休闲纳凉的好去处,也是妈妈每次张罗姥姥、五姨支桌打麻将的场所,让我最感兴趣的还是北上坡西北角,那儿围着铁栅栏,养着几只全身雪白、眨着红眼睛的

57

小兔子,一看我蹲在栅栏前,都吓得蹦蹦跳跳地跑开了。

每年大年初二,都是这所老宅最热闹的一天。大姨、二姨和四姨会带着表姐妹们回娘家,当然还有我唯一的大表哥——李志宝。妈妈和几位久未谋面的姐妹相聚了,大姨身材矮小、消瘦,由于孩子多,还要伺候刻薄的婆婆和姑婆,很早就累弯了腰。二姨和妈妈长得很像,只是妈妈更黑一点儿。姐儿俩是一天结的婚,两份丰厚的嫁妆都是姥爷亲手置办的。婚事办得很风光,只是出了个小插曲:迎亲的文玲伯伯接错了轿子,差点儿把二姨抬进家。结婚后,二姨的境遇和大姨相似,只是欺负她的变成了几位刁钻的小姑子。但二姨的心肠宽,善于苦中求乐,能手工为孩子们做各种玩具,写得一笔好字,绘画水平之高更令人咋舌。

四姨体态稍胖,总是面带倦容,可能抱着孩子太累,匆匆和姐姐们聊了几句,就进了大姥姥的屋里。

只剩下了一奶同胞的三姐妹,那可有聊不完、扯不断的话题。刚开始聊得眉飞色舞,不时还把目光投向我们,像是又在谈论我们淘气的趣事。但很快又风云突变,姐儿几个都眼圈红了,还传来大姨断断续续的啜泣声,那一定是在倾诉在婆家受的苦,遭的罪。与长辈们不同,孩子们早就撒开了欢儿,二十几个孩子在院里尽情欢乐,有的捉迷藏,有的骑木马,有的荡秋千,有的逗兔子;大家都在等着姥爷出现,进行下一项重要内容,发压岁钱。姥爷的压岁钱是分档次的,一块的红票是学龄前的,两块的蓝票是初小的,三块的绿票是高小的,只有上了中学才能拿到灰色的十元大票。表兄妹们拿到钱都兴高采烈,只有我3岁的小妹妹耀荣不干了,举起钱对姥爷说:我不要红的,我要大票。逗得大家哈哈大笑。

天棚北侧尽头是一个门楼,那是中院和后院的分界。打开带撞锁的木门,是略显昏暗的过道,过道边堆放了一些杂物,只有一件东西是我记忆犹新的,那是一台木制的老冰箱。冰箱分为三层,上层存储食品,中层每天都要更换大冰块,下层有个收集冰水的盘子。酷热的夏天,姥姥经常从这儿取出清凉、爽口的北冰洋汽水,香香甜甜的奶油冰棍,红瓤黑籽儿的西瓜来犒劳我们这些小馋猫。这时姥姥总会笑眯眯地坐在一旁,仔细端详我们狼吞虎咽的样子。

穿过过道,眼前是个干净、整洁的小院。与中院相比,这里少了些喧器,多了些安宁。后院有北房三间,两明一暗,房屋又高又大,是整个院落的制高点。据说后院的设计出自一位德国传教士之手,三十年代末,姥爷一口气买下来三所相连的宅子,前院是井楼胡同5号,中院和东小院是6号,后院是7号。后经东三里河高级瓦匠于长海师傅重新设计、改建的。

姥爷的大半生都是北房中度过的,这是老人的卧室,更是他的书房。在我的记忆中,北房总挂着厚重的护窗板,常年不见阳光,只有中间的门上,泛出一缕暗黄的灯光。两盆枝叶尖挺、翠绿的夹竹桃是姥爷门前标志性的植物,它映射出姥爷的信仰。夹竹桃和中院的盆栽植物一样,都属于古兰经中的尊贵植物,姥爷信仰伊斯兰教,每逢开斋节和宰牲节,姥爷都要去清真寺,送去数目可观的经礼和活牛,还经常打出散,救济穷人,这也是老人行医后的一个习惯,这种习惯源于信仰,发自内心。是跟随真主的引领,完成自己的功课。

北房门前也有三级石阶,这反复出现的三级石阶突然让我释然了,设计师是在无言地祝愿房主人连胜三级,步步高升。更为巧妙的是步步登高的设计掩饰了北房里的一个秘密。

走进北房,一股淡淡的檀香味迎面而来,北房正中摆着紫檀八仙桌,两张古香古色的太师椅相衬两旁。屋内没有写字台,这儿就是姥爷下班后孜孜不倦学习,呕心沥血钻研的场所。

八仙桌后面是4米长的架几案,这是一种老款的组合家具。下面是以两张方方正正、带二层屉的架几儿做支撑,上面架着厚重的红木面板。架几案上摆放着青花瓷尊罐、掸瓶和帽罐。最里面是个小巧、别致的多宝阁,给房间平添了几笔历史的色彩和古朴的气息。架几案西侧有个黑紫色的红木大躺箱,起码一米多高,向上翻盖,那是姥爷的储物柜。西山墙前立着一对红木大衣柜,上面还顶着两个配套的红木顶柜。西间屋窗下有个小巧的紫红的小桌,半圆形的桌面不大而光滑,三根纤细的桌腿有两根倚墙而立,显出一副弱不禁风的样子。桌面上的熏香炉烟云袅袅,飘出一股股檀香木的香味儿。熏香炉上部分是雕花镂空、乌黑发亮的铁盖和炉体,下面是带三只勺形足底的黄花梨底座。纤细的半圆形小桌与精巧的熏香炉浑然一体,是居室内的点睛之笔。

北房的东间有隔断墙,开门靠南,一个通长的大土炕占据北面的全部空间。炕西头是个与炕等长的红木炕几。屋里靠东墙是个宽大的多斗柜。北房的秘密就藏在这间小屋南侧的地板上,那有一块正方形的活板,是地下室的入口。地下室的面积大小与北房一致,不断升高的地基把地下室已经提升到地面,让这里摆脱了潮湿和霉味的困扰。在战乱不断的三四十年代,地下室存在的意义是不言而喻的。

与北房相比,院内的两间南房略显低矮,窗户也被护窗板封的严严实实,这是三舅的住房。南房开门靠西,东面北窗下有张红木罗汉床,南墙从东到西立着黑漆大柜、书柜和紫红的储物柜,靠西墙摆着个小写字台,台面上摆放着竹制笔筒和硬木边框的笔架儿,笔架儿的横撑儿上垂挂着粗细不一的毛笔,这儿还有黄铜镇尺和带紫红色硬木盒儿的端砚。一切都表明这儿有位勤攻书法的文人墨客。储物柜上摆放着黄褐色的竹笙和横笛。一把挂在墙上的小气枪是我最关注的,那是德国造的撅把气枪,乌黑的枪筒,咖啡色的枪托儿,显得结实又洋气。姐姐和静怡姐的眼球总是停留在书架上,那些书与写字台上的文房四宝毫不相干,都是西方的翻译小说:《红与黑》《安娜·卡列尼娜》《悲惨世界》《巴黎圣母院》,那都是两位姐姐的最爱。姐儿俩一遇上就会躲进南屋,一边说着悄悄话,一边翻看心爱的小说。三舅端着装满干果的黑漆食匣儿进了屋,大声张罗着:来嗑点儿花生、瓜子,爱看书就挑几本,拿家里看去。语气中既有小老家儿的慈祥与关爱,又有同龄人的亲切与豁达。

这座承载着太多记忆和历史的老宅呀!我现在才明白:逝去的和即将逝去的才是最珍贵和值得留恋的。或许是因为年事已高,或许是因为承载太多,或许是因为十年浩劫的冲击,老宅终于衰败了。2004 年我和二舅最后一次迈进老宅的大门,眼前落魄的景象让我震惊:前院弯着腰的石榴树,爱开玩笑的老枣树,枝繁叶茂的香椿树全都没了踪影,院里长满一尺多高的荒草,紧东头的佣人房没了屋顶和门窗,只剩了个空架子,那个设计精巧的东小院也已经房倒屋塌了。五姨搬来后我曾到过这里,今天故地重游,我仿佛又听见文艳、文贺两位小表妹朗朗的读书声,听到五姨无奈的低声叹息,眼前闪过厨房里五姨夫略显驼背的瘦小身影。天下没有不散的宴席,现在几位舅舅和五姨都住进了宽敞明亮的高楼大厦,但我还是怀念这座老宅,怀念给了我们太多关爱和付出的老人们,怀念这个儿时的乐园,怀念这座曾经花草成荫,古朴典雅,承载着太多历史的老宅院。(2014 年)

(本文由赵恩道先生推荐)

作者简介:

石君玺,男,1945 年生,曾任清华大学附属第一医院普外科主任医师,系赵炳南之侄外孙。

怀念恩师赵炳南先生

何汝翰

　　值此北京市中医医院举办赵炳南先生诞辰110周年纪念活动之际，现特将我跟随恩师赵老学习中医的经历以及赵老对我的教诲，择其精要及个人体会简述于后。

　　先谈谈赵老的老师丁庆三老先生。丁先生起初开办羊肉店，但也常向病人赠送自制的膏药。丁先生的膏药很灵，患疮、疡、疔、肿者，基本一贴就好。随之，来医治的病人越来越多，丁先生便弃商从医，在花市大街羊市口内开设了"德善医室"，走上行医之路。丁先生对外科疾病的治疗方法是吃中药、贴膏药，外用白降丹、红升丹。

　　赵老在年轻时入德善医室学徒，拜在丁庆三老先生门下。据赵老对我讲，当时学徒生活十分艰苦，每天早晨四点多起床，先下门板，然后生火、收拾铺盖、倒便器，然后买东西、做饭、熬膏药、打丹、帮下手……不仅伺候老师，还要照顾师兄。无冬历夏，一年到头每天都要干十几个小时的活。这样艰苦的生活、繁重的体力劳动并没有磨灭赵老强烈的求知欲望。每当夜深人静、大家熟睡之时，赵老就挑灯夜读。疲乏了，就用冰片蘸水点一下眼角醒醒神又接着念书。学习所用文具纸张没有钱购买，恰巧医室对面纸店有个小徒弟和赵老相熟，常取出店内残缺不能售出的纸笔二人分用。1920年北洋政府举办中医考试，赵老虽然考取了，但所发的是"医士"执照，只能在北京四郊行医，不准进城。过了几年，又经过一次考试，二百多人中只取十三名，赵老名列其中。此后，才获准在德善医室门口挂个行医牌子。

　　就在赵老学徒的第四个年头，丁先生不幸病故。赵老又和诸师侄支撑德善医室的门面，并继续苦读了三年。经过几年的不懈钻研，总算学到了一些中医的医疗技术，也为德善医室效尽了徒弟之劳。不料，1927年，不知何故，师侄乃派人送一封信,硬把赵老辞退了。

无奈之下,赵老便在西郊民巷借了两间房,办起了自己的医馆,才有了落脚之处。三年后,医馆的业务逐年兴盛,遂又租赁了一所有"天蓬鱼缸石榴树"的大四合院;如此又行医三年,才有了积蓄,遂正式开设了西郊民巷医馆。

我于1931年投奔赵老的医馆,拜北京中医外科名家赵炳南先生为师。赵老的医馆开设在西交民巷74号一所四合院。我经过三个多月的学徒工作,赵老认为试用合格后,便正式收我为徒,并且举办了正规的拜师礼。因为赵老家和我家都是回民,并且都是虔诚的伊斯兰教徒,故此,拜师礼采用的是回族穆斯林的拜师形式:我与赵老行"拿手"礼,并且念一段《古兰经》文。仪式结束时,由我的家长备一桌宴席,邀请亲友共进晚餐,拜师完成。

赵老教我学习中医的方式,是以师带徒的方式。学习中医外科必须配合外用药,因此,赵老首先让我学习配制各种中医外用的药品。如熬膏药、摊膏药,熬膏子、搓药捻、轧生药等。在赵老的悉心指导下,这些操作方法都要经过自己亲自实践。赵老讲,所配制的各种药品都有一套技术方法、先后次序及时间火候等,医疗效果与此大有关系。在老师和师兄的指导下,加上自己勤学苦练,经过两年的学习,这些基本功才基本掌握好,方可用于临床。

从此以后,我便每日跟随赵老门诊,给赵老打下手,是我很好的学习机会。平日门诊早晨六点开始,先看十个免费的病人,叫施诊号(基本是生活贫困者),然后才看挂号的患者。患者门庭若市,络绎不绝。在赵老亲自指导和耐心教诲下,我得到了师父的真传。赵老的为人与高超的医术耳濡目染,不断得到熏陶,慢慢心领神会。我经过一段学习再加上勤练多问,逐渐能够实际操作了,如抄方,给患者外敷药,包扎,协助师父做小手术等。

赵老传承中医理论,治学严谨,诲人不倦。利用门诊间隙时间,定期指导我们学习中医理论,首选《医宗金鉴·外科心法要诀》《汤头歌诀》及《药性赋》等中医古籍,篇篇都要背诵,并且参阅《外科正宗》等著作。通过赵老详尽讲解和自己由浅入深的领会,从学习和实践中吸取中医精华,充实了自己的医术,这一切奠定了我的中医理论基础。

赵老在中医皮外科疾病的治疗原则和中医其他各科一样,先生常结合临床实践与我们讨论研究病历。先生认为皮肤疮、疡虽形于外,但其病因多数发于内,皮肤病损的变化与阴阳平衡、正气营血之调和,脏腑经络之通畅等体征息息相关,外科识病辨证为其关键。尤其在《医宗金鉴·外科心法要诀》中论述痈疽五善、七恶、阴阳二证更是重要,在治疗中应注意局部与整体相结合。我们聆听这些中医医学论述,深受教益。

先生从医经验丰富，医术高超，救人无数，对待病人，不论贫富，一律平等。赵老秉持信念——"岂能尽随人愿，但求无愧我心"，先生遵守医德，以"品端术正"为座右铭，济世为怀。先生亲近贫苦大众，对无力就诊的劳动人民，常免费看病且赠药；若有需要手术的病人，赵老解囊相助，让病人先进点饮食，然后再做手术，以免病人有体虚晕厥之虞。

我在赵老的医馆里亲眼目睹：有病人韩先生患颈痈症，高先生患"搭背疮"症，经赵老精心治疗，内服托里排脓汤剂，外用化毒黑布膏，疮面敷京红粉软膏，俟疮面内腐肉脱出、脓液微量时，内服益气健脾汤，外用珍珠散、生肌散、生肌膏等，使疮面渐渐愈合，恢复健康。两位病人及家属不胜感激之至，特制匾额两块，匾中上书"妙手回春""手到病除"，先后隆重送到赵老医馆悬挂，以表谢意。还有一位孙先生的女儿，患痈症，经赵老治疗痊愈后，孙先生赠送匾额一块，匾中上书"华佗再世"，悬挂于医馆。有位患"丹毒"症者，其左腿膝下至内踝部皮肤发黑、烂腐脱落，病情严重，后经赵老采取内外兼治，一月即痊愈。

1945年，北京回教协会建立"普慈施诊所"，其中一部分资金系由赵老赞助。赵老还创办回民幼儿割礼工作，并且定期来诊所义务门诊。该诊所给病人用的药品由赵老供应，使北京市回族地区人民看病更为方便，群众十分欢迎。

新中国成立后，在共产党的光辉照耀下，中医事业不断发展。1956年，北京市建立第一所中医医院，赵老是第一批参加该医院工作的。离开了个人多年经营的医馆，投身到伟大祖国社会主义建设行列中，赵老不仅带动我们这些徒弟及医馆工作人员参加公立医院的工作，还将自己多年积累的外科疾病治疗方法和自己研究的各种验方毫无保留地贡献给北京中医医院，供内外科应用。此时赵老高超的医术早已誉满京城，经时任卫生部付连璋部长的介绍，赵老曾为多位国家领导人看过病，均获得很好的疗效。

如今，恩师赵炳南老先生已去世多年，但他对我国中医事业的无限忠诚，对待医术的精益求精，对待中医理论的严谨传承，对待临床实践的细致全面，对待后生的提携与诲人不倦，以及对待工作的勤勤恳恳、任劳任怨的作风，至今仍然历历在目。为人为医，赵炳南先生无愧是我们广大医务工作者的楷模，这种高尚的精神必将永远激励后人。（2009年）

63

（本文经赵恩道先生推荐）

作者简介：

何汝瀚，男，生于1918年，1931年拜中医皮外科名家赵炳南先生为师。1939年在北京悬壶应诊。1963年起任北京中医医院外科、皮科中医师。1981年晋升为主任医师。

缅怀恩师赵炳南教授

杨　凯

　　恩师赵炳南(1899—1984),回族,祖籍山东德州,曾任中华全国中医学会副理事长,中国残疾人福利基金会名誉理事,北京中医学会理事长,全国第四、五届人大代表,北京市第七届人大常委。赵炳南老师行医六十余载,专于皮外科,医术精湛、医德高尚,深受人们崇敬。他年未弱冠时就已誉满京城,是我国中医皮外科的奠基人。

　　我幼年学医,有幸投师门下,深得恩师教诲,受益终生。今年是恩师110周年诞辰,爱书此文,以示怀念。

一、医德高尚济世救人

　　1945年1月,我经杨明远大阿訇举荐,到赵炳南老师的医馆拜师学艺。医馆位于北京西交民巷,每天来就诊的病人很多,老师六七点钟就开始工作。在跟随老师应诊过程中,我深深地感触到老师对待病人那认真、细心、一心一意为病人着想的精神,体会到医患之间的感情。

　　在那个时代,人们生活贫苦,有病无钱医治。特别是得了皮外科病,非要等到十分严重时才去就医。此时,病人的疮面往往已经严重溃烂,又脏又臭。每遇到这样的病人,老师不但不嫌弃,反倒更加细心地检查处置。

　　记得我刚到医馆不久,有一位病人两腿皮肉糜烂,用旧布包扎着,由家属扶进诊室,一进门就闻到臭味。病人对老师说:"我的疮有味,您不用到跟前来,给开点药我回家敷用就行了。"老师却亲切地问明病情,又亲手去掉包布给他冲洗敷药,还搀扶着病人把他送出诊室,病人及家属都感动得泪流满面。当时我看在眼里,也深受感动。

　　我在医馆学习期间,知道老师备有"免费证",专为贫苦病人就医用。有一次遇到一位足踝溃疡的病人，整个脚都肿了。老师问过病史，知道患者是一位人力车夫，因脚病不能拉车，生活困难，无钱看病时，二话没说就给他开了免费证，告诉病人以后可持此证来看病，医药费免收，直到病好为止，不但如此，他还给病人一些资助，补助他养病用。患者接下钱声泪俱下地说："您是我全家的救命恩人啊！"

老师常对我们说，医生首先想到的应是如何治好病，这是医生的责任；同时还要想方设法帮助病人解除痛苦。老师的言传身教，使我深受教育。

二、医术精湛精益求精

在赵炳南医馆学习期间，我体会到：老师十分注重运用辨证施治法治疗皮外科疾病，既精于古典医著，又善于吸收各派医家的长处。他研制出许多疗效很高的良方妙法，有很多独到之处。他独创的皮外科"熏药疗法"、"拔膏疗法"、"黑布药膏疗法"等，用于临床实践，提高了治疗效果，丰富了中医皮外科的理论基础。

"熏药疗法"是用草纸卷上多种草药成纸卷，燃烟熏皮损处。此法适用于多种顽固性、慢性外科病症。对久不收口的阴疮寒证、顽固性瘘管、顽固性溃疡、慢性汗腺炎所致瘘管、结核性溃疡（鼠疮）、踝关节结核（穿踝瘘）等，都有很好的疗效。

老师的丰富经验和精湛医术得到了社会上的普遍赞誉及医疗专业专家的高度关注，很多久治不愈的外省市病人，经他治愈后都感激不尽，送匾留念的不计其数。著名外籍皮肤病专家马海德先生，曾尊赵炳南为师，深入研究了中西医结合治疗皮肤病的思路和方法。20世纪50年代赵炳南老师曾以论文——《黑布药膏治疗瘢痕疙瘩》在波兰第十五届皮肤科学会上交流。黑布药膏破瘀软坚、镇痛止痒，治疗瘢痕疙瘩疗效肯定，一些国家至今还把此法运用于临床。

老师晚年参加北京中医医院工作后，又吸收了西医学理论和临床经验，写下《简明中医皮肤病学》等著作留给后人。

三、生活俭朴热心公益事业

老师是位名医，但是他从不追求个人享受，生活十分俭朴，衣着朴素、饮食节俭，就连日常杂事如搞卫生、洗衣服等，都自己亲自做。他非常反对追求吃、喝、玩、乐。

老师的收入经常用于资助公益事业。旧社会时，中医受到歧视，为了振兴中医事业，他与几位同行一起组织了"北平中医工会"，并自筹资金，出人力、物

65

力开展中医学术活动。他还为"华北国医学院"资助经费,为培养中医人才做出很大努力。他看到北京西南城的群众看病困难,就在广安门大街办起一个"普慈施诊所",由他供给经费和药品,免费为患者治病,深受群众好评。

老师的一生乐善好施,对亲友对同事甚至对素不相识的人,只要发现有困难,他都主动解囊相助,资助金额和次数难以数计,可他自己却一直过着俭朴生活。这种高尚的品德成为人们传颂的佳话。老师在中医医院工作期间,受到党和国家的关怀和重视,他以加倍的热情和积极性为中医皮外科事业的发展做了突出贡献。

四、严谨带徒技术不保守

老师在中华人民共和国成立前共收徒弟十名,我是最后收的一名。老师经常教导我们"人生不要忘本,技术不能带走,工作要做到不愧心"。老师对我们要求很严,每周休息一天,平时必须住在医馆里,每晚查看我们学习情况,耐心指导我们学习中医基本功课及阅读医学著作。

老师对技术从不保守,把几十年的经验毫无保留地传授给他的弟子学生。在他晚年时,每当我去看望时,还不断把自己的新经验讲给我听。老师不但教医术,还特别重视对我们进行医德教育。每当他看到个别医生医风不正时就非常生气,他多次说过:"医生的工作关系着病人的生命,如不尽心,就是丧失医生的天职。"

老师的教导,成为我做人的准则和几十年行医的座右铭。

老师逝世已三十年了,但他的音容长存、精神永在。老师生前开拓的中医皮外科事业是留给后人的宝贵财富,一定要继承发展下去。(2009 年)

(本文经赵恩道先生推荐)

作者简介:

杨凯,男,生于 1924 年,卒于 2011 年。1945 年拜中医皮外科名家赵炳南先生为师,曾任北京丰台区兴隆中医医院院长,中医主任医师。

壶天旧影
——记赵炳南先生二三事

哈 毅

一、勤求古训

凡大医者,必有过人之处。无论学历如何,聪慧勤奋,必不可少,赵老年少家贫,读书无几,但一生勤奋学习不倦,几件小事可窥其一。记得是1978年夏天,愚晚随诊于赵老,中午诊毕,我帮赵老提包回办公室的路上,闲谈起许多病很难治愈,棘手无措,可是到了其他医生手里,几味中药平淡无奇,却疗效显著,为何?赵老边走随口答曰:"言不治者,未得其术也",并解释给我,"你治不好这病是你还未掌握治疗此病的方法,别人掌握了就会得心应手的治愈,说明你要多看,多问,多学习。"当时由于自己年少无知,并没有在意赵老所述的古语出处和深意。直至多年之后的2007年,一件小事才使我认识到赵老的博学和谦逊,记得是在门诊之余与王洪图师兄(王洪图:北京中医药大学教授,内经教研室主任,中华中医药学会内经专业委员会主任委员)闲聊,说起治病之道和当年赵老的教诲,洪图师兄是我国研究《内经》之大家,对《内经》熟烂于心,当时就脱口指出,赵老此言是有出处的,乃是《内经·灵枢·九针十二原》的原文,只是原文是:"疾虽久,犹可毕也,言不可治者,未得其术也";只是少了一个"可"字,可见赵老读书广泛,包括《内经》针灸部分也熟读运用于日常,并非限于《外科正宗》等相关书籍,以赵老的文化基础及日常忙于诊务,尚能读书不赘,实吾辈之楷模。

二、汇通中西

中医西医纷争百年,虽殊出而同归,方法各异,结果相同,疗效乃唯一之标准,患者唯重效果,能治愈疾病,令其健康长寿则赞誉有加,欣然竖指;但中西医互贬,临床屡见,甚有"服中药者不治,看西医者不医"的说法,至今不绝于耳。赵老则不然,尊重同道,敬重西医贯穿其一生;20世纪70年代北京中医医院皮肤科与外科分开以后,对于皮肤科的要求更加精细,皮肤科的疾病多达两千余种,赵老将古人所述之病症与西医学之皮肤病的病名一一对照分析、分类,在与皮肤科的西医同事们及中国医学科学院皮肤病研究所的医务人员共同探讨下,将其分门别类,给后人留下了宝贵的遗产。今天谈到此事好像是非常自然之事,可是实际上在那个年代,许多名老中医并不接受西医的理论,也不采用西医的病种分类,给治疗疾病带来混乱的概念,年轻医生无所适从。比如中医所谓"鹅掌风"一病,就包括西医所说的手掌及足部的许多疾病,像手足湿疹,手足癣症,手足角化,手足汗疱疹,掌趾脓疱病,毛发红糠疹等;而赵老在其《赵炳南临床经验集》中对此分析清楚而透彻,给后人留下了学习参考的重要资料。

记得当年随赵老门诊时,赵老不止一次谈到中医有些病名包括范围过大,不利于诊断,还是应该学习西医的诊断标准,并建议我参加中华医学会皮肤科分会在1978年后举行的第一期皮肤病学习班,赵老之子赵恩道先生也参加了该班的学习,并任我们的班长。赵老支持中医学习西医的具体事例可见一斑。

赵老在诊病之时,常常叮嘱患者及家属,若曾在西医诊断和治疗过,一定要遵西医的医嘱,尤其是免疫系统疾病的患者更是千叮咛万嘱咐,众所周知,许多老中医对西医激素类药物非常排斥,避之唯恐不及,但是赵老则不然,反而建议患者继续合理使用激素,循序渐进地调整药量;赵老对待科学的态度和开放之程度,在当时的环境之中,尤显难能可贵。

三、法之自然

医者除熟读医书之外,勤于实践至关重要,正所谓"熟读王叔和,不如临症多",作为医者,除本专业之外,应多方涉猎,广博取材,有几次我曾提问于赵老有关医病遣药的问题。赵老用最普通的日常知识点拨于我,使我的疑问豁然开朗,一次我问赵老为什么治"湿"要用"风"药,赵老反问于我,你洗过的衣服晾于院中,是阳光照射干得快? 还是有风吹干得快? 我想了想当然是有风吹的干得快了,他笑笑说:这就是风能胜湿的日常道理,古人之法源于自然,用于自然,不欺后人。还有一次我询问赵老治疗脂溢性脱发为什么要用健脾除湿之法,赵老说:"你看河水大涨,芦苇插而漂之,如何立足于河塘? 而将水撤去,只留淤泥,插苇易否?"再看西医学之脂溢性脱发,多溢油脂于头部,油脂者"湿"也,除之则利于发之生长,二者并不矛盾,中医与西医此处看法有异曲同工之妙。赵老用如此普通易懂的例子讲授于我,可能是因为当时我年龄尚小,怕我听不懂,理解不了,这样讲习的方法使我受用三十余年。

从以上几件小事可以体会出赵炳南先生在临床之中勤求古训,中西汇通,法之自然,故疗效卓著,确实堪称今之大医。(2014年)

(本文由赵恩道先生推荐)

作者简介:

哈毅,男,生于1955年,毕业于北京中医药大学,现任北京地安门中医门诊部主任。

名门遗风

王嘉然

与赵恩道大夫相识,并有幸一窥名医世家之门风,进而得以聆听其父赵炳南先生的高洁行举,皆得益于三重机缘:医患之缘、师友之缘、辑书之缘。从2012年直至2014年,在与赵恩道大夫的多方面接触中,借助他的口述历史,使我能够上溯时光潜流,逐渐在脑海中勾勒出赵炳南先生大医精诚的生动形象:我看到了兼济天下病患的医者仁心,看到了韦编三绝的学者匠心,也看到了烛照后辈的严师苦心。

早在我年少无知时,就先后听祖父、外祖父、父亲提起过北京著名皮科老中医赵炳南先生,而祖父和父亲还都曾求诊于赵老。我虽年少,但也确切记得长辈们言谈间对赵炳南先生的敬仰与感恩。我从4岁至今,已有24年的慢性湿疹病史,父母带我跑遍京城的大小医院,试遍中医西医、睡眠疗法,用遍了市面上的激素药膏和中成药,从未有明显疗效。记得一所权威中医院的皮科专家竟然劝我:"凡是病,都不能根治,到岁数就好了……"当时外祖父可怜我的病情,曾遗憾地说:"要是赵炳南大夫还在世就好了!"

正式成为赵恩道大夫的病人,是2012年的初夏,当时正值我病症发作最严重的时候,母亲带回消息"赵炳南先生的哲嗣赵恩道大夫就在地安门应诊!"

赵恩道大夫颇有学者气质,身材高大,面庞清癯,戴一副黑色框架眼镜,镜片后的目光透着洞悉病情的精明与关心病患的慈祥。详细问诊后,赵大夫诊断为"慢性湿疹急性发作",辨证是"脾虚湿盛",开方抓药。一个月后,我的双手完全消肿,只是偶尔有水疱发痒,这已是我二十多年来的最佳状态。但复诊时,赵大夫却泼了一盆冷水:"现在仅仅是急性症状消解,并没有根本治愈,根源在于脾虚。如果能在30岁前把脾调理好,今后的生活质量将上一个大大的台阶!"

70

在医馆接触久了,我发现,赵大夫常常对患者深入浅出地讲解处方依据。讲解过程中,听到最多的话是:"我父亲常说……"或"赵老常讲……",这指的是他的父亲——中国中医皮外科奠基人——赵炳南先生。赵大夫的言谈中充分显示出对乃父的崇敬和怀念,他常对病人强调:"治脾,是治疗皮肤病的根本,必须坚定不移,这是赵老临床施治的重中之重!"

赵大夫常引述其父的话:"善治湿疹者,当可谓善治皮肤病之半。"所以他对湿疹以及一切由湿热引起的皮肤病症非常重视。赵大夫不仅是在理论方面继承赵炳南先生,在临床处方时更是法度严格。他常对我讲起赵老的"全虫方""四藤汤""龙胆泻肝汤"等经典处方,每次都对乃父的辨证处方赞叹不已。我印象最深的是,赵大夫总会论及其父赵炳南先生在阴阳调和的处方上不拘古法勇于创新的大师手笔。

除了理论、技法,赵恩道大夫在治病态度上更是继承乃父精神,律己之严苛,令人感动。很多患者自己对疗程、疗效感到满意时,赵大夫自己却并不满意,他总是皱着眉头说:"这不是最好的,还应该更好……"后来,逐渐我明白,他这种严谨的医学态度,其实正是脱胎于其父赵炳南先生。

2013 年,立夏前后,我协助赵恩道大夫整理医学讲稿、发言稿。赵大夫顺便还向我咨询一些新兴的数字技术的应用。比如计算机的使用、智能手机的使用,以及录音笔的使用。交流过程中,赵大夫把我讲的内容逐条记载笔记本里,其逻辑思维之清晰,记录之严谨,事后还会重新整理誊写笔记,以便温习"功课"!这种学习态度着实令我吃惊。后来赵大夫对我讲,他的学习态度和习惯,都是少年时对父亲的模仿,久而久之成了自己的习惯。

据赵恩道大夫回忆,赵炳南先生生于乱世,幼年多病多难,多次辍学,最终凭借毅力读完私塾功课。此后,赵老的学问,几乎全凭刻苦自学!白天学徒,晚上秉烛夜读。成年独立悬壶行医之后,反而更加刻苦,一时都不松懈,被他翻烂的书,光是《本草纲目》和《医宗金鉴》就有好几本!

后来,赵恩道大夫还专门赠送给我《赵炳南临床经验集》和《中医基础理论》两本书,他还在目录上特别标注了阅读重点,便于我系统学习。他的耐心和细致,是当代最难能可贵的精神,是他继承乃父医术医德成为一方良医的根本。那一刻,我看到了赵炳南先生的遗风。

夏末时,我帮助赵恩道大夫整理文章,其中一篇《一生德高望重、一世天下美名——纪念先父赵炳南先生诞辰 115 周年暨辞世 30 周年》令我印象深刻。以往整理文稿,我都会通读一遍,但是这次读完一遍之后,我忍不住又翻回头读了两遍!文章内容涉及赵炳南先生的生前往事,包括苦难的童年经历、励志的少年经历、腾飞的中年经历和辉煌的晚年经历，赵炳南先生的医者仁心渗透在文稿的字里行间，是我这一代人闻所未闻的事迹。

整理完发言稿之后，我向赵恩道大夫表达了对赵炳南先生由衷的崇敬之情。赵大夫赠送给我一本书，书名是《时代的缅怀，真诚的回忆——忆我们先辈赵炳南》。这是赵炳南先生的后人集结而成的纪念文集。我连日捧读，又从赵老后人的文字中了解了赵炳南先生的侧面，也得以认识赵家这一大家族的概况。赵炳南先生的形象，在子女、后人的回忆中是生动而立体的，我从中也更加深刻认识到赵炳南先生律己严苛、扶危济困、秉正为公、关爱病人、体恤同仁、慈爱晚辈。

赵炳南先生的高风亮节直接影响了赵家后人，在协助赵恩道大夫编辑赵炳南先生纪念书稿的过程中，我直接接触了赵老的次子赵恩公先生和赵恩道大夫的妻子李凤仙女士，在他们的言行之间，赵家的高洁、仁厚的家风可见一斑。据李凤仙女士回忆，当年她生产后患上急性皮肤病，但是公公赵炳南并不破例为她"开后门"。虽然赵老下班回家就能顺便诊治，但他还是坚持要儿媳次日去北京中医医院排队挂号，与其他患者一样，挂何汝瀚大夫（赵老的徒弟）的号，一切按规矩来。赵老完全信任何大夫，并不干涉处方，只是叮嘱儿媳按部就班治疗。后来果然很快痊愈。赵老为人之公正、为医之清净，可见一斑。而李女士每每忆及公公，无不敬重有加。

赵炳南先生不仅对待病患一视同仁，在对待中西医交流方面更是思想进步。据赵恩道大夫回忆，赵炳南先生专门为儿子请了西医老师——林秉端教授。当年，赵老对赵恩道大夫说："要两条腿走路，才能走得稳，西医的诊断学独具特色，要虚心学习，博采众长，才能更好地为患者治病。"直至今日，遇到疑难杂症，赵恩道大夫还是会请林秉端教授会诊。父子两代中医名家能够摒弃门户之见，对西医充分尊重，实在难能可贵！

当然，在后人的回忆中，赵老也并不只是严厉公正的刻板面孔，有些温馨细节，令人暖意融融。据赵恩道大夫回忆，他童年时有辆小自行车，后面的辅助小轮坏了，医馆的师兄们就帮忙修理。当时正是下午，赵老正好外出归来，撞见这一幕，又好气又好笑，训斥徒弟："好啊！医馆开着门，你们就敢在这儿修玩意儿？都回去上班！"徒弟们一哄而散，赶紧回到岗位。

另据赵恩道大夫回忆，他有位师兄，年轻时很喜欢骑摩托，形成习惯，赵老很是担心，总是劝这位爱徒别再冒险骑行。徒弟不敢违拗，但又实在喜欢，只好哄着赵老说自己已经不再骑了。有一年春节，这位师兄去看望年事已高的赵老，老远就把摩托停在街口，就是怕赵老担心。拜年叙旧，临行前，赵老送这位爱徒,笑着戳穿:"你到底还是骑着摩托,大老远我就听见马达声儿了!"徒弟不好意思,师徒大笑,其乐融融。

2013年,仲秋时节,我开始协助赵恩道老师编辑书稿,书稿特为纪念赵炳南先生而编辑,由北京中医医院成立专门委员会负责组织,内容分为三部分,第一部分为《赵炳南传略》,由赵恩道老师负责编写。动笔伊始,赵老师就提出:"对于赵炳南先生来说,最重要的人物莫过于他的恩师丁德恩先生。"于是,赵大夫就提出要尽全力寻找联络丁氏后人,要以最客观真实的角度还原丁德恩及其家族的光辉事迹,既是为了最大限度充实赵炳南先生传记的内容,另一方面也算是为了报答丁家的授业之恩。经多方联络,终于找到了丁氏的直系后代。2013年秋,赵恩道大夫和赵恩公先生共同采访了丁德恩先生的重孙——丁梦溪先生。丁氏家族是浙江会稽迁来北京的回民大族,支系庞大,丁梦溪先生帮助赵老师清晰地梳理了丁德恩兄弟一辈及丁宝臣一辈的谱系关系,并且补充了先烈丁宝臣的英勇事迹和丁氏家族的辉煌历史,为书稿的内容充实了极为宝贵的资料。席间,赵恩公先生也旁征博引,为采访提供了历史佐证,清晰还原了时代面貌。

采访顺利结束后,赵恩道大夫又专程回访了丁梦溪先生,进一步地了解了丁氏家族的爱国进步事迹,并再次确认了丁氏家族三代人的谱系。赵老师75岁高龄,腿伤刚刚恢复不久,却坚持要亲自拜访丁氏后人,其严谨的态度和周致的礼数令我等晚辈敬佩不已。

此后,在编辑书稿的过程中,赵恩道老师先后两次专程拜会赵炳南先生唯一还健在的徒弟——已经九十高龄的何汝瀚大夫。赵老师亲自访问这位师兄,为的是充实"赵炳南医馆"的历史资料,也为了精确完成赵炳南学术传承链的复核工作。

两年间,诊疗、学习、编书,多侧面的接触,无论是赵恩道大夫,还是李凤仙女士,以及赵恩公先生,都能令我真切体会到和煦的谦谦君子之风,这也侧面展现了作为名医名士的赵炳南先生的风范,展现了名医名门的赵家风范,是当代社会可贵的名门遗风。(2014年)

(本文由赵恩道先生推荐)

作者简介:

王嘉然,男,生于1985年。北京电影学院电影学系2011届硕士,编剧。受聘于北京联合大学应用文理学院新闻与传播系任教。为赵恩道大夫的助理。

六十年前的患者，一个甲子的感怀

包春明　陈凤鸣

1951 年，我妹妹包淑兰 16 岁，正是花季少女，最美好的时光，但她却无福消受，独立行走对于她只是一种奢望。她从出生开始就染了一种怪病：身上长了一颗绿豆大小的包，家里人都当做是瘊子，未加理会。妹妹逐渐长大，对此也一直捂着盖着不让身边人看，小女孩心理使然。然而随着身体成长发育，原本绿豆大小的包竟扩散到指甲盖大，进而变成两枚铜钱般大，再过两年竟有碗般大小！

妹妹 16 岁，被这怪病折磨得不行，走路只能扶着墙。病却越来越重，甚至发展到下身如同被开水烫伤、结了大块疙瘩、疙瘩逐渐形成如手指般粗的一个个枝杈，每日渗流血水，疤痕不忍直视。最后，妹妹竟然连月事都不再来，睡觉就只能趴着，因为其睡姿太过痛苦以致不能成眠。平日，妹妹连短裤都不能穿，因为怕会露出疤痕。

家人急得夜不能寐，每天过着绝望的日子。一天，有位街坊说："西交民巷棋盘街有位看外科的大夫赵炳南可以看这病。"我们似乎看到了一丝希望，但又不敢过早乐观。

这一天，我们来到赵大夫的诊所，见到了赵老。老人家仔细看过病情，嘱咐道："给您拿点儿药，回去上了，要是拔出豆腐渣形的东西，就再来看，否则就看不了了。"当时赵大夫给我妹妹开了三盒药，是深蓝色的有明亮光泽的药膏。妹妹按照医嘱，回去用黑布糊在上面。第二天早上，再用茶叶水闷洗，把黑布取下，仔细一看，果然有一层白豆腐渣形的东西，家人都觉得妹妹可能有救！

一星期之后，我们再去赵大夫的医馆拿药。赵大夫说："这病痊愈不太容易，需要时间，每个礼拜来一次，拿三盒药，每天如此上药。"家人依言敷药，再次登门，赵老又看了看我妹妹的创面，说："该换药了，基本没有豆腐渣形的异

74

物了。"这次赵老开了拔毒的药，妹妹又反复使用了几个月，创面竟然封口了！再登门复诊，赵老也很高兴，又给我妹妹换了活血化瘀的药。回去按医嘱敷药，妹妹的疤痕渐渐变软，于是又持续治疗了几个月。前后两年时间，妹妹的病痊愈了！她彻底摆脱了纠缠十六年的怪病，全家人喜上眉梢，感念赵老大夫的高超医术！

此后，妹妹继续上学，在师范学院毕业后，当了一名教师，而后结婚生子，直到 72 岁因肝病病故，这中间从未复发过，我们全家无不对赵老先生心怀感激，感谢他老人家的救命之恩！

1952 年前后，我爱人陈凤鸣生了乳疮，肿得很大，疼痛难忍，当时妹妹在赵老的医馆治疗效果很好，我们也就前去求医，请赵老给看看。

赵老当时看了我爱人的患处就说："您这是阳疮，不是阴疮，好好在上面上点儿药就行。"当时赵老给涂了一层药，另外又开了药，叮嘱一番，我们就回家了。

回到家，爱人拿出赵老给开的一小盒药，药分两样，一半是灰色，一半是粉色，当时我心里泛起了嘀咕：就这一点儿小药行吗？我想起刚刚在医馆赵老的医嘱：两小时后取下药布、挤出脓，再上另一种颜色的药。一看时间，到家已经两个小时，于是我爱人打开药布，发现点药处形成了一个小硬痂，把它拔出来后，脓水随之流出，挤干净脓，上了药。反复三次，一周后，我爱人的疮口已经封口长平了，乳疮就此痊愈！

今天，我爱人已经 82 岁，但我们从没忘记过赵老这位医术高明的医生！要不是赵老，我妹妹可能就在花季夭折，哪能有后来的幸福？我爱人的乳疮，也被赵老用最简易有效的疗法治愈，真不愧妙手起沉疴！

我们永远感念赵老的医德和医术，永远怀念赵老这位人民的好医生，我们希望赵老的后人弟子能够继承并发扬他的遗志，为广大人民造福！（2014 年）

2014 年 1 月

（本文由赵恩道先生推荐）

作者简介：

包春明、陈凤鸣夫妇。作为赵炳南先生于二十世纪五十年代初治愈的患者，特撰此文，以怀念赵炳南先生。

深切怀念赵炳南老师及其风范与学术思想

方大定

在纪念赵炳南老师诞辰 110 周年的日子里，回忆过去随赵老师学习的岁月，一直难以忘怀。1954 年我从医学院毕业，分配到中国医学科学院皮肤性病研究所工作。当时正值批判轻视、歧视中医错误思想的历史时刻，毛主席指出："中国医药学是一个伟大的宝库，应当努力发掘加以提高"，并号召西医学习中医。皮研所适时组织全所医师学习中医，聘请赵炳南老大夫每周一次来所讲课并会诊病人，所领导指定我随赵老学习，这就是我从师赵炳南的开始。第一堂课由皮研所所长我国当代首屈一指的西医皮肤科泰斗胡传揆教授主持，介绍赵老和大家见面。所内医师对赵老原汁原味的中医讲述很好奇，听得很感兴趣。我听课时一字一句做了记录，所里给印成讲义，人手一份。

一、对赵炳南学术思想特色的认识

赵老师开宗明义，首先讲的是"皮肤病统称风湿疡"，用"风湿疡"三个字解释皮肤病发病的因果关系。虽然一般中医都认识到风和湿与皮肤病发病关系密切，但多归之为"风湿合邪"或"湿热夹风"，将两者仅视为相互兼夹的关系。赵老明确提出："外受不洁之风与体内湿热之气相搏，则生风湿疡，"说明外风激发体内湿热，形成因果关系链。赵老强调："风字从虫，可能有类似病原体之意义"。风作为流动的空气，不仅是气象因素、物理因素，而且其中漂浮着微生物、花粉、霉菌、尘螨、颗粒污染物，似可归入"不洁之风"的范畴。体内存在湿热之气的人形成一种体质因素，当受到不洁之风的侵袭，相搏的结果，使湿热由蕴藏状态转变为激化状态，湿热之火点燃，产生剧烈反应，而无此种体质倾向的人不发生此种反应。一般中医仅认为湿热蕴藏于脏腑，而赵老指出："皮之下肌之外蕴藏有湿热、湿气，外遭风侵袭，即可得皮肤病。"在皮之下肌之外相搏,于是在皮肤激起反应。

赵老称急性湿疹为湿热性湿疡,慢性湿疹为湿气性湿疡,其中特别顽固、长期不愈者特称顽湿疡。此阶段皮肤增厚、粗糙、脱屑、干裂,表面看已无湿的见证,有些中医认为已转入血虚风燥,湿已不是主要矛盾,顶多只是余湿未尽。对此赵老提出具有特色的"顽湿学说",认为"患病日久夺气血",湿邪乘虚由浅层侵入深层,更加黏滞胶结,更难清除。由于顽湿阻滞经络,障碍气血运行,肤表失养,故表现出血虚风燥的假象,赵老有针对性地用全虫方搜剔通透经络及深层胶着之顽湿而生效。

中医有认为结节性痒疹符合《诸病源候论》中记载的"马疥",赵老则命名为"顽湿聚结",此名虽无中医文献根据,但却能体现其顽湿学说的特点。此病多有感受虫毒史,初发常为水疱湿疡(丘疹性荨麻疹),日久不愈,水疱湿疡之湿与虫毒之毒共聚为结节。一般中医常按气血瘀滞结聚论治,不太重视湿的因素的重要性。赵老则按湿毒痹顽结聚论治,从《赵炳南临床经验集》中收载的验案来看后一治法疗效更佳。

对顽湿类皮损的演变,赵老主张辨别其深浅与聚散,由浅入深,由散而聚为加重,由深转浅,由聚转散为减轻。其中由聚转散的现象,赵老形容为"化整为零,"包括原大片皮损残留的多数小块,中央消退边缘残存等都认为是向好的表现。

皮肤病的瘙痒,一般中医常区分为风痒、湿痒、虫痒、燥痒、虚痒等。赵老并未如此表述,而注意其间的共性,必有共同的致痒病机。"痒为痛之渐",既有"不通则痛""不荣则痛""久痛入络"之说,亦可说"不通则痒""不荣则痒""久痒入络"。顽湿疡即为久痒入络,表现为深痒。赵老说有些病人服全虫方后逐渐由深痒转为浅痒。每当患者就诊时叙述自己服药后的体会与赵老深痒转浅痒之说符合时,赵老即提示大家注意此现象。

赵老认为生于手背、足背、耳轮等多皮、多筋、多骨、少肉部位的局限性湿疹最难治愈,多形成顽湿。最典型者为耳轮顽湿,俗称"糖耳朵",长期流水浸渍。此类呈亚急性湿疹状态,与前述慢性湿疹形成顽湿疡的发生机制不同,主要是发病部位的不利因素起作用,此为赵老顽湿学说的另一个方面。

赵老说中医内科辨证讲求精详,中医外科(包括皮外科)辨证则讲求重点突出。中医外科书籍普遍以阴阳辨证为总纲,如《洞天奥旨·疮疡阴阳论》谓:"疮疡最要分辨阴阳,阴阳不明,动手即错。"阴阳在八纲中概括其他六纲,也应是其他各种辨证的总纲。阴阳为纲,其他为目,辨明阴阳,纲举目张。赵老对皮肤病主张首辨阴阳,1963年在皮肤科学会做了一次"皮科辨别阴阳"的讲座,重点讲皮肤病阴证的辨证特点,并讲述20多个阴证病种,多属湿气性皮肤病,赵老说的皮肤病阳证也多属湿热性皮肤病。1954年皮研所讲课,讲义中谓:"中医诊皮肤病须辨其为湿热性或湿气性,"分别讲了湿热性和湿气性皮肤病的辨证要点,可见赵老对皮肤病首辨阴阳即以辨湿热性与湿气性为重点。可能有人会认为这样辨证过于简略,不太全面,其实这样才符合中医外科传统,能免于繁琐,有其实用性及针对性。而在皮肤病辨证中将八纲、脏腑、气血、经络、六经、卫气营血辨证依次排开,相互平列的安排,虽有比较精详和全面的优点,但是这种将纲和目平行并列,不突出总纲的做法,显然不符合中医外科的传统和赵老的主张。由于赵老很少有著作,加之被一些间接说法所混淆,赵老原生态的论述内容反而不太为人知晓。

要说不全面,其实是"有所偏"。古代中医各家流派均有所偏,李东垣偏于补土,朱丹溪偏于养阴,王洪绪《外科证治全生集》偏于治阴证,创著名方剂阳和汤,学术观点也有其偏执的一面。正因为有所偏,才在其偏爱的一面研究比较深入,形成特色。赵老的学术观点,在皮肤病发病方面有"风湿疡学说",在慢性顽固性皮肤病方面有"顽湿学说",都是具有特色的学术思想。在皮外科首辨阴阳方面,以辨湿热性及湿气性皮肤病为重点。他在临床上最常用的三个方剂,龙胆泻肝汤为湿热性皮肤病主方,除湿胃苓汤为湿气性皮肤病主方,全虫方为顽湿疡主方。预防及护理方面所拟"湿疡禁忌单",亦针对与湿有关的皮肤病。把这些特点结合在一起,赵炳南学说思想特色是否可以说是偏重在皮肤病辨湿治湿方面,有待研讨。

二、博采众方 博采众长 善于学习 勤于实践

20世纪50年代中医杂志发表了长春边延龄大夫用白驳丸、黄灵粉治疗白癜风有效的文章,赵老向皮研所提出要引进此药。当时分管中医工作的李全城副所长专程去长春把边老请到所里,赵老与边老见面后向他请教治白癜风的选药。边老说白驳丸可通用,另有一小辛丸用于阳虚偏寒者,辨证选药适当,比白驳丸效果好。根据赵老意见,皮研所即同时制出了这两种药。黄灵粉炼丹法有些特殊,边老做了示教,赵老一边陪同,一边请教。

赵老博采民间处方,熏药即来自民间,黑布药膏为民间祖传秘方,原治痈疽,赵老改制为主要治疗瘢痕疙瘩的药物,还有一段为梅兰芳治病的故事。1963年,赵老学会讲课中推荐的炒焦糖法——来自皮科杂志的一篇审稿中的食疗法,赵老亲自实践后推荐给病人做辅助食疗,有几位病人反应有效。

赵老嘱咐弟子们要认真学习《医宗金鉴·外科心法要诀》,认为此书对皮肤病论述精当,方剂精选而实用。赵老钟爱此书方剂,灵活加以运用。龙胆泻

肝汤与除湿胃苓汤在《金鉴》原为治疗缠腰火丹的两个方剂,赵老别具慧眼,将其分别提升为治疗各种湿热性、湿气性皮肤病的主方。书中治疗风癣的疏风清热饮,赵老敏锐地发现其中为首三味药即全虫、皂刺、猪牙皂角有较强搜剔通透作用,乃用以治疗顽湿疡,此后,因其药味有所调整,又将其改名为全虫方,赵老为我们作出了善于学习,活学活用的典范。1954年在皮研所讲课时,只讲了这三个他最常用的方剂。鉴于申芝塘老大夫原在中医进修学校主讲药物、方剂,对方剂学颇有造诣,赵老向皮研所提出要请申老来研讨《金鉴》治皮肤病方剂一段时间,于是赵老与申老共同讨论,并虚心向申老请教,任务完成后,通过胡所长安排申老在皮科学会做了一次《金鉴》治皮肤病方剂分析讲解,文字稿刊登在皮科杂志讲座栏。

赵老重视与其他老大夫交流,汲取别人之长,他用全鹿丸治好久治不愈的陈旧性痞瘤,一次向章次公老大夫其理,章老说他也曾用此药为一意大利外宾治好此病,不谋而合。当时广安门医院闫效然老大夫研究土茯苓复方治疗梅毒,找皮研所协作,所里派我配合他工作。朱仁康老大夫当时尚在西苑医院,当我向赵老说起中医研究院有这两位皮科老大夫时,赵老十分高兴,要前去拜访。当时皮研所出车由李全城副所长和我等陪赵老分别前往拜访。闫老说他和朱老都属于中医研究院,尚未有来往,还是赵老先找上门来了,当时赵老还向闫老询问和请教中医治疗梅毒问题。朱老对赵老亲自登门造访也特别感动,赵老提出中医皮科大协作,两位老大夫都很赞同。

赵老对自己弟子的长处也很重视,20世纪60年代,马瑞臣大夫在一次皮科学会讲中医治疗银屑病时,首次在国内提出血热、血燥分型论治,赵老在会上发言说自己这么多年治疗银屑病未能明确分出血热、血燥,认为马大夫很有创见。

赵老不耻下问的精神很令人感动,为了弄清《金鉴》用鳗鲡鱼脂治白驳风,到底是一种什么鱼,他请教了很多人,包括病人和食堂人员。

赵老常说:"熟读王叔和,不如临证多"特别重视临床实践。在皮研所讲课阶段结束后,改为每周出一个上午门诊,当天下午给解答问题和指导配药。他诊病时亲自给病人换药,给在场学习的大夫讲解他独特的换药手法,赵老强调"三分药,七分养",印制散发"湿疡禁忌单",十分重视向病人解释病情和注意事项。皮研所建立皮科中药室过程中,赵老对每一种外用制剂都亲自指导配制,无论是配软膏或熬膏药都亲自动手参与。药房的人员说一般大夫只会动口、动笔,像赵老这样亲自动手的不多。中药室不断发展完善,等到几年后赵老参加中医医院工作时,皮研所的皮科中药室已经成型,药品一应俱全了。赵老当时让中医医院药房过来参观、借鉴,相互协作。令人惋惜的是,文化大革命皮研所下放搬迁,人员都下农村搞麻风和头癣的防治研究,很长时间搞运动为主,门诊迟迟不能恢复,继承赵老中医皮科原来比较完善的摊子,就此被拆散,物资废弃,终于消亡了。

三、关于《赵炳南临床经验集》

研究中医各家学说思想,主要通过各家著作来探讨其学术成就及特色。而赵老生前极少著作,缺乏其本人第一手资料,成为研究其学术思想的障碍。幸好北京中医医院编写了一部很有价值的《经验集》,其中有大量医案,能反映赵老丰富的临床经验。美中不足的是本书缺少总论部分,仅从单个病种,虽然也反映了赵老的一些学术思想,但只能是分散的和零碎的,很难从总体上显示赵老学术思想体系总的轮廓,也不能充分反映赵老学术思想的特色在哪里。1954 年赵老在皮研所讲课时,根据记录印的讲义以及听赵老讲座记的笔记,均为赵老原话,也可提供研究。

以下重点谈《经验集》中"三种独特疗法"部分。我感到这三项都有需进一步介绍的内容。关于黑布药膏疗法:1955 年皮研所胡传揆所长在波兰召开的东欧社会主义国家皮肤科国际会议上做了报告,与会各国专家很感兴趣,苏联中央皮肤性病研究所所长特意向胡所长要求提供黑布药膏,以后先后两次发药到莫斯科,苏联医生也反映有一定疗效。当时据卫生部中医司的人说,1955 年我国尚未开展中医药国际交流,黑布药膏称得上是最早的中医药国际交流事件。

关于熏药疗法曾进行了较长时期的"努力发掘,加以提高"的临床及科研工作。第一,通过临床观察及治疗前后病理改变,肯定了熏药对神经性皮炎的疗效。第二,通过扩大病种治疗观察,初步将神经性皮炎、慢性湿疹、皮肤瘙痒症及皮肤淀粉样变列为熏药疗法的适应证。第三,考虑到熏药的治疗因素包括烟熏时附着于皮损上的干馏油和炭火的温热刺激,与医科院药研所傅丰永研究员协作研制复方熏药干馏油,配成 50% 软膏外涂皮损加电辐热治疗,经严格的对照观察,证明与熏药治疗效果接近,可代替熏药用于临床,使用更方便,并可免于熏烟对患者和环境的刺激和污染。第四,熏药疗法有效因素的研究:通过有药(有药烟或有干馏油)有热、有药无热、无药有热的疗效对比观察,证明药物合并加热较单用药物者止痒效果好,两者合用较单加热者皮损消退快。温热偏重于止痒,药物偏重于促进皮损吸收,熏药疗效是两者的综合效果。第五,熏药用具的研制改进:1954 年底,皮研所即在原纸卷及火盆熏法的基础上,设计制作了两头炉,坐式及卧式熏炉、全身熏药池,建立了熏药室。赵老参加中医院工作后,中医院皮外科来参观,一度也建立了熏药室。因感铁皮炉比较原始,熏烟不够密封,由赵老牵头,中医院马瑞臣大夫与我三人联系一家医疗器械厂共同研究图纸,终于生产出电热熏疗椅,中医医院与皮研所各购一台并投入使用。胡传揆所长、马海德顾问都十分重视中西医结合研究,一直给以具体指导,胡所长还亲自撰写英文熏药疗法论文。

关于拔膏疗法:赵老将整张膏药改为膏药棍,便于在疣、毛囊炎、痒疹结节等损害热滴上药;因黑膏药有碍观瞻,研制脱色拔膏;为使膏药能像软膏那样直接涂药,特研制稀释拔膏。为分别达到上述三种要求,在膏药基质、黏性与润性的选择与比例应有所调整,以改变膏药的硬度、脆性和延展性,找出与之相适应的火候与制作方法。对此赵老摸着石头过河,一次次做试验,单在皮研所他就和药房人员一起试验了四次,在中医院也同样做试验。开始总是不太理想;最后才找出规律,配制成功。那天赵老很动感情,主动要给科里就新拔膏讲课,虽然只有李全城副所长和我两个人在,他也讲得很认真,好像一定要讲出来心里才舒服。赵老特别强调新拔膏的"新"字,他说:"所以名为新,因此与其他各种拔膏配法有所不同、药味不同、火候不同",即归纳为三新。他主要对这三方面作了详细讲解,最后介绍了他经治有效的13例患者,包括剧作家曹禺、越剧演员范瑞娟和苏联大使馆代办安东洛夫等。讲完后赵老把最后定案的新拔膏处方配法及火候写成的一纸交给我们,接过了这张处方感觉特别凝重,因为它凝聚着赵老一段时间内的心血,这张纸至今还保留着,还保存赵老所讲内容的记录。

社会上流传有一些名人轶事、杏林佳话,常为人们津津乐道。赵老作为一代名医,其事迹应流传中医史册,鉴于较早阶段赵老之事知情的人多已不在世了,故在本文中夹杂说了一些赵老过去的事情,希望其能留在人们的心目中,从中也能体现出赵老的为人与风范。愿赵老师风范长存,愿赵老师的学术思想日益发扬光大,愿赵老师开创的中医皮外科事业不断取得进展。(2009 年)

作者简介:

方大定,男,1931 年出生,现为首都医科大学附属复兴医院皮肤科主任医师。1954 年于江苏医学院(即今南京医科大学)六年制毕业,当时国家培养医学院校各科师资,曾被调到上海第一医学院(即今上海医科大学)扬国亮教授主持的皮肤科高级师资培养班培养期满。1954 年分配到中国医学科学院皮肤病研究所工作,在皮研所连续工作 30 年之久。五十年代初即随皮外科名中医赵炳南学习(当时赵老仅有中医徒弟),为西医随赵老师学习之第一人。当时并在胡传揆所长(也是原北京医学院院长)、马海德顾问指导下负责皮肤病研究所的中西医结合科研及临床工作。皮研所文化大革命后期由北京迁往江苏以后,负责麻风病的中西医结合研究工作。八十年代回北京在复兴医院皮肤科工作直至退休。

怀念恩师
——赵炳南国医大师

林秉端

> 立身之卓荦兮不畏煎熬，气质之融通兮宽厚仁豪。
> 品格之磊落兮势利难摇，医坛之诚挚兮满园李桃。

20世纪50年代，有幸遇到恩师赵老先生，他的慈祥善良忠厚，感动了整个北京城及周边许多城市，更感动了我这个初出茅庐的学生。他的医德高尚、医术精湛、作风正直、心地仁慈有口皆碑。赵老在北京医界之声誉与四大名医齐名，医术与之并驾齐驱，或有过而无不及，获得北京城各阶层的同声赞誉。我有幸在50年代中叶，受卫生部机关卫生处之命，凡中央直属医院，必须与北京市相对医院，结成技术上的组合，我院被规定与市五院成为相互联系之小组，（五院即今日之中医医院），赵老是该院皮科主任，我是四院皮科主任，从此以后的二、三年中，每周小组联系一次，内容为学术上的讨论与发展，中西医如何互相学习、新技术的探讨、组合学术论文、开展新业务等。当时市第五医院皮科有何汝翰老师、张作舟医师、马连生医师，张志礼医师刚从西安医学院毕业分配到五院，五七年与我一起到北大医院进修一年，中央四院有我，此外尚有谈茂生主任、杨莹琪医师，此时我们在赵老师教导与带领下，学了许多中医药知识，比如每味中药的性能、汤头的组合、四诊、舌相脉相（二十四脉），从基础学起，乃至把脉，处方，甚至怎样制作熏药、怎么熬拔膏棍，怎么挑选蜈蚣之大小长短，顺时针搅拌拔膏，丝毫不可乱了顺序和章程，赵老都是手把手地细心教导我们的，受益匪浅。此时我对中医有了深一步的认识，全靠赵老的耳提面命，一步步引导我进入中医佳境，对于一个刚从事医学的初教学徒，赵老是让我得益最多的老师，此后赵老在皮肤病研究所，每周讲二次课，共半年多，我每课必到，从来没有落过赵老的课程，我是赵老的学生，是崇拜者、是老老实实的追随者。

在与赵老合作中,与赵老及作舟学长合写几篇临床病例小结,刊登于中华皮科杂志上,所得之稿酬赵老一分钱也不要,让我与作舟平分了,赵老疼爱我与作舟,使我与作舟身受其恩其德,不但教我们许多知识外,还教我们如何善待病人,得一点稿酬也让我与作舟学兄分享了,我们怎能不受感动呢?!

赵老离开我们已几十年了,我们时刻地思念他老人家的恩德。己丑年重怀旧情,恍昔日之聆教,痛吾师之永诀,心绪楚楚,不堪言表,但愿逝者在天之灵安息吧!恩师的音容宛在,德范犹存,恩师在世有节,逝世有灵,祈请鉴此片文,表达寸心,以供清赏。

学生林秉端顿首再拜 2009 年春

作者简介:

林秉端:北京隆福医院皮肤科主任医师。

追忆我的恩师赵炳南先生

蔡瑞康

赵炳南老大夫,是我的中医启蒙老师,今年是赵老先生诞辰 110 周年,借此机会,与大家共同重温一下当年我跟随赵老学习的岁月。

我初次见到赵炳南老大夫是在 1966 年前,当时我在中央皮肤性病研究所学习,有一天我去中医科门诊,一进门就看到了一个老大夫正在给一个患臁疮腿的病号换药,创面溃烂,腥臭的脓血令人望之欲呕,常人避之唯恐不及,而这位老先生却似乎全然不觉,让我不禁油然而生敬意,后来得知这位老先生就是著名的赵炳南老大夫,这个景象对我触动很深,到今回忆起来还历历在目,这也是我后来决意师从赵炳南先生的一个缘起。

1966 年以后,医院也开始了各种形式的运动,赵炳南老先生被戴上了"五朝元老"、"反动学术权威"的帽子,北京市中医医院里到处贴满了大字报,很多学生都跑掉了,赵老当时已经是 60 多岁的高龄,造反派还罚他扫院子。我当时所在的空军总医院也在搞运动,医生护士都没法正常看病,我觉得与其浪费时间去搞运动,还不如去学点本事,在当时来说,不去跟着搞革命,跑去学中医就是走"白专"道路,可能要丢饭碗的,但是当时我把心一横,心想反正学点中医,出去也一样能找到工作,而且看到赵炳南老大夫 60 多岁的人了还要打扫院子很可怜,于是我就跑到赵炳南老大夫那里,恳请能够帮他干活,跟随他学习,赵老当时很高兴有人愿意过来帮忙,所以就留下我帮他做事,跟他学习中医。

当时赵老的听力和眼睛还好,但是手已经有些抖,写字不太利索,所以我就帮他写写病历,并且一边学习一边跟赵老先生闲谈做一些思想工作。赵炳南老先生当时思想负担很重,后来我跟赵老讲,所谓"五朝元老"只是生活的需要,给当权的皇帝军阀看病也是被迫的,没有出卖过国家民族,所作所为无愧于党和人民。在大家的劝导下,慢慢的,赵老也逐渐从沉重的思想包袱里解脱出来。

赵炳南老大夫虽然是民主人士,但是思想觉悟很高,他爱国爱党,始终跟党和人民一条心,中华人民共和国成立后赵炳南老大夫还把家里的一些空房子和很多珍贵药材拿出来捐献给国家,院内同仁都很赞赏赵老先生的义举。

赵炳南老大夫在中华人民共和国成立前就已经名满京城,但是他从来不摆名医的架子,生活作风朴素,每天都走路上下班,就连去中南海给中央领导看病也是走路去,结果还在中南海门口被警卫拦下来,闹了误会,总理发现后,觉得赵老大夫名高望重而且年事已高,就亲自批给赵老大夫一辆轿车,结果这辆车赵老大夫也没有自己用,回去就交给了中医医院。

我追随赵老学习前后一年多,在此之前,一直从事西医皮肤科工作,当时西医对于许多皮肤病的治疗缺乏有效的手段,跟随赵老期间,逐渐见识到了中医药的神奇疗效,并在赵老的影响下最终走上了中西医结合治疗皮肤病的道路。

赵炳南老先生非常重视简、便、验、廉的治疗方法,善于就地取材,在缺医少药的情况下一样可以为人民解除病痛。比如赵老在农村医疗队时,没有药材,他就树上摘点桑叶,水里捞点浮萍,一样可以治疗荨麻疹。他的很多方法简便而实用,直到今天仍有很高的临床价值。赵老喜用马齿苋治疗急性湿疹,简单又有效,到现在临床上还有很多人在用。我感触最深的赵老最喜欢用的一味药就是楮桃叶,当时我看到他给老年皮肤瘙痒、湿疹的病人治疗效果非常好,而且楮桃叶在北京到处都可采到,不用花一分钱。再比如龙胆草是一味清肝胆热的药物,赵老经常用来治疗面部的急性炎症,后来我在研究化妆品皮炎的过程中逐渐体会到龙胆草的神奇,有些接近毁容的严重患者,我就用赵老的经验,龙胆草加甘草湿敷,效果非常好。赵炳南老大夫看病时处处为病人考虑,很少用昂贵的药物加重病人的经济负担,不让病人多花一分冤枉钱,这种高尚的医德在今天依然是我们应该效仿的。

赵炳南老大夫医技精湛,胆识过人,临床上屡屡能起沉疴,愈大病,治疗了大量在今天看来都尚属医学难题的重症病例。比如当时有个白塞氏综合征患者,口腔、外阴长期反复溃疡,双眼发红,视力模糊,连斗大的字都看不清,在西医院使用了大量激素、多种维生素、胎盘球蛋白等仍无法取得满意疗效,反而有逐渐加重之趋势,后来延请赵炳南老先生会诊,赵老医生采用中医辨证施治配合西医的激素治疗,迅速控制了病情,并逐渐将激素撤掉,最终使用中药将病人彻底治愈,迄今为止已近四十年未复发,患者视力恢复很好,至今仍能阅读《人民日报》，此患者现仍与我保持联系，这一病例收录在人民卫生出版社所出版的《赵炳南临床经验集》中。赵炳南老大夫在碰到危重病人时，不退缩，不推诿，敢于挑担子，勇于承担责任，这一点给我的印象非常深刻。记得有个系统性红斑狼疮的患者，当时已经发展到脑型红斑性狼疮，昏迷不醒，下了病危通知，他爱人唯一的希望就是他能清醒过来说上一句话，当时激素还没有广泛应用，而且价格昂贵，西医对于这个病束手无策，国内西医的一些专家都已经建议放弃治疗了，家属连给他送终的衣服都领了，可以说这种病人救治起来难度很大，很多医生都怕治不好反而丢了脸面，但是赵炳南老先生并没有放弃，积极治疗，我记得当时赵炳南老先生给他用的是周氏回生丹，使用汤药经胃管滴入，几天后病人奇迹般的苏醒了过来，能和家人说话了，后来又经过一段时间的精心调治，病人慢慢地康复了，他还健在，有时还会来空军总医院看望我，他对于赵老医生当年将他从死亡边缘救回来的恩情始终念念不忘。何某，是中国第一代空军飞行员，由于患上结节性脉管炎，腿肿得很厉害，疼痛难忍，西医外科在万般无奈之下，准备给他截肢，对一名飞行员而言，这意味着蓝天生涯的彻底终结，也是党和国家的损失，赵炳南老医生参与会诊后，坚持采取保守治疗，采用清热解毒、活血消肿的中药汤剂内服，配合中药熏浴，同时鼓励病人进行器械锻炼，数月就取得了很好的疗效，到病人出院的时候，已经健如常人，并且不久后重回蓝天，在飞行生涯立下了不少战功，一直到56岁才退休。这些都是我令我终身难忘的病例，在赵老医生的身边，我深切地感受到一种面对困难的勇敢与自信，古人有云："言不可治者，未得其术也"，面对再难治的疾病，都不要绝望，不要被病魔所吓倒，只要积极寻找得当的方法，坚持不懈，就一定能够最终取得胜利。

赵炳南老先生毕生潜心医药，在中医皮肤科领域取得了巨大的成就，他一生积累了许多宝贵的医疗经验，这其中既有他继承先人的精华，还包括他从民间搜集并在临床加以验证、改进的许多医疗方法，最难能可贵的是，他摒弃了旧社会那种"教会徒弟，饿死师父"的保守观念，将自己的经验毫无保留的传授给学生，在我跟随赵炳南老先生的日子里，他一直手把手地教授我，为我答疑解惑，在我的心目中，他永远是我的启蒙老师、授业恩师，赵老常说"学无止境""学习不停留"，我如今虽已七十有余，但仍不敢忘记赵老教导，日夜自勉，勤学不辍。

赵炳南老大夫一生献身广大人民的健康事业，扶危济世、死而后已，他对待病人从无贫富贵贱之别，他的病人群中，既有满清皇帝、民国军阀，也有新中国的最高领导人，但是更多的还是来自祖国各地的工人、农民，他都一视同仁，毫无偏私,尽心竭力为病人诊治。这一点,对我影响颇深,如今我的病人也是来自五湖四海,不管病人是将军还是士兵,是干部还是农民,是至亲挚友还是素昧平生,我都牢记赵炳南老先生的教诲,不敢有丝毫懈怠。在他身上,我看到的是一种济人救世的伟大情怀,是一种苍生大医的风范。从他身上,我学到的不只是他的精湛医术,更重要的是他淡泊名利、救死扶伤的高尚医德,是他不畏艰难、勇于探索的开拓精神,这些也是我在跟随赵炳南老先生的岁月中收获的最宝贵的人生财富。(2009 年)

作者简介:

蔡瑞康,男,曾任中国人民解放军空军总医院皮肤科主任。我国著名的皮肤科中西医结合专家。

毕生为皮科，伟绩留人间

——忆恩师赵炳南教授二三事

徐宜厚

1974 年 10 月，在北京医学院院长胡传揆教授的引荐下，我才有幸跟随赵炳南教授进修一年。当时，北京市中医院扩建，年逾古稀的赵老不辞辛苦，坚持到两个城区中医院出诊。求医者众多。赵老一方面指导我们如何辨证施治，另一方面详细解答患者所提问题。他老人家慈祥的容颜，深深地刻印在我的脑海里，三十余年过去了，仿佛发生在昨天。

我在侍诊中，亲眼见到赵老对每一个患者，均是和蔼可亲的接诊，按照望闻问切予以诊治。有次，徐向前元帅的夫人在她儿子的陪同下来门诊，赵老以平常之心予以接待，并无特殊关照。赵老在病房检查病人后，通常是将病人的肩头盖好，脚板掴好，然后再视察下一个病人。他常对我们说："一名医生，首先要有普救含灵之苦的心愿，凡求医者不论贫富贵贱，长幼妍媸，普同一等。"

赵老弟子遍布大江南北，从来没有中西医的门户之见，凡愿意来学者热忱欢迎。有次，赵老带上我们几个外地的学生，到解放军 301 医院会诊，病人是成都军区某部炮兵司令员。在返回医院的途中，赵老对我们仔细讲解他对该病的分析和处方用药的要点，使我们受益匪浅。在一年多的时间里，我深深地感受到赵老对弟子的谆谆教导，同时，对弟子们振兴中医皮肤科寄予厚望。

1984 年，我应另一位恩师朱仁康研究员的邀请，参加《中医外科学》一书的统稿，其间耳闻赵老因病住院，我立即前往探望，赵老在病榻上，同我交谈了近一个小时，他叮嘱说既要认真钻研古典医籍，又要学习现代知识，要为中医皮肤科的发展振兴多做一些脚踏实地工作。赵老的殷切期望，一直是我的指路明灯。在我的恳求下，赵老同意拍一张照片留给我珍藏。第二天，他委派他的儿子送给我一本《名老中医之路》，并亲笔签名，时年86岁。此次一别，竟成了师徒的永别。我含泪祈祷恩师一路走好。

值此恩师诞辰110周年之际，我们要深深缅怀赵老对患者"见彼苦恼，若己有之"的崇高医德，对后学无私"传道""解惑"的师长风范。赵老这种毕生为皮科、伟绩留人间的一代宗师，将永远活在我们的心中。

略论赵炳南教授用药之道

徐宜厚

引言

首先了解"道"的含义,《说文解字》说:"道者,人所行",引申为"道理";现在字典、词汇、辞海等书,综合古今资料,将"道"的含义解释达13种之多,这里主要是指"学术的思想体系"。很明显,"道"的境界明显高于经验谈之类,这就是我用"道"的出发点。我阅读《赵炳南临床经验集》后,初步统计,书中内服经验方包括汤剂24首,丸丹药8首,膏剂6首,合计38首。外用方药包括散剂18首,软膏30首,药油5首,酒浸、水浸、醋浸7首,洗剂10首,药捻7首,合计77首。内服方与外用方总计为115首。如此众多经验方的公开,不仅反映了赵老不吝秘术,普济众生的仁泽之心,而且是迄今为止的献方之冠。

(一) 病因用药

众所周知,引起皮肤病的病因可谓是多种多样,然其从临床实践出发,其核心有三。

1. "毒" "毒"的概念在广义上讲,是一种对生物体有害的物质,从狭义上说,凡能致病的因子,均谓之"毒"。《医宗金鉴·外科心法要诀》曾有一句经典语言:"痈疽原是火毒生"。由此引申出许多解毒的方药,赵老在书中将这种解毒之道分解为四个不同的阶段,即急性阶段是毒初犯体表,表现为红肿热痛,选用力专解毒,清热之药。在解毒清热汤中,除重用蒲公英、野菊花外,还选用了清解肝胆郁热,平熄上扰火毒的蚤休;随着病情的发展,毒热入侵气营,毒气攻心,表现为高热烦渴,甚则神志昏愦,即危笃阶段,此时选用清营解毒,凉血护心之品。方用解毒清营汤,方中除继续使用清热解毒之药外,还选用了生玳瑁解毒、镇心、平肝;莲子心、绿豆衣清心中之邪热。诸药相辅相成,清解之中又能养阴扶正。在高热不退或者神智昏迷之时，另用犀角（现用水牛角）0.3~0.6g。水煎泡服或冲服。效果更卓。邪正相争阶段，相当于毒热侵入营血阶段，此时选药必须大刀阔斧，方能挽救患者的生命。赵老将犀角的用量提高到0.6~0.8g。同时重用银花炭、生地炭，直入血分，既能清解血分毒热，又能养阴护心，两药同用，能助犀角之效。这是赵老数十年的独特体会与心得。我在诊治红皮病型银屑病、系统性红斑狼疮活动期、剥脱性皮炎及重症多形红斑，均是遵循赵老的经验。用之效验恒多。正气已伤，毒热未尽阶段，赵老强调疾病后期，气阴大伤，正气不能鼓邪外出，千万不可过用苦寒清热之剂，中伤脾胃，否则正气更衰，致使毒邪留滞膏肓，不能逆转。赵老给我们提供了一首解毒养阴汤，方中诸药以益气养阴为主，佐以清热解毒之品。

2. 风　古人谓"风为百病之长"。说明风邪既可单独致病，又可挟持诸邪而发病，如"风寒""风热""风湿""风毒"等。此处论风的重点，主要在因风而致的皮肤的瘙痒，赵老对其论治，一方面遵循常规用药，另一方面另辟蹊径，特别是后者尤多特色。凡皮肤瘙痒有风热与风寒之别，前者病位在肤表，急性期居多，方选荆防方，方中以荆芥、防风、薄荷、蝉衣为之主药。取其疏风解表，清热止痒；后者病位在腠理，慢性期居多，方选麻黄方，方中以麻黄、杏仁、干姜皮为之主药。取其辛温宣肺，以开腠理，推邪外出。如风毒凝聚，皮肤呈现肥厚，状如苔癣，方用全虫方，方中以全虫、皂刺、猪牙皂角为主药，全虫性辛平，入肝经走而不守，息内外表里之风；皂刺辛散温通，消肿托毒，治风杀虫；猪牙皂角涤清胃肠湿滞，消风止痒散毒。总之凡顽固蕴久深在的湿毒作痒，用之最为相宜。据此我将全虫方为基础，治疗结节性痒疹、疱疹样皮炎均有良效。此外，对某些顽固性瘙痒，病因又一时难以确定或者超敏性体质者，赵老专门为我们拟订一方——多皮饮。全方由11味皮药组成，方用赤苓皮、冬瓜皮、扁豆皮、大腹皮健脾利湿，涤清胃肠的积滞；干姜皮辛温和胃，固表而不走；白鲜皮、川槿皮驱风止痒；丹皮凉血、活血化斑；地骨皮、桑白皮泻肺而清皮毛。综合全方，健脾除湿为之核心，与之配合有三，一是驱风，二是凉血，三是泻肺。赵老在书中告诫我们主要针对顽固性、慢性荨麻疹经常复发，而发作时以皮损较多时为主。或者用麻黄方不消失，可用之。如果病程日久，致使色素暗红沉着，皮肤粗糙而有明显瘙痒的皮肤病如皮肤淀粉样变、结节性痒疹，可选用搜风除湿汤。方中用全虫、蜈蚣搜剔深入的内外风邪，配合白鲜皮、川槿皮、海风藤、威灵仙祛风通经止痒。炒枳壳、炒白术、炒黄柏、炒薏仁健脾燥湿止痒。在此赵老提示：疏风除湿汤中，各药均宜生用，适用于病情轻浅。本方各药均为炒用，适用病情深在。

3. 湿　湿之为病,由内因与外因之别,内因之本在脾之所化,火盛化为湿热,水盛化为寒湿。外因则是多因素所造成,如雨露、泥水、湿衫、饮食等。由此可见,湿邪对皮肤的侵袭也是多种多样的。赵老对湿邪所致的皮肤病,归纳为四个不同的亮点:一是健脾除湿,重点为脾虚湿盛,药用生苡仁、生扁豆、山药、芡实、茯苓、白术等;二是疏风除湿,重点是风湿上犯,多数与过敏性体质有关,药用除健脾之外,病变在上者加防风、荆芥、蝉衣;病变在下者加车前子草、萆薢、槟榔。三是搜风除湿,重点在风湿之邪深入肌腠,药用全虫、蜈蚣搜剔内外风邪而止痒。四是解毒除湿,湿邪郁久遂化为毒,称之为湿毒,在皮肤或黏膜上出现渗出、糜烂、溃疡等。对之治疗必须遵循"利中有清,利清相辅"的原则。药用白鲜皮、生苡仁、大豆黄卷、滑石块、生甘草清热除湿,土茯苓、焦山栀、银花、连翘、地丁、丹皮解毒清热。总之,凡遇湿盛于毒,用之皆效。

(二) 皮损用药

皮损用药是中医皮肤科的重要特色之一。赵老对皮损用药为我们提供了许多宝贵的经验。据书中所提供的经验方而论,致病因素在"血"。然其病位有上下浅深之分,凡血热在上,红斑明显,压之退色,选用凉血五花汤;血热在下,斑疹暗红,压之不退色,选用凉血五根汤,前者取花类药物为主,花性轻扬,使用于血热在肤表诸疾;后者取根类药物为主,根性下沉,使用于血热阻隔经络所致的皮肤病。血瘀在浅部,选用活血散瘀汤;血瘀在深部,选用逐血破瘀汤;血瘀在浅,选用药性平和之类。血瘀在深,则可选用虫类药物,如水蛭、虻虫、地龙、䗪虫等。

(三) 外用药物

赵老在书中提供外用药方达77种之多,包括散剂、软膏、药油、水浸、酒浸、醋浸、药捻等。我在学习赵老这些外用药方的过程中,发现三个显著的特点:

1. 病情分阴阳,传统外用药物首分阴阳,阳证,红肿热痛,药性偏苦寒,如新三妙散、青黛膏、痱子粉、柏叶散、黄连软膏、普连软膏、普榆膏等。阴证,漫肿平塌,药性偏于辛温,如回阳生肌散、擦黄药粉、三黄粉、京红粉软膏、雄黄膏等。

2. 病程分急性与慢性,急性期皮肤红斑明显,渗出、糜烂等。药性偏于苦、　酸、咸。如复方马齿苋洗方;龙胆草擦剂;紫草茸油等。慢性期,皮肤肥厚,状如苔藓,药性偏于温,如蛇床子洗剂;硫痒膏、豆青膏等。

3. 独特疗法,赵老在书中提出了三种独特疗法,不仅反映了赵老善于从民间　吸取营养,丰富自己,而且表明他勇于探索,不断改进的创新精神,这三种独特疗法,具有使用方便,易于保存,价格低廉,疗效较好的特点。鉴于书中有详细的记载,请阅读原著。从略。

(四) 体会

赵老用药之道还有许多奥妙之处,尚待我们去学习,去发掘,去研究,去验证,去发扬。这里仅就个人的粗浅体会,归纳为三:

1. 病分轻重,药用生熟。赵老在书中明确提出:疏风除湿汤中,各药均为生用,适用于病情轻浅者;本方(搜风除湿汤)各药均为炒用,适用于病情深在者。

2. 病位不同,用药有序。皮肤病的发生,有的在肤表、有的在腠理,有的在经络,有的在脏腑。赵老针对病位的不同,遣方用药均是有序进行。如:病在肤表,偏于风热者,用荆防方;病在腠理,偏于寒湿者,用麻黄方;病在经络,选用根性下沉诸药治之。病在脏腑,集中反映在赵老治疗系统性红斑狼疮一节中。细心揣摩,自得妙处。

3. 善悟药性,药用花根。李时珍在《本草纲目》一书中首次提出药用部分说,他归纳有四,一是单使,二是兼用,三是全用,四是一物两用,赵老在阅读群书的基础上,用凉血五花汤治疗病在肤腠之类皮肤病;用凉血五根汤治疗病在经络之类皮肤病,用多皮饮治疗病在体表的皮肤病。由此可见赵老对药性的领悟,是十分深刻的。

此外,我粗略统计了一下,赵老用过的药物达 350 种之多,除常用的中药外,还选用了许多鲜为人知的草药,如鬼箭羽、鬼见愁、盘龙参、金莲花、鲜绿豆芽、仙人头、象牙粉、如意草、锦灯笼等。同时,书中多次提出许多药物炒之成炭的特殊效果,这些经验都值得我们继承与发扬。(2009 年)

作者简介

徐宜厚,男性,1940 年 2 月出生。主任医师,教授。国家级名老中医。国务院特殊津贴专家。主要从事临床疑难性皮肤病治疗与研究。曾编著出版《皮肤病中医诊疗学》等专著 12 部。

怀念赵炳南老师的医德医风

张承志

赵炳南老师(1899—1984)是我国中医皮科外科学界的泰斗,现代中医皮肤科的奠基人和开拓者之一,赵老行医六十六年,为中医皮肤科的发展做出重要贡献。在研究赵老的学术思想和成就时,作者认为赵老的为人处世的道德风范也是应该学习和继承的。本文仅就随师学习时的一些体会,提出一些粗浅见解,作为抛砖引玉。

我自1954年开始,有幸追随赵老学习中医学,1956年以后,曾在中医院断断续续地跟他学习多年,承他错爱曾向卫生局中医科推荐我跟他一起工作未果。其后,他仍然对我关爱备至。我未学出好成绩,深感愧对老师。

赵老是个和蔼可亲,平易近人的人,他热爱党,乐于接受党的领导,1956年党号召整风,向党提意见时,市委组织他参加座谈会,会前一天下午,他让我和他一起准备发言稿,先问我有什么意见,我说了大实话,谈到当时某些中药短缺影响工作等,他不置可否。最后,他说:①建议党对青年人加强教育,不少人不懂尊重领导,尊重老年人,这是不好的;②现在时兴交际舞,我国民间有不少民族舞蹈是否可以同时提倡。

跟赵老学习三十多年间,我们一起经历过各项政治运动的风雨。赵老在运动中也接受锻炼,也受过一些委屈,他能够泰然处之。他对我说过:承志,我们都要接受教育和考验。

赵老对师长十分尊重,出于至诚,张作舟教授告诉我一件事,哈锐川中医师是赵老的师兄,张作舟的老师,他在世时,赵老师每年春节都去拜年,坐黄包车到胡同口,赵老就下车,手捧礼物,步行到门口,敬礼有加,年年如此。

赵老师对同事,对晚辈一向和颜悦色,平等待人。他很注意搞好团结。他曾经告诫我:别在自己圈子里斗,谁都有缺点,不团结只能把事情弄的更糟,最好是和睦相处。中医院皮外科内,麻寿国教授是我老师,张作舟教授半师半友,马连升教授是同班同学,我们关系很好。张志礼教授和袁兆庄教授,我们同在胡传揆院长和赵老教导下共事多年,他们对我都很关照,我们合作很好。

赵老家庭是城市贫民,幼年从师丁庆三老中医在崇文门外德善医室学徒,跟着师兄干一些诸如切碎药材,打膏药,拌药粉等工作和其他家务杂活,晚上念书和背诵《医宗金鉴·外科心法要诀》《本草纲目》《汤头歌诀》《濒湖脉学》等祖国医籍,好些书虽在老年尚能清晰背诵。他曾经把《医宗金鉴·外科心法要诀》重点划出,建议我背诵。赵老学习勤奋,祖国医籍多能认真学习,即使西医知识,他也愿意学习,探索中西医结合新路。

赵老对病人关心爱护,态度和蔼。他自己开业时,对贫苦病人能体谅病人情况,常有赠医赠药,减免药费,允许欠款等做法,或者指导病人自采草药,介绍有效偏方、验方,他本人也注意收集采用偏方、验方,医余间暇常对我谈及,如用马齿苋煎服、煎洗,治疗化脓性皮肤病,楮桃叶煎洗治荨麻疹,楮桃叶汁治皮肤瘙痒,鳗鲡鱼油治白癜风,侧柏叶煎汤服用治脱发等。可惜我没全记下来。

赵老认识很多中草药,常说颐和园有很多中药品种。有一次,袁兆庄教授找了辆车,利用假日随赵老去颐和园。他当场指点识别好些中药。这也算中医的一项基本功吧。(2009 年)

作者简介:
张承志:首都医科大学附属天坛医院皮肤科主任医师。

忆赵老二三事

——愿赵老英名永垂不朽

虞瑞尧

　　赵炳南老师是在北京广大平民百姓永远怀念的好医生，名中医，他一辈子从事中医皮外科事业，在北京市，在全国享有盛誉，他正式被聘请到北京中医医院后开创了中医皮肤科的先河，学生虞瑞尧1956年大学毕业分配到解放军总医院皮肤科工作，当时为贯彻、执行毛主席"中西医结合"的方针，所有西医师要学习中医药理论知识和实践知识，我有机会到北京中医医院皮肤科跟赵老学习中医皮肤科学的理论知识和临床实践。在医院工作期间经常邀请赵老来我院会诊，有时到首长家出诊，因之我在赵老身上不仅仅学到了中医中药，辨证论治的知识，更学习到了赵老崇高的为人民服务精神和崇高的医德。

　　跟着赵老进修实习时，每天挂赵老号的病人门庭若市，病人候诊人数很多，赵老结合每位病人的病情，进行望、闻、问、切，号脉很认真，看舌苔很仔细，看皮疹更重视，然后他下出诊断，仔细斟酌开出每一味中药的剂量，有时对个别中药加工、入药方法还要标明，如"先下""后下"等的注意事项，开完方子后请赵老过目后再交给患者去取药，看到赵老视病人如亲人，认真负责的精神，我们当学生的非常感动，他所开的处方用药绝大多数是常用药、便宜药，有效的中草药，较少用贵重药，奇缺药，有时结合一些他亲自研制的中药丸、散、膏、丹，这样北京中医医院皮肤科有许多用之有效，毒副作用小的赵老的各种丸、散、膏、丹，有时碰上很穷的病人，挂了号，看了病，抓不起药，赵老爱病人如亲人，他把放在诊室里的芦荟掰一块给病人，回去好好涂擦也能见效，上午半天挂赵老号的病人太多，有时快要下班了，还有许多候诊病人，他就辨证论治的开出丸、散、膏、丹的成药，这样就快一些，病人用了也很有效。我跟着赵老学习时，看到许多复诊的病人治疗效果很好，特别对赵老和蔼可亲的态度十分满意，这些患者拿着赵老开出的方子，双手拿着，一面退出，一面道谢。

赵老对中医中药,辨证论治的造诣很深,对皮肤病他十分精通,有时我们一起参加全国皮肤科学术会议,在会议休息期间,或外出参加活动,赵老一走出会场,看到路边、道旁的花花草草就把赵老吸引了过去,他对我们跟着他学习的学生们如数家珍一样,一个草,一个花,每一种植物,津津乐道地讲它们的药性、药味、作用、入什么经、起什么作用,治疗什么皮肤病有效,走得很慢,看得很仔细,讲得很认真,学生提问题,他还做补充解释,从赵老讲解中我们学到了更深刻、更形象、更容易体会新记忆的知识,这比课堂上讲的中草药知识更形象、收益更大,好像上了一堂生动、有趣的中医中药知识的实习课,这种机会很难得。

中央皮肤性病研究所成立于1955年,当时党委书记是戴正启同志,所长是胡传揆教授,副所长是李洪迥教授和赵炳南研究员。赵老把他终身研制、应用有效的丸、散、膏、丹等带进到皮研所,李洪迥教授也虚心地、认真地向赵老学习中医中药知识,他密密麻麻地记在他的小本上,有时他看病也开一些从赵老处学来的中医中药方子,也取得很好的疗效。赵老经数十年研制的"黑布药膏"治疗疤痕痤疮和慢性顽固性皮肤病很有效,它既能软坚散结,又能止痛止痒,所内大夫们用了之后称道黑布药膏疗效很好。胡传揆院长(原北京医科大学校长,兼皮肤病研究所所长)和李洪迥教授带着黑布药膏治疗皮肤病疗效观察的论文参加了国际皮肤科学术大会并在大会上做出了报告,受到了大会代表的热烈欢迎,影响较大。

301医院是为广大指战员服务的军队医院,又担负着中央领导和中央军委首长服务的保健医院,当时的中央领导、十大元帅、高级将领多在我院诊治、医保,有许多领导患有皮肤病,我们诊治疗效不能令首长满意,他们提出来要看中医,要请赵炳南老中医诊治,所以我经常陪同首长预约好到中医医院请赵老诊治,按赵老的开方,我院抓药,煎药,必要时购买一些赵老研制的丸、散、膏、丹,经过治疗效果确实很好,经过2~3次复诊就治愈了。首长非常满意,有时首长年迈,行动不便,职位较高,就请赵老来我院会诊,我与赵老联系,约定时间,接他来我院为首长诊治疾病,赵老总是认真地望、闻、问、切,仔细观察皮疹,最后下出诊断,赵老确定辨证论治的方针,然后一味一味的开出中药,注上剂量,告知注意事项,我一句一句地记录下来,写在会诊病历上,开方,煎药,首长用药非常认真,因为他们知道赵老医学造诣很深,临床经验丰富,治疗效果令首长非常满意,给我们治疗疑难病给予了大力支持,有些特别的赵老研制的丸、散、膏、丹赵老开方,我们去取,等看完病,开完处方,赵老向首长进一步讲解病情,用药方法,注意事项后,就到吃饭时间了,我们请赵老吃完饭再送回家,他说我是回民,不在外面吃饭,我说我们医院营养室也有考取回民厨师,他坚决要回家吃饭,从来没有在我院吃过饭。凡是经赵老会诊的首长严格遵照赵老的医嘱执行,确实收到很好的疗效,当然首长们也很感谢赵老,称赞赵老医术高明。我们有一位首长在足跖部长了一钱币大的慢性溃疡,住院时间已很久了,由于溃疡边缘卷起,上皮爬不过去,久治不愈,后来请赵老来会诊,他根据老年人小腿慢性溃疡诊治的经验,用活血化瘀,促进溃疡愈合的汤剂,外用药治疗,差不多一个月左右复诊一次,三次复诊把住院半年未治愈的"老烂腿"治愈了,当然首长非常满意,健壮的步伐出了院。

有一次为首长看皮肤病,专家会诊,各持己见,最后达成共识,给予治疗,而中医不能会诊,一位中医辨证为"阴虚",一位中医辨证为"阳亢",这无法协商、会诊,但不能让首长从四川请来的名中医看病也不行,我想出办法,我陪同赵老给首长看病,由赵老开方治病,送走赵老,我再陪同四川老中医为首长看病,让开出处方,两张处方由我们保健专家来辨认,最后大家一致意见赵老的方子,比四川中医的方子更符合首长皮肤病的辨证论治,而且安全有效,我们按赵老的方子抓药,煎药,服药,把首长的皮肤病治愈了,我们为首长高兴,也佩服赵老医术高超,用药如用兵,针对性高,效果好。

在赵老诞辰110周年纪念活动中,学生把赵老的二三事写出来以示学生对老师尊敬,忠心地祝愿赵老英名永存。(2009年)

作者简介:

虞瑞尧:曾任中国人民解放军总医院皮肤科主任。主任医师,教授。

怀念赵老

李乾构

    赵老曾任北京中医医院副院长,北京市中医研究所所长,北京第二医学院中医系教授。赵老精湛的医术,良好的医德,得到国家和人民的敬重,曾多次受到毛泽东主席、朱德委员长、周恩来总理的接见。今天,走进首都医科大学附属北京中医医院的多功能厅,一眼就能看见赵老的照片,赵老为我国的中医皮外科事业和北京中医医院的建设和发展做出了卓越贡献,赵老虽然已经离开我们二十多年,但他精神一直鼓舞着一代又一代北京中医医院人。

一、坚韧不拔的求知精神

    赵老因幼年身体羸弱,经常生病,这却培养了他对中医中药的浓厚兴趣而萌志学医。14岁进中药店当学徒,学徒生活十分艰苦,一天只能睡三四个小时,艰苦的生活,没有磨灭赵老强烈的求知欲望。他每天趁别人熟睡之时挑灯夜读,学习困了累了就用冰片蘸水点一下眼角提神。赵老自学了《医宗金鉴·外科心法要诀》《外科名隐集》《外科准绳》《疡医大全》《濒湖脉学》《本草纲目》等古典医籍。对中医皮外科基本功,如熬膏药、摊膏药、搓药捻、上药面、打药丹等炮制加工技术,掌握得很娴熟,为其后成为皮外科一代宗师奠定了坚实的基础。直到赵老80多岁,行医一甲子的时候,还自我勉励要活到老、学到老、干到老,还要钻研,还要攀登,还要挖掘,还要创新。赵老这种"求知不停留"精神,是留给我们最大的精神财富。

二、医德高尚,无私奉献

    在赵老近七十年的行医生涯中,始终是微笑服务。对病人态度和蔼、关心、耐心;对同志注意团结、互相尊重、互相帮助;对年轻医生关怀备至、谆谆教导,从来没有专家名医的架子。

赵老一贯重视医患关系。他认为医患关系融洽，对病人的治疗起着重要作用。在赵老接触的千百万病人中，无论男女长幼，贫富贵贱，赵老问病言医均以"您"字称呼。他认为病人求医是对医生最大信任，因此医者就应当尊重患者，有了融洽的医患关系，治起病来就更能得心应手。中华人民共和国成立前皮外科患者多为勤劳辛苦的穷人，一旦得病，不但失去了养家糊口的劳动能力，还要花费一笔钱治病。赵老对来自底层的劳动人民，无力就医者，赵老总是免费看病给药，分文不取。

赵老对社会公共事业慷慨解囊。例如，当年北平中医公会缺乏经费、华北国医学院需要资金，赵老都竭力资助。1951年，北京各界人民响应抗美援朝号召，纷纷订出拥军优属公约或计划。赵老主动提出愿意免费给患病的烈军属诊疗，受到政府登报表扬。1956年，北京中医医院建立，赵老是第一批参加医院工作的老中医，赵老把自己开业用的部分药材、器械设备和五间房子的柁、木、檩、架全部捐献给中医院。上世纪60年代，赵老又把家中中医药书籍、药材和医疗器械捐献给国家。赵老为新中国的中医事业奉献了自己的全部力量。

我与赵老在北京中医医院同事二十余年，赵老高尚的医德、精湛的医术、对医术精益求精，全心全意为病人服务的精神，赵老为中医事业奋斗一生的精神，给我留下了深刻的印象，是我们中医院人学习的楷模榜样。（2008年）

作者简介：

李乾构，首都医科大学附属北京中医医院前院长。主任医师，教授。国家级名老中医继承指导老师。

点点身边事，娓娓心中情

钱文燕

赵老离开我们已经将近三十个年头了，三十年，说短不短，说长不长，不短中，国家走过了不平凡的改革之路，不长中，赵老的音容笑貌仿佛还在身边。刚得知要写这篇文章的时候，心中散落着的是赵老生活、工作的点滴碎片，魂梦之间，赵老的形象再一次渐渐地清晰起来：一个身材瘦高的老人，脸上挂着一如既往的笑容，依旧穿着棉布衣裤、圆口布鞋，时而是坐在病人的床边，嘘寒问暖，时而是端着一杯清香的碧螺春，给学生们讲着书里书外的知识，随着缕缕茶香、丝丝暖意，回忆飘到了遥远的年代，在回忆中，得以重回陪伴在赵老身边的日子。

时间追溯到 20 世纪 60 年代初，那时我刚刚毕业，来到北京中医院，随赵老工作学习，认识了一个叫关广和的 19 岁男孩。男孩是农村人，父母双亡，由奶奶将其抚养长大，男孩身患牛皮癣，全身遍布脓疱，高烧难退，住在了赵老的病房。赵老每次查房看他，总是给他带着点茶水、西瓜之类的，坐在男孩的床边，聊着家常，问着病情，还不忘鼓励男孩，树立信心，保持乐观的态度。男孩饭量大，赵老就带头为他捐饭票，在赵老的带动下，全科人都加入了捐赠的队伍当中。孩子的病情很重，赵老放心不下，每天下班临走前，赵老必定要再去病房看看男孩，这才离去。文革前，这个男孩一共住了三次院，每次近十个月，这些日子里，赵老不仅给了孩子精湛的医疗，更给了他父亲般的鼓舞，母亲般的关爱，这时候，赵老最常说的一句话——"他们是最需要帮助的"。

赵老一生中，结识诊治了许多社会名人，其中尤以戏曲曲艺界为多。还记得京剧名家张君秋先生患了带状疱疹（串腰龙），第一次来找赵老看病时，张君秋捂着胁肋，面露苦色，在家人的搀扶下缓缓坐下，未及开口，赵老已经了然于心，一番诊视之后，开处汤药，并予黑色拔膏棍，一周后，张君秋先生自行步入门诊，向赵老深深地鞠了一躬，赵老将其扶起后，张君秋激动地说："赵先生，您救了我！"后来据张君秋先生介绍，用药之前每天只能靠在圈椅上休息，按赵老所处方药治疗，第二天便已能平躺，一周以来，疗效自然卓著。新凤霞的老师李忆兰先生在中华人民共和国成立前因舞台工作需要，应用了大量的官粉、朱砂等化妆，以致皮肤颜色黯黑，赵老看到后深感惋惜，说道："太可惜了，现在这个年代就不会了"，并安慰李忆兰需要长时间耐心治疗。赵老以六味地黄丸为汤，加菟丝子、沙苑子、枸杞子、女贞子、黄芪、白术滋补肝肾、扶助脾气，外用白绫，内包白玉，沾上茯苓粉、珍珠粉，摩擦面颊，这一方法每日应用，伴随着李忆兰先生，直至辞世。

赵老的诊室桌上，摆放着一只白色茶盘，里面放着拔膏棍、乌贼骨、甘草油、祛湿散、黑布药膏、化毒散膏、酒精灯，大部分人第一次来都不知道这些东西的用途。盘里放着的都是赵老常用的治疗药物或工具，因需要患者回家自行上药，赵老担心病人用法不当，特地将这些药具放在诊室之中，对每一个患者都细致说明，手把手地教会病人。如湿疹病人使用三方燻药卷，要用草纸卷上药末，纸边钉紧，赵老会叮嘱病人，点燃后要用烟熏，什么距离，什么姿势，多长时间，赵老都会一一说明，直至患者完全明白为止。这样耐心地指导病人，也许对一两个人、坚持一两天是很容易的，但是赵老一坚持就是数十年，从不间断，白色茶盘也始终没有从桌上消失，数十年地陪伴着赵老和他热爱的事业。

赵老出身贫寒，所以一生中，都对贫苦患者有一种特殊的感情。早年个体开诊时，赵老曾给吴佩孚、张作霖等大军阀诊病，所收诊金全部用来接济穷人：穷人看病不但不收诊金药费，远道而来的甚至还赠送路费，尽可能减轻穷人的负担，让穷人受益。在中医院工作初期，医院为赵老配置了人力车，包车费用由院里统一支付，而赵老每次逢年过节总是要再自己拿些钱，送给车夫当作礼金。

这种关怀，不仅体现在穷人身上，也体现在所有病人身上。回忆中，赵老的身影出现在搽药室中，鼓励病人坚持治疗；赵老的身影出现在洗疗室内，亲手试着药汤的温度，叮嘱着病人不要被烫伤；赵老的身影出现在病人床旁和办公室里，调整方药后总是要再看几遍，确保无误；赵老的身影出现在因脉管炎截肢的患者身侧，仔细地听着患者哭诉，关切地拍着患者的背，告诉他："不要难过，虽然少了一条腿，装上假肢，依然可以为社会做贡献！"；赵老的身影出现在学生母亲的病榻边，把脉开方，指导换药，直至碗大的褥疮完全长好，多少次，失语的母亲眼中满是泪水。

20 世纪 60 年代,年过花甲的赵老未能幸免冲击,行动受到了错误的限制,有家不能回。一次我去给赵老送饭,赵老仍不悲观,仍然要"相信党,相信人民,要为党为新中国继续工作"。不久,赵老回到工作岗位,正值中央号召放下架子,大夫也做护士的工作,当时在肛肠科值班的赵老,亲自为病人打开水,亲自将饭菜送到病人床前,亲自端送几十斤重的坐浴水……那一年,赵老 67 岁。很多人劝他,但是赵老只是淡淡地说"一切以病人为第一"。这应该是赵老人生中最低潮的时期,但赵老将这些看做是都会经历的过程,从没有过一句怨言,也从未有过自弃,更从未停止过为国家、为人民的服务。每当有病人在赵老面前怨声载道、出言不逊的时候,赵老仍旧会说:"要相信社会,政府会帮助解决大家的困难",劝说病人要忌"急气怒恼","男女老少都有不如意的事情,不愉快的时候要想一想高兴的事","要善待别人,就是善待自己"。经过赵老耐心的劝导,病人能够认识到自己的问题,平心静气的继续治病、工作,这一点,早已超出医疗范畴以外了,赵老不是共产党员,但是我们在他身上看到的不只是坚定纯正的党性,更是宽厚善良的人性,是一个眼光宽阔、心地纯善、善解人意、与人友好的天性。

1952 年,赵老受邀出任中医院院长,当即将家中个人开业时的刀剪、铜盘、瓶罐等各种工具、器具,连同自己的技术与能力,一并带到了中医院,创办了中医院皮外科,为中医药在皮外科诊治领域中提供了更为宽广的舞台,1984 年 8 月 6 日,赵老谢世,而之前 3 个月,赵老还工作在自己的岗位上,赵老为这一事业无私地奉献了自己毕生的精力,在治学、行医、教学、为人等各个方面无不可谓后人楷模,给我们留下了取之不尽用之不竭的精神遗产,可以说赵老担当得起中医界的一代伟人!(2009 年)

作者简介:

钱文燕,女,中日友好医院皮肤科主任医师。

著名中医皮外科专家赵炳南教授生平简介

陈　凯

著名中医皮外科专家赵炳南教授,公元1899年,农历七月,出生于河北宛平县三里河村,回族,经名伊德雷斯,是我国中医界德高望重的名老中医。

中华人民共和国成立后,赵炳南被选为中华医学会外科学会、皮科学会委员,中华全国中医学会副理事长,北京中医学会理事长。担任过中国医学科学院皮肤性病研究所、北京医院、整形医院中医顾问,北京中医医院副院长,北京市中医研究所所长,北京第二医学院中医系教授等职。曾被选为北京市人民委员会委员,北京市第二、三、四、五、七届人大代表,第七届市人大常委,第四、五届全国人大代表等。

他自1920年经北洋政府考核发给允许行医执照以来,在平凡的医学岗位上悬壶生涯六十余载,晚年虽年逾耄耋,又染疾抱病,但仍然坚持工作,从不脱离临床第一线。

他数十年如一日,对病人怀有深切的同情心,对医学怀有强烈的事业心,不为名,不为利,勤勤恳恳,兢兢业业,为祖国的中医药事业付出了全部精力,做出了重要贡献。

在漫长的行医实践中,赵炳南以他纯熟而精湛的医技,高尚而正派的医德,救治了不少顽癣痼疾,疑难重症,在不少老北京群众的心目中留下了深刻的印象,结下了深厚的感情。有关他的工作、生活情况,国内报刊以及中国香港《大公报》《文汇报》均有报道,一些外国报纸也有转载,在国内外有一定影响。

一、髫龄萌芽　弱冠学成

赵炳南学名赵德明,祖籍山东德州,幼年时家境十分贫困,全家老少七口,仅凭父亲给人帮工做糕点，母亲零星做点外活勉为生计。

旧中国瘟疫成灾，百病猖獗。贫穷和疾病犹如二条毒蛇，无情地吞噬着赵炳南孱弱的身躯。5岁出天花，6岁患痢疾，7岁打摆子，这就是留在他脑海中最早的记忆。连年患病，使赵炳南失去启蒙就读的大好时光，但也萌发了他学医治病的幼嫩胚芽。

论起赵炳南的学历，从8岁上学算起，只有六年私塾。因为不是官办的学堂，经费、校址和师资都没有保障，六年之中，他就辗转投师六处，饱尝了辍学之苦。生活逼迫，催人早熟。童年时期的赵炳南已经懂得：单凭家庭接济，根本无力完学，所以每在放学之余，常常帮人捎带买东西，挣上一两个铜板，零星添置点笔、墨、纸、砚。14岁那年，一次偶然的机会，经他人辗转介绍，"换徒"到北京德善医室，投师丁德恩，号庆三，开始了学徒生活。

学徒生活十分艰苦。每天早晨四点多起床，下门板、生火、收拾铺盖、倒便器、买东西、做饭、摊膏药、打丹、帮下手……无冬历夏，一年到头，每天都要干十几二十几个小时，一天只睡四五个小时觉。其中，学徒重要的内容之一还有熬膏药。有一次赵炳南摊膏药，一面摊，一面打瞌睡，突然右手伸进滚烫的膏药锅里，顿时手上的皮被扒掉一层，疼得钻心，又不敢让人知道，只好偷偷拿些冰片撒在上面。

艰苦的生活，繁重的体力劳动，并没有磨灭他渴望学医的强烈愿望。每当夜深人静，众人熟睡之时，他就挑灯夜读。疲乏了，用冰片蘸水点一下眼角，醒醒神；没有纸和笔，对门纸店相熟的小徒弟常取出店里残缺不能售出的笔纸二人分用；右手一度烫伤，就用左手干活写字。直到晚年，赵老大夫写字，干活还能左右开弓，运用自如。

在这种艰难困苦的环境下，他自学完《医宗金鉴·外科心法要诀》《外科名隐集》《外科准绳》《疡医大全》《濒湖脉学》《本草纲目》等医籍，有的还能背诵，至今不忘。对于一些皮外科基本功，如熬膏药、摊膏药、搓药捻、上药面、打丹等也都掌握得十分娴熟。谈起这段学徒的艰辛，赵炳南颇有感触地说："看看现在的年轻人，一个个生龙活虎，无忧无虑，他们生活上甜如'蜜'，学习上有人教，业余生活丰富多彩，简直是手捧金饭碗，生活在天堂！而我那时过得是什么日子啊！"

1920年，北洋政府举办中医考试，他虽然考取了，但发的是"医士"执照，只能在四郊行医，不准进城。过了几年，又经过一次考试，二百多人参加，只取十三名，他是其中之一，才准许在德善医室门口挂了个行医的牌子。

就在学徒的第四个年头，老师不幸病故，他又和诸师兄师侄共同支撑门面,并继续苦读三年。经过几年的钻研,他总算学到了一些医疗技术,也为德善医室效尽了徒弟之劳。一次,河南省长的女儿患鼠疮(淋巴结核),他出诊一周。师侄满以为这趟美差一定可捞到一大笔出诊费。但是,省长赠以唐三彩古董,并无其他财物,师侄怀疑他独吞了出诊费,不问青红皂白,第二天派人送了封信,硬是把他辞退,由他们独家经营。当时赵炳南并无一点积蓄,生活无着,只好四处奔波,求亲告赁,这家赊药,那家借房,东挪西借,总算在西交民巷办起了两间房子的小小医馆,有个落脚之处。三年后,医馆业务逐年兴盛,他重礼道谢了亲友,还清了债务,又租赁了一所大四合院,如此苦干三年,有点积蓄,才正式开设了老北京熟知的西交民巷医馆。

在抗生素尚未临床应用的 20 世纪 20 年代,赵炳南能用中医中药的方法治疗一些疑难危重皮外科疾病,确有其独到之处。从此,他的名声很快随着他高明的医术传扬开来。

二、医德高尚 不愧己心

多年行医后,赵炳南在中医外科界总算有了一席之地。就连北京的洋车夫遇有皮外科病家乘坐,也主动介绍到他医馆诊疗。但赵炳南来自底层人民,深知劳苦大众的看病不易。对那些无力就医的穷人,他秉承"穷汉子吃药,富汉子还钱"的师训,免费看病吃药,分文不取。一次,几位农民从西直门外抬来一位"对心发"(背部蜂窝织炎)的患者。他见病人就诊不便,主动提出免费出诊。经他细心诊疗,亲自上药,坏死组织很快脱落,两个月后,疮面长平痊愈。左邻右舍闻讯凑钱给他送了块木制的义匾。在他行医生涯中,送来的木匾、玻璃匾、铜匾、银盾、银瓶不下百件,但唯独这块义匾给他留下了深刻的印象。

赵炳南把治病看作救命,把救人看作救火,反对那种见钱眼开,不顾病人的医疗作风。他常讲,旧社会有人把大夫比作"神仙·老虎·狗"。意思是:瞧好病,称大夫是神仙,歌功颂德,加倍酬谢;瞧不好,骂得大夫狗血喷头,名声扫地,一文不值;要想赚钱,就得预支保金,狠狠捞一笔,先当老虎。可在当时,赵炳南却一反俗例,遇有病家就医,先治病要紧,不言明诊金。治好病,随病家酬谢,各尽各心;不能治的,声明看不了,请另就高明,但从不讲是不治之症;有的病人病入膏肓,难以救治,虽舍医赔药,也心甘情愿。有感于当时"庸医杀人不用刀""不伤于病,而伤于药者多也"的医弊,赵炳南诊病时总是详询病情,细察脉色,辨证认真,处方周密,医嘱详尽,态度谦和,一时认不清的病,宁可不看,也绝不敷衍。

当然,请他看病的,也有达官富商之类的人。从中也取得了一笔可观的收入。他除了把这些收入用来维持医馆外，还为社会公共事业略尽绵薄。当时的北平中医公会缺乏经费，他解囊相济；华北国医学院需要资金，他慷慨捐款；建立妇产医院，他竭力资助；开办普济施诊所，他义务应诊。到头来，只乐得两袖清风，俭朴度日。

赵炳南蔑视那种意逐荣势，企踵权豪，而不留神医药，精究方术的混世者。他常说："现在社会上的某些不正之风，在旧社会是正大光明。那时候，一个人有了名气，想滑下坡或攀富贵都很容易。"

1925 年，清末皇帝溥仪退居天津"关起门来做皇帝"，曾由溥仪的老师陈宝琛、朱益藩二人介绍赵炳南前往诊病。溥仪患的是"白刃疗"（唇疖），有破相之忧。赵炳南采取外用提疗办法，内服清热解毒，托里透脓的中草药。三天后，栓出脓尽；一周后，基本痊愈，没留疤痕。通过接触，溥仪对他颇有印象，提出要聘他为"御医"。赵炳南说："家有 80 岁老母无人侍奉，我这个年龄，只能尽孝，不能尽忠"，婉言拒绝了招聘。

旧社会人情冷暖，世态炎凉，使赵炳南信守一句话——"万事不求人"。他曾气愤地说："旧社会我没有一个朋友"。

北平沦陷前，赵炳南怕挂那么多匾招惹是非，悄悄托人拍照后，卸下收藏。谁知这样也难免飞来的横祸。北平沦陷后，人不自由，连挂钟也不自由！日本侵略者规定：中国人要按日本时间把钟拨快一小时。他想，在中国的国土上，难道中国人都不能按照中国的时间生活吗？他开设的诊室里的挂钟，就硬是不拨，结果被日本军官发现，一进诊所，便把挂钟摔碎了。他们一走，赵炳南就又重新买了一个，照样按照中国时间拨好，挂在墙上。后来又被摔掉一次，他再次买了个新挂钟。

当时，眼看国土沦丧，国难当头，作为一个中国人，赵炳南的心情非常郁闷。他盼呀盼，盼望抗战胜利。认为胜利后，日子可能好过些。谁知道，在国民党统治下，生活更是艰难。地痞流氓到诊所闹事，敲诈勒索，无所不为，再加上物价飞涨，生活毫无保障……在这种日子里，他心灰意冷，虽未满五十，却深感垂暮之年已到，于是，就挂起拐杖来了。

三、春风化雨　撒满心田

1949 年 10 月 1 日，中华人民共和国成立。党和政府制定了一系列中医方针、政策，中医药事业获得了新生，宝贵的中医药学遗产得到了很好的继承和发扬。北京一解放，人民政府就发给赵炳南中医师证书，他的工作也受到国家和人民的重视。1951 年，北京各界人民响应抗美援朝总会号召，纷纷订出拥军优属公约或计划。赵炳南主动提出愿意免费给患病的军烈属诊疗,受到政府登报表扬。在北京中医医院成立之前,他先后被聘请为北京市中医第二门诊部、中央皮肤性病研究所、和平医院(整形医院)和北京医院的中医顾问,定期会诊,帮助筹建中医皮外科诊室。在皮研所,赵炳南和西医同道商定了共同抗湿疹、牛皮癣、神经性皮炎等三个病种的研究。西医同道提出:牛皮癣并无真菌,称为"癣",不大合适。赵炳南认为,中医有牛皮癣之名,是指皮损坚如牛领之皮而言,并无临床上大量脱屑之实,治法亦不相同。经中西医认真研讨,始知中医所谓牛皮癣,实际上指西医的神经性皮炎;西医所指的牛皮癣,也不是中医所称的六癣之列。后来,中西医之间取得一致意见,认为该病表现为红斑基础上覆盖多层银白色鳞屑的特点,命名"银屑病"较为贴切。这件事虽小,却使赵炳南回想起一件往事。那是中华人民共和国成立前,一位病人的家属请他去医院诊病,当时,这所医院规定不准中医进病房看病,他只好与病人家属一起,作为探视病人的亲友进去,趁大夫、护士不在时,偷偷为病人诊脉,回来后再开方,病人也得偷偷敷药、吃药。对比之下,赵炳南不胜感慨,深切地体会到,只有中华人民共和国成立后,中西医才能真正摒除门户之见,取长补短,坐在一起,自由地交流学术思想。1955年,赵炳南经卫生部傅连暲同志介绍,给朱德委员长看病,见到了敬爱的周总理。周总理态度和蔼,平易近人,亲切地和他握手,嘱咐他,给首长看病要:安全有效,中西医结合,积极谨慎,与病人商量。周总理温暖的手,像一股暖流,使他感到激动、鼓舞;周总理的亲切指示,给了他勇往直前的力量。赵炳南觉得自己心明眼亮,力量倍增,从此以后,拐杖也就自然而然地扔到一边去了。1956年,北京第一所中医医院建立,在党的中医政策感召下,他离开了苦心经营多年的医馆,投身到伟大祖国社会主义建设的行列中。当时,他把自己开业时的部分药材、器械和备够五间房子的柁、木、檩、架全部捐献出来,略表自己挚诚之心。为此,政府还授予他三百元奖金。

建院初期,中医医院名医济济,荟萃一堂。大家热情高,劲头足,确实做出一定成绩,但也显露出一些问题。比如,有的大夫自卑感重,觉得处处不如西医;有的门户之见,对合作共事没有信心;有的身在医院心在家。面对这种情况,赵炳南在院领导和同志们的帮助下,能主动和大家一起开展批评和自我批评,处处以身作则,注意消除中西医之间、中医之间长期以来存在的门户之见,主动把自己多年来行之有效的经验和盘托出,帮助建立健全皮外科室,做到了技术见面,团结合作,爱院如家。从第一天参加医院集体工作起,赵炳南就在家门口贴出告示,声明自己参加集体工作,今后在家概不应诊。数十年来,即使是自己的至亲好友、侄男外女,也让他们到医院看病,这是院内外有目共睹的事实。

参加医院工作后,通过下基层及农村巡回医疗,使他有机会接受更多的教育和帮助,为更多的劳动人民解除病痛。他觉得自己的心胸开阔了,视野宽广了,精力充沛了。这时,尽管赵炳南的工作空前繁忙,但他越干,劲头越足,越活越有奔头。他的"岂能尽遂人愿,但求无愧我心"的信念,从此增加了新的内容。这就是:要无愧于伟大的时代,无愧于祖国和人民,无愧于中医药事业。

四、勤求古训 博采众方

赵炳南通晓中医经典著作,精湛中医外科医籍,擅治外科痈疽恶疮、皮肤疮疡、痰核瘰疬、术后瘘管以及全身感染等急慢性病症。对于中医皮外科理论及内用外用药的研究有很深的造诣,并多有创新。他的成功是和他勤求古训,博采众方择其善者而从之的学术思想分不开的。

赵炳南常说:"勤能补拙"。勤奋是他的一大特点。

从早年行医起,赵炳南就精力过人。他上午门诊,下午制作膏药,晚上睡在医馆,一生无特殊嗜好,也无过多应酬交际。中华人民共和国成立后,赵炳南先后担负着二十余项社会工作,但他把主要的精力放在临床,终年奔波劳碌,扑在门诊第一线,为患者解除病痛。即使晚年,体弱多病,也坚持会诊,从不脱离临床。

长期的实践,使他见症多,认症准,积累了正反两方面的经验。因而对疑难大症能做到胸中有数,辨析识病严谨,立法遣药切中。他认为,书不可不读,对于中医的一些精典医籍,有的不但要读,甚至还要会背,但并不意味着读死书,死读书,读书死,"熟读王叔和,不如临症多",这是激励他深入临床的古训。

勤,还表现在他勤于思考。

赵炳南从不满足已有的经验,敢于否定自己,开拓新的思路。如早年学徒期间,他观察说书人休息时,嚼黑豆而不觉口渴,朗若洪钟而毫无倦意。从中悟出:黑豆色黑,入肾经,有强筋壮骨,滋阴益肾之功效。又如,他听老人讲,挖井见水,边淘水,边砌砖的道理,联想到治疗瘘管,窦道要内服托里生肌,外用化腐提毒的药物。像这种勤于思考,推陈出新的例子,在赵炳南一生的行医生涯中是屡见不鲜的。

对于传统的疗法,赵炳南有很厚的根基,就他的学术成果而言,某些虽源于古训,但超过古人。他常说:"十精不如一熟"。熟能出专,熟能生巧,这正是他学习的方法。他能从熟悉的传统疗法中,取其精华,融合自己的经验,形成别具风格的变法。如他认为,白塞病相当于古代文献记载的"狐惑",但不能按

109

《金匮要略》中清热、化湿解毒的甘草泻心汤主治，而应该根据每个人的体质不同，症状不同，抓住本病肝肾阴虚，湿热蕴毒的本质辨证施治。

赵炳南的善于学习，还表现在认能为师方面。他不仅向老师学，向书本学，还向病人学，向民间学。在他的经验中，有很多是向别人学来的。如熏药疗法是在他早年行医时，看见一位老太太用草纸燃烟熏治顽癣（神经性皮炎）引起注意，以后查阅古代文献，也有类似记载。于是加以改进，配成回阳熏药、三方熏药、子油熏药等多种配方，治疗皮外科疾患，取得很好疗效。又如，一位头面部白驳风（白癜风）的患者，同时伴有头皮瘙痒，脱屑，头油多。赵炳南让他用透骨草煎水洗疗。数天后，白驳风如旧，但用来洗头，却收到意想不到的去油止痒效果。他从病人主诉中受到启发，以后拟定了透骨草洗方，专以治疗发蛀脱发病（脂溢性脱发）。

学习时，赵炳南注意记住传授者的姓名，在介绍经验或著书立说时，特意说明某个方子是学来的。学他人之长，但绝不据为己有。中华人民共和国成立后，赵炳南在和西医同道以及助手的工作实践中认识到：中医也要进步，西医也有很多长处，他虚心学习西医有关病因病理及化验检验方面的知识，并能熟练地说出常见皮外科病种的西医诊断。对于一些古代文献并无记载的病种，如红斑狼疮等少见病、危重病，也敢于摸索，探讨中医辨证施治的新路子。

赵炳南的记忆力好，但他从不满足于此。善于保存资料是他的一大长处。有些资料虽说是只言片语，也舍不得丢掉。他常说"千年的字会说话"。

在给中国医史、文献研究所成立的贺词中，他语重心长地亲笔写下了"学习贵在专，师古更创新。取长补己短，持恒至耄耋。宁要会不用，不要用不会。"的题词，这或许是他治学的座右铭。

五、桑榆虽晚 红霞满天

记得华罗庚教授有句名言；"人老易松，树老易空，科学之道，戒松戒空"。赵老大夫虽年迈体弱，但对自己的学术创新和治学态度丝毫没有一点放松。他知道，自己的年岁大了，身体的各部位器件也不那么灵活了，就身体的健康而言，六十岁的人，一年不如一年；七十岁的人，一月不如一月；八十岁的人，一天不如一天。对这种新陈代谢的必然，他内心感到十分平静。但所感欣慰的是：他觉得自己的记忆力还不错，腿脚还算灵便，愿意在有限的时间，扎扎实实地做点经验整理工作，为祖国的四个现代化贡献出自己的晚年。

他常想，自己是个普通的回族老中医，来自底层人民，所知道的一点医学知识和临床经验来源于人民，理应毫无保留地献给人民。总结经验，绝不是为个人著书立说,而是为发展中医药事业添砖加瓦。旧社会那种"教会徒弟,饿死师父"的时候,已经一去不复返了。

于是,他把保留多年的所有资料和手稿全部拿出来,把点滴的心得体会全都说出来。对院内外进修、学习的同仁更是热心传授,毫无保留。

自 1974 年以来,在院领导和大家的支持帮助下,赵炳南开始整理有关资料,着手编写临床经验集。在总结经验过程中,他和同志们一起,从一个个病种入手。凡是跟他学过的医生,都把自己保存的有效病例,以及他讲解过的心得体会的笔记集中起来,然后由他再逐一分析当时的主导思想,把同类的经验归纳起来,找出他们的共性和每个病例的特殊性。

对于每味药,每个处方和每一段论述,他都认真研究修改,并且本着实事求是的态度,既总结成功的经验,也总结失败的教训,使后学者少走弯路。1975 年,大家帮助他把过去几十年的临床经验加以总结,出版了一本《赵炳南临床经验集》。全书约有 30 万字,共收病种 51 个,病例 137 例,介绍了三种独特疗法及多年来行之有效的经验方。该书曾获 1978 年全国科学大会奖。

俗话讲"外科不治癣,治癣便丢脸"。这句话固然反映了皮肤病难达速愈,但也从另一方面说明对于皮肤病治疗办法不多。他想,皮肤疮疡虽形于外,而实发于内。没有内乱,不得外患,皮肤病损的变化与阴阳之平衡、气血之调和、脏腑经络之通畅息息相关。因此,自 1973 年以来,他和同志们一起,从疾病的整体观念出发,从治疗难度较大的皮外科疾患入手,开展了对红斑狼疮、白塞氏病、慢性瘘管和溃疡的研究工作,初步取得进展。

晚年,赵炳南身体欠安,领导上给他创造良好条件,安排助手帮他总结学术经验。他抓紧有限的时间,仅 1979 年—1981 年三年就整理了行医生涯、学术思想、治疗经验、饮食疗法等文字资料 17 篇,计 7 万字,其中向有关杂志发稿刊出 7 篇。写出湿疹等 10 个皮科常见病种的电子计算机中医诊疗程序文字资料约 3 万字。录音整理临床经验累积约 20 小时。与此同时,还完成了审阅稿件、院内外会诊等项工作及参加一些社会活动。

赵炳南爱说两句话:"知识不停留,经验不带走"。在解释这两句话的含义时,他说:"虽然我已经 84 岁,行医六十多年,还要活到老,学到老,干到老,还要钻研,还要攀登,还要挖掘,还要创新,绝不能在现有的经验上停留。经验不带走,就是说,把我的点滴经验和体会毫不保留地献给党和人民,传给下一代,绝不带进坟墓。"赵炳南以他的实际行动实现了他自己的诺言。

1982 年 7 月,北京市卫生局在人民大会堂举行了祝贺赵炳南从医 65 周年座谈会。邓颖超送了贺信和花篮。

在赵炳南涉身医林，回顾往事的时候，他意味深长地说："我是个普通的回族老中医，经历过清王朝、北洋军阀、国民党统治时期。可以说，我的一生，人间的喜、怒、忧、思、悲、恐、惊七情备历；人生道路上的酸、甜、苦、辣、咸五味俱尝。但我新的生命却是从解放后开始的。我不能忘本，没有党，没有社会主义新中国，就没有我赵炳南的今天。"

1984 年 7 月 6 日晚 20 时，这位毕生为发展祖国中医药事业做出无私奉献和卓越贡献的一代名医赵炳南永远合上了他的双眼。（2008 年）

作者简介：

陈凯，男，首都医科大学附属北京中医医院皮肤科主任医师，曾亲身跟随赵老学习多年。

学习赵炳南先生，传承皮肤病中医外治

邓丙戌

一、重视外治，皮科特色

在多年跟随赵炳南先生学习的过程中，他经常嘱咐我们一定要重视皮肤病中医外治，现将其主要观点总结如下。

（一）外治是皮肤科最重要的特色

赵炳南先生强调"外治是皮肤科最重要的特色"。他认为"皮肤病发生于体表，外治可以直接作用于患处，因此及时和准确地应用外治比单纯应用内治更有利于提高疗效与缩短疗程，也有利于减少药物的毒副作用。"

（二）外治是中医皮肤科医师最重要的基本功

赵炳南先生强调"外治是中医皮肤科医师最重要的基本功"。他认为"不熟练掌握皮肤科的中医外治技术，就不能称为真正的中医皮肤科医生。"

（三）继承中医外治是中医皮肤科责无旁贷的任务

赵炳南先生认为"内治是各科都需要研究的，很多科主要是依靠内治，而外治在我们皮肤科占有特别突出的位置，中医皮肤科的前辈也留下了极其丰富的外治皮肤病的经验记载。整理、继承和发扬这些经验，必须要有皮肤科的专业知识，其他人不可能替代中医皮肤科完成这项任务。如果我们不努力研究外治，一些中医外治皮肤病的宝贵经验就可能失传。"因此，我们必须在整理、继承和发扬皮肤病中医外治经验方面做出特殊的努力。

二、研究外治，师古创新

赵炳南先生对于皮肤病中医外治的传承倾注了毕生的精力。"师古创新"是他研究外治的指导思想。

（一）坚持师古

赵炳南先生通晓中医经典著作，尤其注意学习中医皮外科名著。每当说起这些古籍中关于皮肤病中医外治的记载，他总是"如数家珍""滔滔不绝"。先生特别推崇清代吴谦等编著的《医宗金鉴·外科心法要诀》和清代王洪绪所著《外科证治全生集》。虽已年逾八旬，仍然不断研读，并且指导学生们学习。例如在《赵炳南临床经验集》中收录的常用外治方中，就有多首来源于《医宗金鉴·外科心法要诀》，如：三妙散、白降丹、红升丹（京红粉）、柏叶散、颠倒散、羊蹄根散、密陀僧散、狼毒膏、水晶膏（灰米膏）、百部酒、蛇床子汤（蛇床子洗方）、芫花洗方等。

（二）注意创新

1. 外治理论创新　赵老对中医皮外科的外治理论提出了一些创新的见解。如关于外治对皮肤病变化的影响，应用了"聚散说"；对于化腐生肌的研究，提出了"淘砌说"；对于烟熏剂的治疗作用，提出了"烟走线路说"等。

2. 外治疗法创新　赵炳南先生的三种独特疗法（熏药疗法、拔膏疗法、黑布药膏疗法）都是"师古创新"的成果，在此仅以"拔膏疗法"为例加以说明。"拔膏疗法"是在继承传统"膏药"的基础上，根据皮肤病的临床实际需要，不断摸索，不断改进，逐渐形成的。

"拔膏"与"传统膏药"比较，主要有以下几点创新：

（1）形态方面："传统膏药"均摊涂于裱褙材料上，裱褙材料为一定大小的皮革（皮褙）、布（布褙）或纸（纸褙）等，摊涂的形状为圆形（圆膏药）和方形（方膏药）。总之，"传统膏药"受到裱褙材料和摊涂形状的限制，其成品的大小、形状、厚度以及含药量等都已固定。其贴敷于跌打损伤、风湿痹痛和一般痈疖等尚可，但是如果贴敷于大小、形状、厚度千变万化的皮肤病的皮损表面就有诸多不便。而赵老独创的拔膏的成品形态是圆棍状（黑色拔膏棍、脱色拔膏棍）或盒装（稀释拔膏），完全去除了裱褙材料和摊涂形状的限制。在临证时，这种拔膏经适当加热，可根据皮损的大小、形状、厚度等临时摊涂，很切合皮肤科临床需要，使用十分方便。

（2）颜色方面："传统膏药"分为黑膏药和白膏药。前者由饮片、植物油与樟丹炼制而成，呈黑色；后者由饮片、植物油与官粉炼制而成，呈白色。而赵老研制的脱色拔膏棍和稀释拔膏既使用了樟丹，也使用了官粉，其成品的颜色与中国人皮肤的颜色颇为接近，外贴时较为美观。

（3）物态方面：剂型按物态分为固体、半固体、液体和气体等。"传统膏药"均为固体剂型，而赵老研制的拔膏中的"稀释拔膏"因为加大了药油的比例，使成品为半固体,类似软膏,摊涂时更加方便。

（4）用法方面:"传统膏药"用法单一,即将膏药微加热后,贴敷于患处,但这不能满足复杂皮肤病的需要。而赵老研制的拔膏有多种用法,可以满足不同皮肤病的需要。举例说明:①热滴法:用胶布保护正常皮肤,将药棍一端热熔后滴于患处。本法适用于角化很明显且面积小的皮损。②蘸烙法:将药棍一端热熔后对准皮损面,快速烙贴患处。本法适用于孤立、散在的肥厚浸润皮损。③摊贴法:将膏药熔后摊于厚布上,热贴患处。本法适用于较大面积的皮损。

（5）用途方面:"传统膏药"只能作为一种直接贴敷的外用中成药使用,而赵老研制的拔膏除了直接贴敷之外,还能作为一种外用基质使用。拔膏是良好的硬膏基质,将其适当热熔后,可以掺入多种药物混匀,而发挥多种作用。赵老曾多次直接指导我们在拔膏中掺入一定比例的白降丹或红升丹(京红粉),以加强拔膏的化腐作用;在拔膏中掺入一定比例的硇砂面,以加强拔膏的软坚作用。

（三）识病辨证,临方配制

赵炳南先生非常重视皮肤病的中医诊断,他也只用中医诊断。为此,赵老不断查阅中医皮外科古籍,有一些皮肤病的中医病名就是赵老根据这些古籍中的记载,提倡使用并且逐步得到推广的。

赵炳南先生非常重视皮肤病的中医辨证,特别可贵的是赵老始终坚持临证外用药的中医辨证和临方配制,做到了外用药的个体化治疗。正是在几十年坚持临证外用药的中医辨证和临方配制的过程中,逐步形成了赵老独具特色的系列外用方药。如散剂系列:祛湿药粉(祛湿散)、紫色消肿粉等;软膏剂系列:黄连软膏、普榆膏等;药膏剂系列:黑布药膏等;药油剂系列:甘草油、化坚油等;酒浸剂系列:羊蹄根酒等;醋浸剂系列:斑蝥醋浸剂等;水浸剂系列:楮桃叶水剂、干葛洗方等;药捻系列:红血药捻、回阳生肌药捻等;熏药系列:癣症熏药方、子油熏药方、回阳熏药等;拔膏系列:黑色拔膏棍、脱色拔膏棍、稀释拔膏等。

三、外治宝库,全面掌握

（一）配制剂型,无价之宝

由于皮肤病的病种多而且皮疹的变化多,所以与之相适应的外治剂型也较多(数十种),其中有很多是传统的中医外治剂型。赵炳南先生认为这些都是我们中医皮肤科所特有的"无价之宝"。

赵老自幼小学徒开始,很快就掌握了配制外用药的基本功,几十年的临方配制实践逐渐使他对这些传统剂型的配制技术达到了炉火纯青的程度。直到晚年他仍然喜欢亲自配药,记得在他去世的前一年,还口述了一份调配中医外治剂型所需的主要传统器械的申请单。

赵老对古籍中记载的传统外治方药十分感兴趣。在晚年他还亲自提议完全按照古方古法配制了一种"搓药",并且指导我们建立观察病历,记录疗效和可能出现的不良反应(包括尿中汞含量的检测等)。

赵老也非常希望后人能够重视配制传统中医外治剂型。例如他亲自指导我们怎样把珍珠、麝香、凤凰衣等制成药粉并且加入其他散剂中,如何搓药捻,如何配制拔膏,如何配制醋膏等。配制外用药是一个必须多次试验的过程,赵老总是那样"兴趣盎然"。他告诉我们如何测试炼制拔膏时下丹的温度,如何测试拔膏热熔后的温度。记得配制醋膏的过程中,我搅动着热的醋膏就认为黏稠度达到要求了,先生笑着说:"醋膏的黏稠度是否达到要求,必须等到温度降下来才能定,我们明天再看吧。"结果第二天一看,"醋膏"完全变硬,连搅拌用的玻璃棒都拿不出来了。

(二) 鲜药外治,取材广泛

应用鲜药外治皮肤病可以提高临床疗效、方便患者、节省医疗经费、充分利用资源,是皮肤病中医外治的特色之一。赵老非常重视应用鲜药外治皮肤病,他对鲜药的取材深有研究。例如:

1. 在他的诊桌上总是摆放着数种鲜药(其种类随着季节而有所不同),包括鲜芦荟、鲜楮桃叶、鲜马齿苋、鲜龙葵、鲜地黄、鲜红蓼、鲜野菊花、鲜凤仙花、鲜姜、鲜豆芽菜、鲜大白菜、鲜凤凰衣等。

2. 拔膏的药物组成中选用的鲜药:鲜羊蹄根梗叶(土大黄)、鲜凤仙花。

3. 药食同源,选取适当的新鲜植物或新鲜动物食品用于外治。这类鲜药包括鲜黄瓜、鲜茄子、鲜萝卜、鲜莴笋、鲜大白菜、鲜姜、鲜椰子、鲜百合、鲜葱、鲜豆芽菜、鲜鸡蛋、鲜海螵蛸等。

4. 就地取材,在室内或庭院内种植及采集。这类鲜药包括鲜菊花、鲜芦荟、鲜凤仙花、鲜楮桃叶、鲜荷叶等。

5. 安排药工和学生等外出采药,包括鲜马齿苋、鲜龙葵、鲜地黄、鲜红蓼、鲜野菊花等。

(三) 针灸疗法,治疗顽疾

赵炳南先生认为针灸疗法是皮肤病中医外治的重要内容。他本人经常使用的是三棱针和梅花针,举例如下。

1. 三棱针 ①治疗臁疮:先将疮面周围常规消毒,用镊子夹除疮口边缘的锁口皮。取三棱针沿疮周瘀斑处快速垂直点刺,针距 1 ~ 3 分,以拔针见血如珠为度。每周引血两次,连用数周,待疮周暗紫色瘀斑转至红色为止。这就是赵炳南先生的"引血疗法",其作用是"祛除瘀血,引来新血"。②治疗顽癣:先用三棱针密集浅刺肥厚角化的皮损,然后再外敷合适的药膏。此时用三棱针的作用是"软坚散结,促药渗入"。

2. 梅花针　治疗鹅掌风:用梅花针局部针刺,以不见血为度,然后再外敷合适的药膏。

(四) 其他方法

在此简介赵炳南先生的"藤刷止痒法":将细藤条的一端加工成毛刷状备用。使用时,用藤条的毛刷状一端轻轻垂直地在皮肤瘙痒处上下戳动,以减轻瘙痒。此方法的巧妙之处是藤刷在垂直的方向呈点状接触皮肤,因而避免了通常在水平方向搔抓所产生的线条状抓痕。

四、开展外治,乐在其中

(一) 患者欢迎,融洽无间

赵炳南先生应用中医外治,深受患者欢迎。主要原因是:①识病辨证,临方配制,实行个体化治疗。一是疗效好,二是患者觉得医生对其高度负责,对其特别重视。②赵老应用中医外治,做到不用或少用内服药,患者知道这样可以减少药物的毒副作用。③赵老应用中医外治,特别是使用日常生活中的鲜药,常常是"变废为宝",使患者少花钱,甚至不花钱也能够治疗皮肤病。

(二) 药学朋友,欢乐切磋

赵炳南先生研究中医外治的最亲密的合作伙伴就是药学专业的朋友们,包括中药房、西药房和中医研究所里研究中药的人员等。只要有机会,赵老总会让我们亲自去请(一般不打电话)。他与这些药学专家们在一起,"兴致勃勃"地探讨中药的命名、药性、鉴别……,其中最主要的是切磋中药外治方面的内容,例如中药外治的作用,特别是传统中药外治剂型的调配技术及其应用,也关心现代外治剂型的进展。大家有说有笑,其乐融融。

赵老有时会把自己对古籍中传统外治剂型的体会讲给大家,有时会把自己对临方配制的某些设想告诉大家,然后共同进行试制,完成某一部分试制工作后,他会在一定范围内组织进一步讨论,直到达到预期目的。

五、传承外治,任重道远

本人有幸受到赵炳南先生的亲自指导十余年,学习了先生精湛的中医外治医术,先生对皮肤病中医外治的重视和热爱,使我对皮肤病中医外治产生了特别浓厚的兴趣。这是"跟师和入门的十年"。

1984年赵老去世后,我把继续研究皮肤病中医外治确定为自己的任务,业余时间调配外用中药成了我的主要爱好。一些传统的外治名方和剂型都努力尝试调配,众多的单味中药用不同的基质提炼,以观察其中的变化等。在临床工作中也特别注意观察中医外治的疗效。这是"实践和探索的十年"。

1994年整理了已有的全部资料,当时自认为"内容比较丰富",为了"进一步补充资料",开始系统翻阅中医古籍。从清代《医宗金鉴·外科心法要诀》入手,读到明代《外科正宗》、元代《外科精义》、宋代《外科精要》、晋代《刘涓子鬼遗方》……,一直读到春秋战国时期的《五十二病方》,还有《本草纲目》《普济方》等。

结果使我受到了"极大震撼",同时也得到了一些启发:

1. 几项我费力探索而制定的"得意配方",古籍中早有类似记载。

2. 古籍中记载的外治方法是那样多,远远超出了我的预期和想象,而且有些我不知道的外治妙法,让人"拍案叫绝"。

3. 传统中医是把"中医诊断"放在第一位的。古籍中记载的大量外治经验,基本上都是以明确的"中医诊断"为前提的。如果不熟悉这些传统的"中医诊断",古籍中记载的宝贵经验就无法正确使用。作为中医特色的"辨证论治"是在明确了的"中医诊断"之后,对疾病认识的进一步细化。

4. 传统中医是"特别重视继承"的,这是其历尽沧桑而能够世代相传的根本保证。我翻阅的中医古籍的作者们都有以下共同点:①认真研读并且熟练掌握了《内经》等中医经典著作,能够随时指导其临床思路。②认真学习了前辈的相关专著,并且大量记录了其在临床中对具体方药的使用情况。

如何才能够做到"真正继承中医"呢? 以赵炳南先生为代表的老中医们给我们作出了榜样,那就是:①对中医的理论与实践,要"真信、真学、真用"。②对阅读中医的经典著作和各科名著,要"手不释卷"。

5. 传统中医是"不断发展"的。例如:①临床上从不分科到分科。②皮外科开始以治疗痈疽为主,以后逐渐认识到了越来越多的皮肤病。③辨证方法的不断创新。④内治、外治方药的不断创新。

6. 传统中医是"包容"的。以皮肤病中医外治的方剂为例:无论过去的与当时的、本地的与异域的、经方的与时方的、名医的与民间的、简单的与复杂的、干品的与鲜品的……,各种方法在传统中医古籍中"汇聚一堂",真是百花齐放、丰富多彩。

直到此时,我才深刻理解到赵炳南先生提倡"师古"的重要性。于是又从《五十二病方》开始,对上述中医古籍再次研读。在这期间,逐渐产生了编写一本专著以总结和宣传皮肤病中医外治的想法。说干就干,前后历时十年终于完成了《皮肤病中医外治学》。同时,按照赵老关于"创新"的指导思想,在此期间还获得了与中医外治有关的实用新型专利三项。这是"师古和总结的十年"。

自 2004 年至今,又一个十年过去了,这是"宣传和准备的十年"。在此期间,由于全国中医皮肤科众多同道的共同努力,若干次中医皮肤科学术会议都以宣传和探讨皮肤病中医外治为主题,越来越多的中医外治方法应用于临床并且取得了较好疗效。赵炳南先生"一定要重视皮肤病中医外治"的嘱咐已经深入人心。为了在现代条件下实现"临方配制",北京中医医院率先在全国建立了"中医外治临方调配室"。上述的工作都为全面、系统地继承和发展皮肤病中医外治做了较为充分的准备。

2014 年开始,为了全面、系统地继承和发展皮肤病中医外治,本人建议重点进行以下工作:

1. 动员和组织尽量多的中医皮肤科医师,全面、系统、踏实地整理和学习中医古籍原著。这是异常重要的基础工作! 我们所选的中医古籍既包括作为"中医之源"的经典著作,也包括在"中医发展进程"中不断涌现的中医皮外科名著和中医主要学术流派的名著。因为只有认真研读这些古籍原著,才可能知道什么是"真正的中医",什么是"真正的中医皮肤科",什么是"真正的中医思维"。

为了能够真正学习好中医古籍,恳请各位同道①向以赵炳南先生为代表的老中医们学习,对中医的理论与实践,要"真信、真学、真用"。②彻底放下"现代人"的架子,彻底放下"学位、职称、职务、导师等"架子,在"博大精深"的中华文化面前、在中国医药学这个"伟大的宝库"面前,作个"背着书包上学堂"的"小学生"。③合理按排作息,再忙也要给读"中医古籍原著"留点时间。

2. 当务之急是总结皮肤病的"中医诊断"。因为只有这样,才可能正确使用古籍中记载的大量皮肤病的外治经验。我们所选的中医古籍中已经有了大量关于皮肤病记载。其中每部著作各论述了多少种皮肤病? 全部著作共论述了多少种皮肤病? 包括多少种皮疹? 其诊断要素有哪些? 以上都是我们应该整理清楚的。

3. 在明确中医诊断的基础上,选择适当病种,系统梳理古籍中记载的经验(包括源流、传承、外治理论、外治辨证、外治方法、外治药物、外治剂型等),

其中应该以突出辨证论治这一中医特色为重点。

4. 在全面整理经验的基础上,首先遵照古方古法"原汁原味"的在"中医外治临方调配室"配制外用中药,然后应用于临床,观察疗效并且进行总结。

5. 在大量临床观察和总结的基础上,充分发扬"包容"这一中医强大的思维方式,结合现代的实际情况与现代技术,力争在某些方面作出创新。

6. 通过"古今会诊"的方式,联合中医、西医、中西医结合同道,共同探讨"中医诊断"与"西医诊断"的关联情况。目的是①更广泛地推广古籍中记载的大量治疗皮肤病的经验。②探讨哪些皮肤病是我们中国人最早发现并且记载的。

希望未来的十年能够成为"学习的十年""应用的十年"和"创新的十年"。

让我们戒骄戒躁,遵照赵炳南先生"师古创新"的指导思想,在传承皮肤病中医外治方面不断做出新的贡献。(2014年)

作者简介:

邓丙戌,男,首都医科大学附属北京中医医院皮肤科主任医师。曾亲身跟随赵老学习多年。

德艺双馨为传承,传承学子感师恩

温振英

前言

我不是赵炳南的徒弟和学生,也未长期跟随赵老抄过方。但作为一个儿科医生,早在上个世纪 60~70 年代,能治小儿皮外科疾病,改革开放后,在社区、在国外,能诊治成人的皮外科疾病,是赵老亲自口授,和《赵炳南临床经验集》笔传之功。如此我能为避"拉大旗"之嫌,而不感老师"插柳"之恩吗? 也借此机会感谢当年所有传授教育过我的老前辈,并向中青年学术继承人介绍:"如何发扬提高老师学术思想"的点滴经验。

一、师从经过

50 年前我为贯彻"全面继承、整理提高中医"的中医政策而参加"北京市第一届西医离职学习中医班",结业后,被分派来北京中医研究所和医院从事中医研究工作。当时由于北京中医医院儿科没有病房,门诊量小、老中医少,我们有机会向科外的老中医学习。虽然我是儿科医生,出于全面继承的目的,我也向针灸、骨按科和皮外科的老中医学习。在内、妇、针、骨科学习,都是事先得到老中医同意,以坐下旁观旁听并作笔记的方法学习。鉴于当时赵老的地位和权威,可能不愿接纳一个西学中的儿科医生。所以就趁赵老查房或门诊时站在赵老身后旁听旁观,只能心记而不能笔记。时间长了,还要注意影响,连这样的机会也不能多得了,就改变策略。听人家说赵老特和善,只要是本院职工和家属,谁找他看病他都不拒绝。于是我自己患神经性皮炎,我孩子患湿疹、头疖、痱毒等都请赵老看,赵老每次都百问不厌地回答我的疑问。现在回想起来,真要说一声:"老师! 我对不起您,那是在借题向您学艺哩。"其实那时

121

赵老对病人、对院内职工,不分高低、贫富,均一视同仁。所以在"文革"时期,连"造反派"都未批斗过赵老。虽然大势所趋,赵老也被"勒令"下到科室打扫卫生。但职工和家属照常请赵老看病,赵老也如往日一样地为大家诊治疾病。在为我们"讲用"时还常常说,"我们能有今天,中医有今天,要感谢新中国,感谢共产党"。所以赵老不仅医术上是我们学习的榜样,其医德医风更是我们学习的模范。

二、应用赵老诊疗经验的过程和体会

1. 在 20 世纪 60~70 年代,我治疗小儿疖肿、丹毒、痱毒时,均按赵老思路以清热解毒为主,根据发病的季节、病变的部位和病程、病期,加用凉血化瘀、祛暑利湿、活血利湿和活血消肿药味。清热解毒药味以蒲公英、地丁、败酱草应用的最多。凉血药用丹皮,活血药用赤芍、鸡血藤。外用药全部照搬赵老的外用膏、散制剂,如黄连软膏、化毒散软膏在儿科应用较多,尤其甘草油是儿科尿布皮炎和接触性皮炎应用最多的制剂,直至本院药房缺货时,还会教给家长自制甘草油。

2. 改革开放后,组织中医专家组去社区医疗,遇见因静脉曲张并发小腿慢性溃疡和血栓闭塞性脉管炎的成人病例时,则完全应用赵老的方药,养阴解毒、活血通络或化毒内托或养血益气、生肌固表。这种病赵老的经验方清热解毒的药味很少,代之以扶正固本的药味最多,如黄芪,方方不可少,玄参、丹皮、花粉出现的次数也很多。虽然我是儿科医生,但应用赵老的方药治疗取得良好效果。这一亲身实践的体会,对我当时正在以扶正祛邪法治疗病毒性肺炎的配方选药颇有影响,不无借鉴的渊源。这就是为什么我最后制定的养阴益气抗毒糖浆总共 8 味药,有 4 味药黄芪、党参、玄参、花粉是赵老在溃疡性、坏死性皮肤病的常用药。

三、继承、整理、提高和创新中医举隅

1. 怎样整理应用赵老的经验 20 世纪 90 年代改革开放后,随着学人外出,也把中医学带出国门,受到了海外人士的关注。因此在我出国探亲走访时,有人听说我是中医,不管什么病都托亲朋好友介绍找我来看病。我因而有机会接诊一些皮外科的疾病。这些病不是我熟悉的疖、疮、丹、毒,而是过敏性皮肤病和粉刺、痤疮,我只得查阅《赵炳南临床经验集》中赵老治疗荨麻疹等过敏性皮肤病的方药。由于我明悉过敏性皮肤病的病因是变态反应,而不是感染炎症和化脓性皮损,所以清热解毒药味全不采纳,而是根据辨证,专取祛风

凉血止痒的药味,出现在赵老方中最多的有防风、白鲜皮、地肤子、刺蒺藜、秦艽这几味药,是我当时治疗过敏性皮肤病在中医辨证论治的基础上配方时必加的药味,也是我现在治疗过敏性皮肤病的用药特点之一。

2. 发展和创新赵老的学术思想

(1) 赵老对过敏性皮肤病,如荨麻疹、湿疹等的病因、病理认识是:虽形于外,而实发于内。湿疹虽多由饮食所伤、外受温热之邪所致,但其发病特点是与风邪兼杂有关,故游行善变、瘙痒明显。对荨麻疹的病因,认为是机体阴阳失调、营卫不和、卫外不固、复感风邪而诱发,所以风邪是主因。这是依据"风为百病之长,善行而数变"的理论。由于他仅凭中医理论和皮损外在的症状辨证施治,虽然他掌握了内外病因之本,却难与疮疡鉴别而完全放弃清热解毒药味。而我现在对过敏性疾病的中医病因诊断是内外风合邪致病,选用既有祛风的药性,又具抗过敏功能的药味。

(2) 赵老举一,我反三——继承与发扬:赵老用黄芪、党参等健脾益气药味治疗慢性溃疡,取其扶正固本、内托排脓、化腐生肌。我用黄芪的化腐生肌理论延伸开拓到用黄芪修复各类炎症造成的组织损伤,如用含黄芪的配方治疗病毒性肺炎、肺纤维化和多发性肺囊肿。

总结以上所述,是我饮水思源、感恩谢师之辞,赵老在天之灵一定欣慰。至于我的小小经验,闻者可择优、去粗存精地听之取之。(2009 年)

作者简介

温振英,女,北京中医医院儿科主任医师,第四批国家级名老中医继承指导老师。

敬仰赵炳南

肖淑琴

今年是赵老诞辰 110 周年,赵老离开我们已经 25 年,可他医术高超、医德高尚的作风永远留在我们心中,是我永远学习的榜样。

我于 1964 年 1 月调到北京中医医院儿科工作,那时赵老是我院所领导(副院长、研究所所长)兼外科主任。我有幸在赵老领导下共事 20 年,虽我与赵老不在一个科室,但也能学到他的学术经验和他崇高的医德。赵老诊治皮、外科疾病,重视整体观念,强调内外结合。外科疾病的发生、传变和预后都与机体内气血、经络、脏腑功能密切联系。赵老以“治外必本诸内”的原则,突出中医辨证施治的特色,用八纲中的阴阳学说、经络学说、脏腑学说等辨病因、辨病机、辨病与辨证相结合,中西医结合,开拓创新。

皮外科疾病范围甚广,与临床各科的关系极为密切,尤其是儿科的一些疾病,如暑天小儿的“痱毒”、药物过敏性皮疹、麻疹、水痘、猩红热等急性发疹性传染病、腮腺炎合并淋巴结炎、过敏性紫癜以及肠痈(阑尾炎)等,这些疾病也都在皮、外科范围,需与皮、外科鉴别诊治。我常运用赵老的经验来辨证施治都能取得显著疗效,以下举两个病例:

例一:

代某,女,15 岁,1979 年 7 月住我院儿科病房。

主诉:反复全身浮肿、头疼、尿血 5 年。

病史:5 年前患儿尿血,当地医院检查,诊为“系统性红斑狼疮继发肾炎肾病”几年来未曾服用西药免疫抑制剂、细胞毒类药、环磷酰胺,长期大剂量服用肾上腺糖皮质激素(强的松 60~80mg/ 日),病情未能控制。尿蛋白 4+,红细胞多数或偶见于视野,血压 130~150/80~90mmHg,血液检查:血清白蛋白低于 30mg/L,血浆胆固醇 500~700mg/dl 肾功检查:肾功能不全,入院初曾合并肾性高血压脑病,抽搐 1 次。这是个难治性疾病,请赵老会诊,赵老详细了解疾病,仔细查看患儿后,认为患儿阴阳失调,毒邪内传,病久肾阴虚,肝阳亢,阴虚阳火妄动所致,治疗应调和阴阳,滋肾阴,降肝火。病房大夫按赵老治法用药,患儿服药一月后,病情渐渐趋于稳定,血压能维持在 110~120/70~80mmHg,未再出现抽搐,激素强的松用量也能减到 50mg/ 日,尿蛋白查 2 + ~3 +,患儿住院 4 个月后好转出院。

例二:

刘某,男,65 岁,2008 年 8 月 27 日诊(此为例一患儿的爷爷)。

主诉:臀部痈疖肿疼 12 天。

病史:十余日前感左臀内侧疼痛,初触及有一小肿块,渐渐增大至拳头大小,局部红肿,痛如针扎,影响走路,不能平坐。8 天前到外院就诊,西医大夫给予切开排脓后,外用红纱条填塞刀口,同时服头孢类抗生素已 7 天,伤口不收,反见刀口边缘红硬起疱疹,故来我处求治。我按赵老治痈之法,外涂化毒散膏,配内服中药汤剂,方药选用:双花、连翘、蒲公英、地丁、黄芩以清热解毒,生苡仁、败酱草、茯苓清利湿热,生黄芪、当归益气补血,托里排脓,化腐生肌,丹皮、赤芍、丹参、浙贝、夏枯草活血化瘀、散结消肿,实为扶正祛邪、标本兼治,内外结合治疗,患者服药 10 付,局部红肿消退,刀口愈合,病愈。

赵老不仅医术高超,而且平易近人,他身居领导职位,可他同全院职工一样,到职工食堂排队就餐,他每见到同事,总是热情地微笑地点头先打招呼,没有一点架子,所以我们都很赞扬赵老。(2009 年)

作者简介:

肖淑琴:北京中医医院儿科主任医师。

我的师父

——赵炳南

高宝玲

    我的师父赵炳南生于1899年,卒于1984年,从小家境贫寒,曾拜京城名老中医丁庆三为师,悬壶于北京西交民巷"赵炳南医馆"。专攻外科、皮肤科。中华人民共和国成立以来先后受聘为北京市第二中医门诊部,中央皮肤病性病研究所,中国人民解放军和平医院和北京医院中医顾问。1956年参加组建北京中医医院,历任副院长兼外科主任。全国中医学会副理事长,北京市中医学会理事长,北京市伊斯兰教协会副主任,历任数届全国人大代表。并肩负着高干的医疗保健工作,常为中央首长及一些外国领导人看病。中华人民共和国成立以后曾为毛主席、周总理、宋庆龄、朱德等党和国家领导看过病。

    自从1974年拜师以后我便跟随赵炳南老师抄方学习。在跟随赵老抄方学习的十年中受益匪浅,不但学到了许多业务知识,更是学会了如何做人。赵老不但医技精湛,且为人正直谦和、平易近人。对待患者无论贫富均一视同仁,尤其对家境比较贫寒的患者更是百般照顾。他常说:我来自于底层人民深知穷苦人看病不容易。旧社会皮外科患者多为穷苦人,一旦得了"腰痈、搭背、砍头疮",就会"腿歇工,牙挂对"。不但失去了养家糊口的能力,还要花一大笔钱治病。所以师父对那些无力就医的患者,秉承"穷汉子吃药,富汉子还钱"的原则,总是让他们免费看病吃药,分文不取。但对那些官宦人家则一个子儿也不能少。他的信念是:"岂能尽随人愿,但求无愧我心"。当得知某患者家中有困难时更是像亲人一样对待他们,有时看到远道而来就诊的患者家境比较贫寒便慷慨解囊从不吝啬,早在医馆时就立下了"施诊"的规矩。有时了解到换药的患者一大早赶来就诊没有吃早饭时便拿出钱来让他们先去买点心,吃饱了再给他们换药以免他们在治疗中晕倒。但对待自己及家人则要求甚严,不但自己节衣缩食做出表率,更不准家人铺张浪费。就连我们这些弟子也是如此。我的老师一生德高望重，治学严谨。中医学源远流长，在浩瀚的医海中老师最为钟爱于《医宗金鉴·外科心法要诀》《外科名隐集》《疡医大全》等名著。勤学苦读，反复揣摩，经常青灯黄卷，以待黎明。

赵老一生廉洁行医、团结尊重同道，毫不保留的传授知识。经常对我们说：过去中医外科被人看不起，外科大夫被叫做"瞧疙瘩的"。现在有了共产党的领导中医地位提高了，受人尊敬了。你们一定要好好学习。平常要多积累一些东西以便充实自己。他常常告诫我们"点点滴滴不可不记，零零碎碎解决问题"。

老师常说皮外科疾病与其他科的疾病一样变化万千。皮肤疮疡"虽形于外，而发于内""没有内乱不得外患"。皮肤病损的变化与阴阳之平衡，卫气营血之调和，脏腑经络之畅通息息相关。赵老认为许多皮肤疮疡的发病系阴阳失调，气血不和所致。因此，赵老强调治病一定要从整体出发，特别是皮肤病除了要认真仔细的观察皮肤的病损，更要把脉问诊，四诊八纲综合诊治，才能得知患者的真正病情，从而进行立法方药。使之阴阳平衡，气血畅通，疾病得以治愈。

在用药上常以调和阴阳、调和气血的药物，均取得满意的疗效。赵老常以天仙藤、首乌藤、钩藤、鸡血藤来调和阴阳，疏通气血。赵老认为天仙藤入肝脾肾经，其味苦主疏泄，性温以通经，因入肝脾肾故可活血通络利水，祛风活血，调达周身；首乌藤入肝脾肾心经，养血安神，祛风通络，又可补中气通血脉，且能引阳入阴；钩藤入肝肾经脉，性味甘凉，可息风定惊，清热平肝；鸡血藤入心脾经，性味苦温微甘，乃行血药中之补品，可祛瘀生新，又能舒筋活血，且调理气血之运行。

综上所述四药联合应用进行加减可通行十二经，通调血脉，以藤达络，起到承上启下，调和阴阳之功。

大家都知道胶原病目前仍是世界上难以治疗的顽疾。而早在70年代赵老在治疗胶原病上就有了自己的独到之处。他认为胶原病系阴阳失调、气血不和、经络阻隔所致。在治疗上则以扶正祛邪、调和阴阳为主。并嘱咐病人除了要按时服药还要避免急、气、累、风、光。在用药上常以秦艽、乌蛇、川连、漏芦、白花蛇舌草为基本方进行加减。均取到了意想不到的疗效。

师父在晚年时常说的一句话"知识不停留，经验不带走"。在耄耋之年还经常教导我们要善于学习，不仅向书本学，向老师学，还要向病人学，向民间学。不可忽视只言片语。现在师父虽然离我们而去，但他的教导仍时时回响在我的耳边。他对中医事业的无限忠诚，对技术的精益求精，对工作的勤勤恳恳,任劳任怨,一丝不苟,诲人不倦的精神永远激励后人。师父的一生是光辉的一生,是为人民服务的一生,他把整个身躯全部贡献给了中医皮外科事业。现在回想起跟师学习的情景心里还总有说不出的激动。但老师已经走了多年,我只能用:今朝回顾甲寅年,我的师父赵炳南;行医开药把病看,留得美誉在人间。以此来怀念我的老师!(2009年)

作者简介:

　　高宝玲:首都医科大学附属北京中医医院徒弟班学员,曾跟随赵老学习。

第三部分

赵炳南学术思想及经验浅谈

燕京赵氏皮科流派的学术特点及特色疗法

曲剑华

赵炳南教授(1899—1984)是我国中医皮外科学界的泰斗,现代中医皮肤科的奠基人和开拓者,燕京中医皮外科四大家之一,誉满全国,为发展中医皮肤科事业做出了巨大贡献。赵炳南教授勤研中医经典著作,在广泛汲取前人经验的基础上,结合自己的临证实践,在诊治皮肤科疾病的理法方药方面有许多创新:创立了中医皮肤科疾病辨证论治体系,创造性地提出了"湿滞"、"顽湿"、"血燥"等学说;研发了拔膏、熏药、黑布药膏等独特疗法;创制出115个疗效显著的经验方。赵炳南学术的传承者众多,许多已成为我国著名的中医、中西医结合皮肤病学大家。

一、重视整体,首辨阴阳

赵炳南教授非常重视疾病的整体观念,常说"皮肤疮疡虽形于外,而实发于内。没有内乱,不得外患"。认为阴阳之平衡,卫气营血之调和,脏腑经络之通畅,与病损变化息息相关。辨证当首辨阴阳,赵炳南教授根据众多病案,提出皮肤病的发病系阴阳不调,气血失和所致,故对一些顽固疑难皮肤病投以调和阴阳、调和气血的药物,常获良效。

比如系统性红斑狼疮这种全身性、系统性疾病,症状比较复杂,病情也比较危重。赵炳南先生治疗该病,注重整体观念,强调机体功能失调的基本状态主要是阴阳、气血失和,而气滞血瘀,经络阻隔是发病之本。在治疗上赵炳南教授常选用《证治准绳》之秦艽丸为基本方化裁,常用的药物如生芪、党参、秦艽、黄连、漏芦、乌梢蛇、鸡血藤、丹参等,也是用以巩固疗效的常用药。赵炳南教授还强调要根据不同阶段的具体情况,辨证施治。临床分型为毒热炽盛、阴血虚亏、毒邪攻心、肾阴亏损、邪热伤肝等,分别予以相应用药方案。其治则是以调理气血、阴阳,活血化瘀,疏通经络为基本法则,并根据其临床特点,针对外邪毒热所侵犯某脏器的病象辨证施治;总的原则是扶正祛邪,调理阴阳,增强其体质,纠正其"偏盛偏衰"的病象。以此影响到人体的免疫系统,增强机体的防御功能,促使体内一些病理过程的逆转,从而达到治疗和修复的目的。

二、夯实理论,勤于临床

赵炳南教授通晓中医经典,对他影响最大的当属清代王洪绪所著《外科证治全生集》和清代吴谦等编著的《医宗金鉴·外科心法要诀》。赵炳南教授能从古代医书中取其精华,融会贯通,颇多见解,更有创新。赵炳南教授在学术上有独到见解,认为中医学理论必须与临床实践相结合。"熟读王叔和,不如临证多"。他认为,书不可不读,对于一些中医经典医籍,不但要读,有的还要能背,但要重视临床,多认症、多实践。赵炳南教授博取众长,勇于创新,在理论研究、临床用药、外治疗法等方面都有独特见解与创新。

三、找准病机,从"湿"入手

在众多的致病因素中,赵炳南教授认为"湿"与许多皮肤病的发生发展有着密切的关系。赵炳南生前常谓:"善治湿者,当可谓善治皮肤病之半。"这句话听起来似乎有些言过其实,但仔细体会,却能悟出不少道理来。比如湿疹,按其性质可分为急性期、亚急性期及慢性期。前两期在临床上均有较明显的湿象。其发病机理不外乎湿热内蕴,或湿重于热,或热重于湿。在治疗上,他惯用除湿胃苓汤,并根据热与湿的轻重不同而加减化裁。即使在湿疹的慢性期,皮肤出现干燥、粗糙、肥厚、角化等一系列燥象而无水疱、渗出、糜烂等情况下,仍用治湿之法。对此,他曾说"湿邪有重浊、黏腻的特点,因此,病理过程迁延日久,湿邪停滞,日久化燥,肌肤失养,是导致慢性肥厚性皮肤病的关键,故仍以治湿为本"。在治湿疹时,多采用健脾祛湿之法,善用薏仁、云苓皮、扁豆、苍术、白术等药物。他认为选用健脾祛湿之品是符合扶正祛邪原则的。当然,他也认为当利则利,因此,车前子、猪苓、防己、泽泻、萆薢等利湿之品亦常使用。

如气候潮湿、涉水淋雨、居处潮湿等属于外湿邪侵袭人体致病;或由于饮食不节,脾失健运,水湿停聚而成内湿。临床常见外湿、内湿相合且挟热、挟寒、挟风为病者。无论从发病病因或皮损表现看,许多皮肤病与"湿"都有着不解之缘,如湿疹、痤疮、酒渣鼻、脂溢性皮炎、银屑病、天疱疮等。赵炳南教授擅于从湿入手诊治皮肤病,创建了治湿系列方药。他把湿辨证为湿热、湿蕴、湿毒、湿滞等不同的类型,每一类型又可细分为不同的证。如辨湿热证,辨证的中心问题是根据中医基本理论,结合病人的临床表现和体征,权衡病人在各个阶段湿与热的比重,若热大于湿,往往采用具有清热除湿凉血功效的"清热除湿汤";若湿大于热,则用具有除湿利水,凉血祛风功效的"除湿丸"。

《外科启玄》认为日光性皮炎系酷日曝晒引起,对该病已有较正确认识,但其论治较为简单,认为内宜服香薷饮加芩连之类,外治用金黄散、制柏散、青黛等药。赵炳南教授在其基础上加以总结,使分型论治系统化,在急性期重用清热解毒利湿,疗效得以提高。赵炳南认为日光性皮炎是由于机体内部脾虚水湿不化,蕴久化热,湿热内生,外受阳光毒热之邪,内外合邪而成湿毒。阳毒之邪对于本病来说是很主要的条件,所以在治法上以清热解毒利湿为主。赵炳南教授着重强调"急则治其标"的道理,指出开始就应当重用清热解毒利湿之剂,以治其标,而后则根据其兼证"缓则治其本"。此外对于外用药,赵炳南认为早期红肿明显,内热过盛期,主要用冷湿敷,以发散局部蓄热;病至后期,因热灼脉络而生瘀斑,皮肤青紫,系瘀血凝滞之象,故除内服凉血活血之剂外,外部冷湿敷改为温湿敷,可加速瘀血之消散。

四、从血论治,攻逐顽疾

赵炳南教授提出"血热是机体和体质的内在因素,是银屑病发病的主要根据。"银屑病的发生是以禀赋(遗传)和素体(体质)为根源,再由于其他多种因素(如季节、地域等)而产生"蕴热"。以此为基础,或因六淫侵肤、七情内伤、饮食不节,或因治疗失当等,致使这种在体内呈蓄积状态的热邪向外发于肌肤并郁积于"血分"形成"血热"。银屑病血热证的中医病机是"内有蕴热,郁于血分"。血分热盛,"络脉盛色变",表现为鲜红限局性浸润性斑片(原发疹);热壅血络则发为鲜红斑片,新出皮疹不断增多;"血热生风化燥"可产生继发疹——多层干燥白色鳞屑;"血热炽盛成毒"可导致发病急骤、斑片绛红等。若病程日久营血津液亏耗则肌肤失养,皮损淡红,原有皮损部分消退而成"血燥证"。若血受煎熬日久,气血瘀结则皮损暗红,浸润明显,经久不退而成"血瘀证"。血热内盛,热扰心神,则心烦易怒;热盛生风则瘙痒难耐;血分热炽,津血同源,热盛而耗液伤津,津不能上承,故口渴咽干,津不能下输大肠及膀胱,故大便秘结、小便短赤。

五、经验提炼,系列方药

赵炳南创制的内服经验方涵盖多个方面。其中形成系列的有:

1. 散风系列方　包括疏风解表、清热止痒的"荆防方";宣肺散风、和血止痒的"麻黄方";息风止痒、除湿解毒的"全虫方"。

2. 凉血系列方　包括清热凉血活血的"凉血活血汤"、"凉血五花汤";凉血活血、解毒化斑的"凉血五根汤"等。

3. 解毒系列方　包括清热解毒的"解毒清热汤";清营解毒、凉血护心的"解毒清营汤";益气养阴、清热解毒的"解毒养阴汤";清营、凉血、解毒的"解毒凉血汤";清热解毒、散瘀消肿的"消痈汤"等。

4. 除湿系列方　包括除湿利水、清热解毒的"除湿解毒汤";健脾除湿利水的"健脾除湿汤";散风消肿、清热除湿的"疏风除湿汤";搜内外风、除湿止痒的"搜风除湿汤";除湿利水、凉血祛风的"除湿丸";健脾祛湿、补肾健发的"祛湿健发汤"等。

5. 活血系列方　包括活血散瘀定痛的"活血散瘀汤";活血逐瘀、软坚内消的"活血逐瘀汤";活血破瘀、通经活络的"逐血破瘀汤";温经通络、活血止痛的"温经通络汤";解毒润肤、活血化瘀的"银乐丸"等。

6. 其他特色方药　如多皮饮、土槐饮、苣胜子方、回阳软坚汤、清眩止痛汤、润肤丸等。

六、三大疗法,独树一帜

1. 熏药疗法　赵炳南教授在早年行医时,看见一位老太太用草纸燃烟熏治顽癣(神经性皮炎),引起了注意,查阅古书中也有类似这方面的记载,于是加以改革,用于临床治疗很多皮外科疾患,取得很好疗效。

(1) 癣症熏药方:除湿祛风、杀虫止痒。

(2) 子油熏药方:软坚润肤、杀虫止痒。

(3) 回阳熏药:回阳生肌、益气养血。

2. 拔膏疗法　是赵炳南教授在 1958 年根据临床实际需要,吸收了前人的经验,在传统黑膏药的基础上(传统的黑膏药形状、大小都已固定,而且均为黑色,贴于形状各异的皮损表面多有不便),不断摸索和改进,逐步形成的一种皮科外治方法。赵炳南教授独创的拔膏经适当加热后,可根据皮损的形状和大小临时摊涂,使用十分方便,而且脱色拔膏呈正常皮肤颜色,尤其适合外用于暴露部位。拔膏疗法可改善局部血液循环,促进炎症吸收,软化角质和瘢痕。

功效:拔毒提脓、通经止痛、破瘀软坚、除湿止痒杀虫。

适应证:寻常疣、胼胝、带状疱疹后遗神经痛、神经性皮炎、毛囊炎、结节性痒疹、鸡眼、甲癣、瘢痕疙瘩、颜面盘状红斑狼疮、白癜风、斑秃、聚合性痤疮及一切肥厚性角化性皮肤疾患。

目前我科开展了黑色拔膏棍治疗疣、慢性皮炎、甲癣的临床研究,年治疗约 1000 人次。

3. 黑布药膏疗法　黑布药膏疗法是赵炳南教授在行医过程中收集的一个民间有效祖传秘方,用于治疗"背痈"等化脓性疾病。无论面积大小,疮面浅深,治愈后瘢痕很小。

功效:破瘀软坚、止痛、解毒、活血、消炎。

适应证:瘢痕疙瘩、疖、痈、毛囊炎初起、乳头状皮炎等。

目前黑布药膏在临床应用于瘢痕疙瘩、疖、痈、毛囊炎初起、乳头状皮炎等,每年应用约 6000 人次。

七、特色外治,多元结合

赵炳南在外用药剂方面研究颇深,独树一帜。赵炳南教授为了更好地提高皮肤病临床疗效,针对不同的皮肤病,运用的外用药剂型亦有多种。除前面讲到的特色疗法外,还有散剂、软膏剂、药油、浸剂、洗剂、药捻、熏药、硬膏等外用药剂型。

1. 散剂系列　祛湿药粉、紫色消肿粉等。用三黄粉治疗白癜风时用茄蒂或茄皮蘸药外用;斑秃生姜蘸药外用;面部色素沉着者用牛奶或蜂蜜水调药外用;用颠倒散治疗痤疮、脂溢性皮炎、酒渣鼻等。

2. 软膏剂系列　黄连软膏、清凉膏等。赵炳南教授用黄柏、黄芩各 30g,凡士林 240g 制成普连软膏,涂在皮损上,治疗脓疱疮、单纯疱疹。而用当归 30g,紫草 6g,大黄 3.5g,香油 300g,黄蜡 120g 制成清凉膏。对不同的病证、药物采用不同的基质。

3. 油剂系列　甘草油、蛋黄油等。用紫草茸 300g,香油 1500g 制成紫草茸油,治疗耳下腺炎及颌下淋巴腺炎早期,皮肤紫红斑块。

4. 酒浸剂系列　百部酒、补骨脂酊等。用百部酒治疗虫咬皮炎、阴虱,补骨脂酊治疗白癜风病。

5. 水剂系列　楮桃叶水剂、干葛洗方等。用复方马齿苋洗方治疗多发性疖肿、脓疱疮;用透骨草洗方洗头,治疗脂溢性脱发。赵炳南教授通过治疗一位头面部白驳风(白癜风)的患者,同时伴有头皮瘙痒、脱屑、头油多,让他用透骨草煎水洗疗。数天后,白驳风如旧,但用来洗头却收到意想不到的去油止痒效果。他从病人主诉中受到启发,遂拟定了透骨草洗方专以治疗发蛀脱发病(脂溢性脱发)。

6. 药捻系列　京红粉药捻、银粉散药捻等。

八、药力精专，灵活使用

1. **清热解毒药**　清热解毒法是治疗热毒类皮肤病的基本方法，赵炳南教授所创解毒系列经验方体现了清热解毒药的运用特点。首选清热解毒药是蒲公英、双花、连翘、地丁等。并常与凉血活血药赤芍、丹皮、生地、白茅根、丹参等配伍。解毒清热汤、解毒清营汤、解毒凉血汤、解毒养阴汤、消痈汤等方中均体现了清热解毒与凉血活血药相配伍的原则，提高了临床疗效。

应用生地炭与银花炭相配伍是赵炳南教授惯用的解毒凉血药组，因炒炭存性，色黑入血分，能引药深入而解于血分之毒热，尤其是对于正气受损，毒邪极盛，神志不清的病证。在扶正、凉血、解毒的基础上，加银花炭、生地炭、皂刺炭，不仅加强了清解血分毒热的作用，而且可托血中毒邪外出，避免对正气的损耗。

2. **对药**　赵炳南教授配方时，善于使用对药，共奏良效。常用对药有：荆芥与防风，荆芥辛苦而温，芳香而散，气味轻扬入气分，驱散风邪；防风可散入于骨肉之风，宣在表之风邪。白鲜皮与苦参，前者气寒善行，味苦性燥，清热散风，燥湿止痒；后者味苦性寒，祛风杀虫，清热利湿。刺蒺藜与威灵仙，前者辛苦微温，轻扬疏散，入肝行气血郁滞，走肺治遍身瘙痒；后者辛散善走，性温通利，既可散在表之风，又能化在里之湿。三棱与莪术，前者破血中之气；后者破气中之血，两药相伍，破瘀软坚。五加皮与干姜皮，前者辛能散风，温能除寒，苦能燥湿；后者行于表则散风祛寒，走于里则温中和胃，主治偏于风寒的荨麻疹。浮萍与当归，前者散风解表于腠理；后者入血养血以和营，两药相伍能够通表里，调阴阳，和气血，用于治疗慢性荨麻疹。鬼见愁与鬼箭羽，功能活血破瘀，解毒散风，滋阴补肾，主治病程较久、反复发作、湿热毒内结、入血阻络的红斑性天疱疮。姜黄连与姜厚朴，一寒一温，相伍之后清热而不过于苦寒，宽中理气而不过于走散，主治脾气不足，湿热蕴毒所致的病证。

3. **组药**　赵炳南教授临床喜用组药，药物协同以提高疗效。其组药运用有以下特点：

(1) 调和阴阳：天仙藤、鸡血藤、首乌藤、钩藤。

(2) 润肤止痒：黑芝麻、胡麻仁、郁李仁。

(3) 补中益气：黄芪、黄精、党参、太子参、佛手参、红 / 白人参。

(4) 养阴凉血清热：南北沙参、耳环石斛、生地炭、双花炭、二冬、黑元参。

(5) 活血破瘀：三棱、莪术、鬼箭羽。

(6) 清心火：莲子心、连翘心、栀子仁。

(7) 养阴益肾，引火归元：枸杞子、菟丝子、女贞子、车前子、覆盆子、肉桂。

(8) 消肿利水：抽葫芦、仙人头、水葱、车前子。

(9) 除湿健脾：生白术、生薏米、生扁豆、生芡实、生黄柏、生枳壳。

(10) 健脾燥湿：炒白术、炒薏米、炒扁豆、炒芡实、炒黄柏、炒枳壳。

4. 引经药

赵炳南教授非常重视运用引经药。引经药的使用是为了使药力直达病所，其中一是引向特定经脉；二是引向疾病所在。皮肤病的发病部位有其特点，故对引经药的使用尤为重视。赵炳南教授习惯使用的引经药有以下特点：

皮损发于头部，常加藁本或川芎；发于面部，常加菊花、凌霄花；发于眼睑部，常加谷精草；发于眉棱骨，常加白芷；发于鼻部，常加辛夷花；发于耳轮，常加龙胆草；发于口唇，常加芡实。

另外，具体临证中常用者有：瓜蒌、黄芩均入肺、胃、大肠，功能清热润燥，用于治疗发于鼻孔前的疔。菊花轻扬辛散，能载药上行，还能清头目、利清窍，用于治疗头部疖疮。金莲花味苦性寒，功能明目，解毒治浮热，且有引药上行的作用，并具较强的消炎解毒，消肿止痛作用，是治疗口腔溃疡的要药。

近 50 余年来，燕京赵氏皮科流派发表和出版了相关的学术论文和专著，对燕京赵氏皮科流派的治学思想、皮肤病辨证理论、用药经验、特色疗法及经验方临床应用等进行了系统的总结与探讨，已逐步形成了燕京赵氏皮科流派的学术特点与稳定的学术传承方向和团队。目前已在全国东西南北中不同区域设立十家流派传承工作站，希望本流派的学术经验与特色技法能更广泛地应用于临床并得以验证和推广。

作者简介：

曲剑华，女，首都医科大学附属北京中医医院皮肤科副主任，主任医师。北京市赵炳南皮肤病医疗研究中心办公室主任。

赵炳南教授"从血论治"银屑病探源

周冬梅

一、银屑病概述

银屑病是皮肤科临床常见的慢性红斑鳞屑性皮肤病,不同人群银屑病患病率在 0%~11.8% 之间。在我国约有 600 万银屑病患者。据统计,87.6%~93.4% 的患者反复发作。WHO 指出,银屑病对患者的健康相关生活质量(HRQOL)有很深的影响,包括身体功能、性功能、精神功能的影响。

银屑病的临床特点为红斑,形状可以是点滴状、钱币状或地图状,红斑上覆多层银白色鳞屑,鳞屑易于剥除,层层剥除鳞屑可见薄膜现象及点状出血。易发生于头皮、四肢伸侧、躯干等处。患者自觉不同程度的瘙痒。

银屑病确切的发病机制尚未完全清楚,西医药治疗方法虽多,但多仅能获得近期疗效,目前尚缺乏对银屑病的安全、有效、经济实用的治疗措施。

中医对银屑病的研究历史悠久,古代文献中记载的"干癣"、"白疕"、"蛇虱"、"松皮癣"、"白壳疮"等均与本病类似。而"白疕"病名沿用至今,成为本病的规范中医病名。中医药疗法作为一种治疗银屑病确实有效的方法,具有改善病情、延长缓解期、副作用小的特点。

中医治疗本病以辨证论治为主,辅以中药膏、中药浴、针灸等外治疗法,以其安全、有效的特点,得到了患者的认可。在漫长的临床实践过程中,中医对本病的认识逐渐地深入及丰富,对本病的辨治思路也在不断地发展。今天,以赵炳南老大夫为代表的"从血论治"银屑病思路获得了多数中医皮肤科同道的认可。

二、从血论治理论溯源

对于本病的病因病机及辨证治疗内容是一个逐渐丰富的过程,明以前认为本病以外因为主,多认为与风、寒、湿、热、燥、毒有关,如隋《诸病源候论》首先提出了干癣的病因病机"皆是风湿邪气客于腠理,复值寒湿,与血气相搏所生"。明以后,认为本病为内因外因共同致病,内因与血燥、血虚有关,如明《外科正宗》提出风癣、湿癣、顽癣、牛皮癣等"此等总皆血燥风毒客于脾肺二经"。清《医宗金鉴》指出白疕"固由风邪客皮肤,亦由血燥难荣外"。清《外科证治全书》指出白疕"因岁金太过,至秋深燥金用事,乃得此证,多患于血虚体瘦之人",治疗上注重祛风、润燥、养血,由此可以看出,由于本病具有明显的银白鳞屑,故此认为与风、燥关系最为密切。

在古籍文献中亦有对血热的记载,如《血证论》血瘙:"癣疥血点,血疙瘩,一切皮肉赤痒,名色不一,今统称之曰血瘙,皆由血为风火所扰。火甚赤痛者,凉血地黄汤加荆芥、蝉蜕、红花、杏仁治之;风甚作痒者,和血消风散治之",此处记载的血瘙与银屑病有相似之处。

《赵炳南临床经验集》中记载了11例银屑病医案,从中我们可以看出赵炳南老大夫对银屑病的认识,他继承了前人的观点,并遵循中医外科首辨阴阳的原则,将本病分为血热证及血燥证。他认为血热是机体和体质的内在因素,是发病的主要依据。血热的形成,是与多种因素有关的。可以因为七情内伤,气机壅滞,郁久化火,以致心火亢盛;心主血脉,心火亢盛则热伏于营血。或因饮食失节,过食腥发动风之品,脾胃失和,气机不畅,郁久化热,因为脾为水谷之海,气血之源,功能统血而濡养四肢百骸,若其枢机不利则壅滞而内热生。外邪方面主要是由于外受风邪或夹杂燥热之邪客于皮肤,内外合邪而发病。热壅血络则发红斑;风热燥盛则肌肤失养,皮肤发疹,搔之屑起,色白而痒;若风邪燥热之邪久羁,阴血内耗,夺津灼液则营血枯燥而难荣于外。对于血热型,治宜清热凉血活血,方用凉血活血汤;血燥证,治宜养血润肤,活血散风,方用养血解毒汤。形成了"从血论治"的基本思路。

我们注意到,赵老在这两型中都配合使用了活血的治法,可见赵老认为本病的病机中存在血瘀。其中血热证以热瘀为主,由于血分郁热,燔灼血分,就像旺火煮粥,很快就会导致过于黏稠。这就是热盛致瘀。而病程日久,耗伤气血,气不行血,无水舟停,导致经脉阻滞,气血凝结,这就是因燥、因虚致瘀。在临床上也常常见到皮损色暗,肥厚浸润,顽固难消,以血瘀为主要病理变化的病例。在《简明中医皮肤病学》中,增加了血瘀证,也是对从血论治的丰富。

三、从血论治的内涵

"从血论治"是治疗银屑病的最主要的辨证论治方法。以"气血津液辨证"

中的"血病辨证"作为主要的理论依据,针对"血病辨证"形成的证候而制定治疗原则和治疗方法。

此处的"血"指的是气血津液的"血",而不是卫气营血的"血"。银屑病的主要临床体征为红斑,此红斑的特点是搔抓后易出现出血点。《外科证治全书》文中记载:"白疕皮肤燥痒,起如疹疥而色白,搔之屑起,渐至肢体枯燥坼裂,血出痛楚……";西医学总结银屑病皮损组织病理为真皮乳头上延,毛细血管扩张,临床表现为薄膜现象及点状出血,符合中医血的病理特点。

气血的病理变化可由外来的六淫邪气导致,亦可由内在的脏腑功能失调所致。心主血脉;肝主藏血;脾为后天之本,气血生化之源;肾主藏精,精血同源;肺主气、通调水道,影响着气血的运行。所以"血"的变化其实也反映了脏腑功能的正常与否。因为气血的变化可直观反映于外,所以从气血的变化来分析疾病的病因病机,是中医外科常用的方法。

依据该理论产生的血热证、血燥证和血瘀证是银屑病的基本证型。

发病初期多为血热证,中期多见血燥证,病程日久,则多以血瘀证论治。其中血热证多是发病之始,又往往是病情转化的关键。

而从血论治的辨证依据主要是通过皮损辨证。银屑病的基本皮损为鳞屑性红斑,从血论治正是通过辨红斑、鳞屑的特点,分辨不同证型。

四、从血论治的优势

由于银屑病是慢性难治性疾病,病因病机较为复杂,且由于治疗的不规范,出现了较多顽固难治的病例,众医家对本病的认识也逐渐深入,他们总结出了本病发生发展过程中的多种新证型及各种兼证、变证,因而分型渐细。辨证方式逐渐增多,包括气血辨证(血瘀、血瘀风燥、血燥、血虚、血虚风燥、血热、血热风燥)、脏腑辨证(肝肾不足、脾虚毒恋)、六淫辨证(风湿、湿热、湿毒、湿热蕴毒、风热、毒热、火毒)、经络辨证(冲任不调)、卫气营血辨证(毒热伤营)等。论治角度不同,如从风毒论治、从肝论治、从湿热论治、从虚论治、健脾益气理论、扶阳理论、玄府理论等。辨证、治疗方法各异,呈现百花齐放、百家争鸣的态势,这极大丰富了银屑病中医治疗的思路,但众多的证型在提供参考的同时,没有一条清晰的辨证线索,有些辨证方式只能揭示疾病阶段性的主要矛盾,有时难于掌握疾病发展全过程的总规律和相对稳定的特性以及疾病的根本矛盾。加之辨证方式多样,主次不明,使人无所适从。

仔细分析各家的思路,实际是在辨血的基础上,强调了其他兼证,所使用的药物均不能完全抛开血分药物。如欧阳恒在从血论治基础上,强调了湿、热、毒,认为本病辨证分为4型:血热证,治以凉血地黄汤酌加紫草、白鲜皮、蒲公英、水牛角等凉血清热解毒药味;湿热蕴结证,治以萆薢渗湿汤酌加土茯苓、金银花、白鲜皮等清热利湿解毒药味;血虚风燥证,治以二仙汤酌加丹参、女贞子、旱莲草等养血祛风润燥药味;火毒炽盛证,治以清营汤酌加紫草、金银花、丹皮、大青叶、生石膏等清热凉血解毒化斑药味。范叔弟等从肺论治白疕,分为4型:风热犯肺:治应清热宣肺,兼以凉血,方选加味银翘散,药用金银花、连翘、牛蒡子、桑叶、薄荷、北豆根、黄芩、白鲜皮、牡丹皮、紫草、蝉蜕、全蝎;风寒袭肺:治以疏风散邪、温经活血,选用麻黄汤加味,药用麻黄、桂枝、荆芥、当归、红花、川芎、六月雪等;热毒壅肺:治以清热利湿、活血解毒,选用桑白皮汤合五味消毒饮加减,药用桑白皮、黄芩、金银花、紫花地丁、蒲公英、黄连、栀子、山豆根、赤芍、牡丹皮、紫草、槐米等;气郁伤肺:治宜通肺利气、活血祛瘀,选用自拟银五号方,药用桃仁、红花、莪术、威灵仙、土鳖虫、麦冬、桂枝、山慈菇、川楝子。

我科做了大量关于银屑病的辨证规律的临床研究,一项600例的临床流行病学调查显示,银屑病的主要证候为血热证、血燥证和血瘀证3型,其中以血热证最常见。这3种证候的分布存在着时相性,与病期密切相关,即进行期以血热证为主,消退期以血燥证为主,静止期以血瘀证为主,同时这3种证候的分布与性别、年龄和季节无关,提示由于血热证、血燥证和血瘀证既能反映本病的"临床经过"(进行期、静止期、消退期),又较稳定(受性别、年龄、季节等一般因素和总病程的影响较小),故这3种证候可以作为银屑病中医辨证的基本证候。

故此,辨血是银屑病辨证的基本思路。中医皮肤科老专家邓丙戌教授提出了"病证结合,辨血为主,全面反映"的辨证思路,在强调整体观念,以血的辨证为出发点的基础上,当出现其他兼夹问题时可参合其他辨证方式,优化了从血论治的辨证思路。

五、从血论治的内容

赵炳南老大夫将本病分为血热证、血燥证、血瘀证。其中血热证皮疹发生及发展比较迅速,泛发潮红,新生皮疹不断出现,鳞屑较多,表层易于剥离,底层附着较紧,剥离后有筛状出血点,基底浸润较浅,自觉瘙痒明显,常伴有口干舌燥、大便秘结、心烦易怒、小溲短赤等全身症状,舌质红绛,舌苔薄白或微黄,脉弦滑或数。血燥证病程日久,皮疹呈硬币状或大片融合,有浸润,表面鳞屑附着较紧,强行剥离后基底部出血点不明显,很少有新皮疹出现,全身症状多不明显,舌质淡,舌苔薄白,脉沉缓或沉细。血瘀证皮疹肥厚浸润,颜色紫暗或暗褐,常呈斑块状,顽固难消,舌质紫暗,脉弦细涩。分别给予清热凉血活血、养血滋阴润肤、活血化瘀行气治疗。创立了凉血活血汤(生槐花、白茅根、生地、紫草、赤芍、丹参、鸡血藤等)、养血解毒汤(鸡血藤、当归、丹参、天冬、麦冬、生地、土茯苓、蜂房等)以及活血散瘀汤(三棱、莪术、桃仁、红花、白花蛇舌草、陈皮等),成为从血论治银屑病的经典方药。

我科经过多年的研究,不断丰富、发展从血论治的理论及内容。

通过大样本的临床流调发现,血热是本病的关键病机,热久成毒,毒贯穿于疾病的全过程。在银屑病早期经常出现咽痛症状,如果疾病进展急剧时,还可以出现脓疱,均是"毒"的表现。另外很多患者由于情志失畅,肝郁气滞,日久木克脾土,导致运化不利;或由饮食失节,脾失健运,水湿内停,表现为鳞屑黏腻,病情缠绵,舌体胖大,舌苔厚腻,一派"湿"邪阻滞之象。血热、血燥、血瘀是寻常型银屑病最常见的证型,挟湿、挟毒是最多见的兼证,因此,在原有方剂基础上,各证型方药均加强了解毒、祛湿之力,形成了"辨血为主"治疗银屑病的优化方案,具体如下:

凉血解毒汤:土茯苓、生槐花、紫草、草河车、生地黄、白鲜皮、赤芍、金银花、白茅根、苦参。适用于银屑病血热证。方中紫草、茅根、生地、赤芍、槐花清热凉血,共为君药,针对血热内蕴病机,其中赤芍兼有活血作用,因血热壅盛,可造成脉络阻塞,另外寒凉太过,易造成脉络凝滞,故凉血同时应兼顾活血。槐花还具解毒之力;草河车、土茯苓、金银花清热解毒;四药味共为臣药,针对毒伤血络病机。白鲜皮、苦参燥湿止痒,针对兼证病机,是为佐药。全方共奏凉血活血,解毒除湿之功。

养血解毒汤:丹参、当归、生地黄、麦冬、玄参、鸡血藤、土茯苓、草河车、板蓝根、车前子。适用于银屑病血燥证。方中当归、鸡血藤、丹参、麦冬、元参、生地养血滋阴润燥,针对血燥无以濡养肌肤之主证,共为君药。土茯苓、草河车、板蓝根解毒,针对主要兼证,共为臣药。车前子利湿,针对次要兼证,为佐药。全方共奏养血润燥,解毒除湿之功。

活血解毒汤:白花蛇舌草、莪术、鬼箭羽、红花、鸡血藤、桃仁、丹参、元参、陈皮、猪苓。适用于银屑病血瘀证。方中桃仁、红花、莪术、丹参、鬼箭羽活血化瘀,针对血瘀主证,共为君药。白花蛇舌草解毒,针对兼证,为臣药。病程日久耗伤气血,以鸡血藤、玄参养血滋阴,针对次要兼证;猪苓除湿针对次要兼证,共为佐药。陈皮理气,气行则血行,为使药。全方共奏活血养血,解毒理气之功。

从血论治银屑病已成为众多中医皮肤科医师的共识,临床中还需不断积

141

累经验,优化从血论治方案,提高疗效。

作者简介:

周冬梅:首都医科大学附属北京中医医院皮肤科牵头副主任,主任医师。北京市赵炳南皮肤病医疗研究中心副主任。

赵炳南从风、湿论治皮肤病

张　苍

　　赵炳南先生治疗皮肤病的特色辨证体系是气血津液辨证体系,其中气血辨证体系源自《医宗金鉴·外科心法要诀》,津液辨证体系是皮肤科的特色,也是赵炳南先生的独创之处,是他对中医皮肤学科做出的巨大贡献。

　　《医宗金鉴·外科心法要诀》说:痈疽原是火毒生,经络阻隔气血凝。赵炳南先生说:善治湿者当治皮肤病之半。另一半是什么? 就是气血的异常。

　　但是,关于赵炳南先生的学术常常存在两种误解,一种是赵老喜欢使用寒凉性质的药物,而不善于使用温热性质的药物。初次来到皮肤科的医生可能会看到我们频繁地使用清热除湿汤、凉血活血汤,其中清热除湿汤来源于龙胆泻肝汤,凉血活血汤来源于犀角地黄汤,医生们看到我们在门诊频繁大量的使用这两种方剂可能就会产生这样的感受:赵炳南先生临床喜欢使用寒凉性的药物。第二种误解认为赵老既不属于古代的经方体系,也不属于温病的三焦体系、卫气营血体系,同样不属于脏腑体系,他所使用的都是经验方,没有传承,没有君臣佐使,因而无法学习传承。实际上并非如此,这只是因为对赵炳南先生的学术体系缺乏深入的思考。我们可以来看两张赵炳南先生的经典方剂。

　　实际上赵老治疗皮肤病大致是两套思路:其一是气血辨证体系,这一思路来自外科;而另一体系就是津液辨证,这是皮肤科的特点。再去学,辨证方剂里又有许多个系列的方剂,包括解毒系列方剂、凉血系列方剂、理血系列方剂等很多。我们就讲一讲凉血系列方剂中最简单的一个——凉血五花汤。凉血五花汤由五味中药组成,均是植物的花朵,其中包括红花,玫瑰花,鸡冠花,凌霄花,野菊花。这首方剂主要治疗发生于人体上部的充血性、出血性、红斑性皮肤病,比如玫瑰痤疮、过敏性皮炎、激素依赖性皮炎、日光性皮炎、多形性日光疹、银屑病、红斑狼疮等。如果望文生义,我们会觉得凉血五花汤,既然叫凉血,那么药物可能都是寒凉性质的,但是仔细一看,这五味药并不都是寒凉的,其中红花是辛、温的,具有活血化瘀,消肿止痛的作用;玫瑰花是甘、微苦、温的,有行气解郁,和血散瘀的作用;鸡冠花是甘、涩、凉的,有收敛止血止崩带的作用;凌霄花是辛、微寒的,有活血凉血祛风的作用;野菊花是苦、辛、微寒的,有清热解毒作用。虽然名为凉血,但是五味药里竟有两味药是温性的。不简单!

再看药物的性味和功能,五味药里活血化瘀药有三,收敛止血药有一,行气药有一,祛风药有一,全方既有红花、玫瑰花、凌霄花的活血之能,又有鸡冠花的收敛止血之效。此方所治者为发于上部的涉及血分的、热性的病证,但是并没有单纯用寒凉药物,因为单纯寒凉,则药物性能趋向下行,而不能上达面部,所以凉血五花汤中应用两味温药佐助三味凉药,以辛甘发散之力佐助凉药上达头面,以辛甘发散力防止邪热郁结闭塞,符合火郁发之的治疗原则。从对这首方剂的组成分析,我们可以发现前人制定方剂并不会单纯只依赖某一原则,比如寒热虚实,前人制方之时都会考虑到人体反应、药物、疾病等许多方面的复杂作用机制。这样的方子怎么能称为单纯的寒凉药物呢?这样的方子怎么能看做单纯的经验方呢?他是完全在中医的理论体系、中医的制方原则指导下创制的。

何以见得赵老方剂有君臣佐使?我们再来看看另一首方剂,这就是除湿止痒汤,是一首有清楚的君臣佐使结构的方子。除湿止痒汤是赵炳南先生治疗慢性、顽固性、肥厚性湿疹皮炎类皮肤病的常用经典方剂,它由以下几类药物组成,一类是清热燥湿的白鲜皮、地肤子、苦参;其次是健脾除湿的炒薏米、茯苓皮、白术;再有是理气除湿的陈皮、焦槟榔,还有凉血的干生地。这首方子里有非常清晰的理法方药、君臣佐使。但是我们首先为他所用的药物迷惑了,白鲜皮、地肤子、苦参,我们会觉得这些是通治皮肤科疾病的祛风湿药物,很难把它们个个区别开来进行解析,造成全篇都是除湿药这么样一种感受,似乎此方只是除湿药物的简单堆积。如果把赵老的方子理解成简单的药物堆积,那么就有非常严重的问题,会出现赵老的方子是验方,而不是经方,他的治疗也就变成了对症处理,而非辨证论治,赵老的治疗皮肤病学体系,一下子就倒退到《神农本草经》形成之前的单方、验方阶段了,是对症治疗而不是辨证论治,就是缓解症状的工具,而不是治疗疾病的手段,是验方不是经方,就没有内部的结构,就无法学习、无法重复。

确实有很多人在学习赵老方剂使用经验的时候就是原方照抄,一丝不变,把它当成经验方,这样使用也确实经常取得良好疗效,但也有时疗效不佳。这严重地阻碍了赵老经验的传播和使用。

经典中说主病为君、量大为君,这首方剂主要的功效是除湿止痒,具有如此功效的,有白鲜皮,地肤子,苦参三味药物,白鲜皮用量多,达到30g,所以是君药。地肤子也用到30g,但是它质地轻清,所以是臣药。苦参15g,是佐药。臣药有两个方向,一个是帮君药发挥治疗作用,第二个是治疗次要的症状,对于慢性肥厚瘙痒的皮肤病来说,常常存在脾虚的问题,所以必须有健脾的药物存在,因而炒薏米和地肤子,一起成为臣药。而佐助炒薏米的药物有白术,茯苓皮,佐药帮助臣药发挥治疗作用,治疗疾病的继发症状,还有一类是反佐的作用,就是制约君药、臣药的副作用。除湿止痒汤的方子里大多数是苦燥的药物,容易损伤人体津液,所以需要配合生地滋阴养血,凉血润燥。湿气不除,常与气机不利有关,其中有无形的气滞,又有有形的肠道不通,在方剂中加上陈皮、槟榔两味药物起到使药的作用。整首方剂君臣佐使,配伍思路清晰,具有非常经典的中医组方思路,是经典方,而不是经验方。

每个医生的学术思想、思维体系都可以从以下几方面获得认识,第一,他所观察的方面;第二,他所询问的方面;另外就是他在处方用药过程中,组方的原则,以及对特色药物的选用。赵炳南先生在临床治疗皮肤病的时候都关心哪些内容呢? 他关心的是三焦、卫气营血、六经、脏腑经络,还是什么呢?

根据经验,我们知道成熟的医家在形成自己的体系之后都不会关注太多的细节问题,他有自己的理论框架,在这个框架里能够执简驭繁,当他们经历过众多的临床实践积累了丰富的临床经验、临床资料之后都能化复杂为简单,甚至很多老中医在晚年学术炉火纯青之时,往往治疗所有的疾病就是从一首方剂加减变化。

赵炳南先生有没有这样的执简驭繁之道呢? 通过研习赵炳南先生的几首经典处方,我们发现他有自己的执简驭繁之道。他在临床上所关注的就是以下几个方面的问题:第一,有没有风邪存在? 第二,有没有湿邪的存在? 第三,血有何异常状况? 第四,是否出现风湿相搏,结成为痹的状况?

在赵炳南先生的临床体系中,关于风邪,大致分为三个方向:第一,外来的风邪;第二,人体内生的风邪;第三,停滞于经络之中的风邪。

疏风除湿汤是处理一些外来的风邪有关的皮肤病的。这首方剂是治疗发生于面部或者上肢、身体上部的皮肤病的一首经典方剂。与凉血五花汤不同,此方包括两部分的内容,第一部分是散风的内容,其中包括疏散风寒的荆芥、防风;疏散风热的桑叶、菊花,还包括化解湿邪的生薏米、车前子、生白术、生黄柏、枳壳等药物。它所主治的皮肤状况,大致说来包括发生于人体上部的皮损,伴有明显的游走变化的症状,典型的瘙痒表现,伴有皮肤肿胀,从中医的角度来看,就是风湿游走于人体上部这样一种状况,常见于荨麻疹,过敏性皮炎,接触性皮炎,日光性皮炎,湿疹等方面。这种风邪来自于外部,他的治疗,应该就是让风邪原路离开,用汗法,通过发汗的方法使风邪由体表疏散出去,而其中与风相搏的湿邪用利湿的方法由下焦小便排出去。这正符合《黄帝内经》所说的"在上者因而越之",或者说"汗之则疮已"的思想。我们可以看到这个方剂的配伍思路都是以祛邪药为主,这是针对外风的治疗原则。

转过头来我们再一起探讨一下赵老关注的内风、内生之风。赵炳南先生习惯使用的祛除内风的代表方剂是地黄饮子。这首方剂很明显与疏风除湿汤配伍组成规律不同。它由两部分内容组成,一部分是理血的药物,调理血分异常,包括凉血的生地黄、玄参;养血的熟地黄、何首乌、当归,以及活血的丹皮、红花。第二部分是治疗风邪的药物,包括刺蒺藜、白僵蚕。从中药学的角度来看,或者从治疗的角度来看,刺蒺藜、白僵蚕都是平肝息风类的药物,与疏散外来风邪的荆芥、防风有明显的不同,中医所说的"治风先治血,血行风自灭"在这里得到明确的表达。内生之风其实就是一种变动的现象,并非真正来自外界的风邪,内风是由体内气血异常的变化,或者血热,或者血虚,或者血瘀造成的经络气血不通所产生的,所以对于内风的治疗,重点在于理血,在于平肝息风。

第三种是经络之风,这种风常与湿邪纠缠在一起,停滞在浮络、孙络之中,它带来的损害绝对是顽固的,难以轻易去除,是顽固性皮肤病的主要原因。风邪窜扰经络,既不在表又不在里,无法通过发汗解决,也无法通过泻下或利小便来解决,必须用一些具有特别的穿透作用、特别善于巡行于经络之间的药物来搜索剔除。由于这种需求,赵老拟定了全虫方。全虫方和疏风除湿汤比较,能明显看出不是疏散外来邪气的方子,组成中全蝎、刺蒺藜用来平肝息风;皂角刺、猪牙皂用来搜风杀虫;威灵仙祛风除湿,这些药物个个具有很强的攻冲走窜作用,能够将潜藏于经络之中的风邪、湿邪搜剔而出,与其相配合的是治疗风湿相搏于皮肤导致的顽湿聚结所需要使用的苦参、白鲜皮。

对比三首治风的方子:祛除外风的疏风除湿汤,平内风的地黄饮子,以及搜剔经络之风的全虫方,侧重各有不同,体现了赵老从风论治皮肤病的丰富经验。我们可以看到赵老治疗风的药物,大多用的是温性的药,如全蝎、皂角刺、刺蒺藜、猪牙皂;而治疗湿用的都是苦寒药,包括苦参、白鲜皮、黄柏、槐花。其临床意义在于用走窜的温性的药物达到使深藏于经络之中的邪气离开经络这样一个效用。

赵老关注的第二大致病要素就是湿邪。他在晚年反复强调湿邪在皮肤病发生发展中的重要地位,他曾经说"善治湿者当治皮肤病之半",可见湿邪有多么重要。我们总结了赵老治疗湿邪的方法大致有六法,包括疏风除湿法、健脾除湿法、清热除湿法、搜风除湿法、解毒除湿法、滋阴除湿法。湿邪与各种各样的病理因素相结合并一起发生、发展,造成了疾病表现的多样性,而其中最常见的就是肝经湿热、脾虚湿蕴、顽湿聚结三种类型。脾脏在人体中负责处理水液代谢的问题,具有升清与运化的功能。脾脏功能失调必然造成水液代谢功能的障碍,水液不能转化为滋养人体的精血,反倒停滞而成为痰饮水湿,在这种情况下,人体就会出现表现于皮肤的肿胀、水疱、糜烂、渗出、肥厚、粗糙、结节、斑块等表现。这种情况下,赵老会应用加减除湿胃苓汤进行治疗,加减除湿胃苓汤涵盖了很多治疗湿邪的方式方法,包括芳香化湿,应用苍术、厚朴;理气化湿,应用陈皮、枳壳;健脾化湿应用白术、甘草;淡渗利湿,应用滑石、猪苓、泽泻、赤茯苓等。药味以辛、甘、淡、寒为主,利于脾脏气化恢复正常。

诸痛痒疮,皆属于心,心布于表,皮肤病发生于人体外部,属于中医的疮疡范畴,自然与火热之邪关系密切。单纯的火热之邪,治疗起来应用清热之法,自然可以较快消除,但是火热之邪一旦与津液相结则会变为湿热,一旦入于血分则热盛肉腐成脓,就比原来难治许多。在外科,热盛肉腐成脓是疮疡形成的要素;在湿疹皮炎类皮肤病中,湿热相结是皮肤病顽固难治的重要因素。按照湿温病的看法,必须将湿和热分解开来,所以治疗的关键在于祛除湿邪。

在赵炳南先生的皮肤病治疗体系中,湿邪与热邪有三种并存方式:第一种,湿热并重,第二种,热重于湿,第三种,湿重于热。热重于湿和湿热并重,常见于急性、亚急性的皮肤病,湿重于热则常见于慢性皮肤病以及亚急性皮肤病。对于慢性皮肤病,缓则治其本,我们一般应用健脾除湿之法为主;对于热重于湿的皮肤病,急则治其标,我们常用清热除湿之法。赵炳南先生治疗热重于湿类皮肤病,常用的经典处方是加减龙胆泻肝汤,这首方剂的出处是《医宗金鉴·外科心法要诀》,原来用于治疗缠腰火丹中的热盛者,赵炳南先生将它引用到皮炎湿疹类皮肤病的治疗之中,用于治疗急性的,以热盛为主的皮肤病,临床表现为皮损鲜红灼热,渗出浆液黏稠,剧烈瘙痒,心烦意乱,大便干结,小便黄赤,舌脉表现出实热之象。其中同时存在湿邪,但是并非重点,热是其中重点。加减龙胆泻肝汤去掉了标准的龙胆泻肝汤里的当归,而改为丹皮,去掉了柴胡而改为连翘,药物归经未变,气血未变,寒热改变,用来适应皮肤病热重于湿的情况。之后在几十年的皮肤科临床过程中,根据热邪越来越典型这种

147

发展状况，并且热邪经常不止于侵袭人体的气分形成湿热在气分的表现，往往被湿邪所迫深入血分，造成血热的状况，因此，晚年赵老又在此方的基础上，去掉了调整气分的一些药物而增加了白茅根、赤芍、板蓝根这样的凉血药物，这是赵老随着疾病以及人体体质状况改变，而主动调整处方的典型案例。

对于皮肤病来说，湿邪是非常重要的一部分内容。湿邪是人体津液处于异常状况的产物，湿邪由津液演变而来，只不过出现在不该出现的部位，或者离开了本位的津液。治疗时通过健脾、清热、疏风等方法，使人体的气化恢复正常，这样，离开本位的津液能够回到本位，湿邪也就不治自除了。

《伤寒论》治疗湿邪有三种方法，第一种方法是发汗，第二种方法是利小便，赵炳南先生的疏风除湿汤就是发汗和利小便同时应用的范例。在温病学的框架内治疗湿热性疾病，一般讲究分解湿热，所谓渗湿于热下，湿比热难治，湿被祛除后，热较容易被清除。针对湿邪产生的多种原因，赵炳南先生抓住治湿的核心就是健脾胃，临床常用除湿胃苓汤、健脾除湿汤等，力求达到健运脾胃功能，解除湿热束缚，治愈皮肤病的目的。

在皮肤病的治疗过程中，还有一个概念叫做毒，什么叫毒？实际上各种各样的邪气积蓄，日久都可以成为毒。风寒暑湿燥火六淫邪气都可以成为毒。毒的特点是停滞在一处，或产生脓疱、结节、斑块、肿瘤等皮损。其中湿邪凝聚成毒，往往形成糜烂、破溃、渗出，赵老治疗这型皮肤病常用除湿解毒法，常用除湿解毒汤，药味组成包括除湿的生薏米、土茯苓、白鲜皮；清热利湿的栀子、滑石、大豆黄卷；清热解毒的金银花、连翘、紫花地丁、生甘草；以及凉血的丹皮。这首方剂实际是清热解毒药配合清热除湿药而成。需要注意的是，在清热解毒的过程中，往往需要配合凉血药味，所谓"热盛肉腐"即是血分受损的表现。

赵炳南先生充分重视湿邪在皮肤病发生发展中的重要作用，同时他的学术体系出自《医宗金鉴·外科心法要诀》，必然具有外科的特点。具体说来，就是气血辨证的特点。

对于皮肤病，赵老非常重视血的异常的辨证。一般情况下，他将血的异常分成三种类型，分别是血热、血虚和血瘀。血分何以有热？主要的原因是内部的五志化火，也就是过度的精神、情志异常导致的内生火热。这种内生的火热，既不在皮肤之表，又不在六腑之里，而是处于半表半里之间，没有直接的渠道可以透发或者被排除，所以往往取道于皮肤，取道于血脉而表现出来，表现为出血性的、红斑性的皮肤病，比如银屑病、副银屑病、过敏性紫癜、各种血管炎性皮肤病。

血的异常往往伴随气的异常和津液的异常。赵炳南先生治疗血热,有常用的凉血系列方,包括凉血五根汤、凉血五花汤、凉血活血汤。赵老充分关注到血热、血瘀、血虚三者之间的辨证关系。比如凉血五花汤包括甘寒的白茅根,苦寒的瓜蒌根,苦寒的茜草根,苦寒的紫草根以及苦寒的板蓝根这五味药,乍看上去以寒性药为主,确实是凉血活血的药物,但是仔细看来呢,其中配伍有非常多的层面,如五味药中有四味具有补中的功能,所以虽然寒,但是不伤脾胃。其中有三味药具有利水的功能,特别适合治疗血液停滞而化为瘀血和水湿这种情况,所以还可以治疗湿热流注下焦为患的皮肤病,可以被称为湿热搏于血分。

血分有热会造成多种不良的后果。赵老认为血热可以导致多种类型的皮肤病,而且热,又有许多继发的病理结果,包括血热常能导致火毒,血热常能导致瘀血;血热出现必然导致津液的损耗,津液损耗进一步诱发湿邪的侵袭。这些从凉血五根汤的方方面面都可以看出来。我们可以看到很多血管炎性皮肤病的皮损表现为多形态,有瘀斑、水疱、脓疱等,其中的脓疱就是继发于血热的火毒表现;其中的瘀斑就是血热继发的瘀血。血液和津液是同属阴性的物质,二者均属于人体的滋养系统,如果其中之一出现了异常,那么另一项必然也受到损害,所以血热之后往往继发性的造成津液的损耗。人体的正气和邪气是相对立而并存的,当正气损耗之时邪气必然趁机侵袭,所以当血热出现之后,往往人体的津液受到损伤,原地转化为湿邪,结果出现血热合并湿热的情况,而凉血五根汤恰能很好地处理这样的问题。

什么叫做血虚,就是血的损伤,造成血的荣养能力的不足。人体的五官九窍,各种功能,精气神都要受到血的荣养,所以血虚会出现许多继发性的问题,包括皮肤问题。具体体现为皮肤干燥、瘙痒、枯涩、没有光泽,形体变瘦变弱,这种情况就是血虚。赵炳南先生治疗血虚性皮肤病常用的是当归饮子。其中包括养血的当归、白芍、川芎;补肾的生地、何首乌;补气的黄芪、甘草;祛风止痒的荆芥、防风、刺蒺藜,其中每味药物均有独特的作用,而大多数都专注皮肤病。通过研习赵炳南先生应用当归饮子的经验,我们可以看出,血虚是一种病理状态,会产生许多继发性的病理问题,比如血虚之后人体的津液也会出现枯燥的状况;血虚导致脉道空虚;血液运行变慢,所以会自发出现血瘀的问题;血虚会导致部分区域出现血不能滋养的问题,风邪会趁机侵袭,表现为瘙痒性的外风,以及眩晕、震颤类的内风。

血液的第三种异常状况是血瘀证,可以由多种原因引起,同时也会成为其他多种病理结果的原因。一般认为,血液亏虚,脉道流行速度变慢,血液可以出现瘀滞不通。血热可以煎灼血液形成血瘀，风毒、湿毒、热毒都可以和血液相搏，造成血液流行的瘀滞状态。所以治疗上需要多管齐下，从多方面加以关注。赵老治疗银屑病血瘀证的经典方剂银乐丸正体现了以上的治血的学术观点。此方包括几组药物，其中包括养血活血的当归、白芍、鸡血藤、夜交藤；凉血活血的丹皮、赤芍、丹参；化瘀活血的三棱、莪术；解毒除湿的白花蛇舌草、土茯苓；解毒祛风的蜂房；解毒凉血的大青叶；以及清热燥湿的苦参、白鲜皮。组方可以看出赵老在治疗血瘀证时所关注的诸多层面。所谓见血不止于治血，就是这个意思。有许多病理机制可以继发于血瘀证，比如血瘀证出现之后，脉道流通不利，其后的血液停滞就会分解为两部分：一部分是湿，一部分是瘀血。这就叫血不利则为水。饮食如果积聚于胃肠道，可以影响消化、吸收、排泄，造成饮食积滞的出现。血液瘀阻于脉络、关节、筋骨，就会出现各种各样的疼痛。血液瘀阻于皮肤，就会出现各种各样的结节、斑块、肿物。在治疗血瘀证的同时必须注意，要配合凉血的药物，因为活血的药物，往往药性温热，单独应用活血的药物可能造成血热证。在应用桃仁、红花、三棱、莪术等活血化瘀药物之时，必然会造成血液的损耗，所以往往需要配合应用养血的药物。

在赵炳南先生的皮肤病治疗体系里还有一个非常重要的概念就是"痹"。《黄帝内经》说："风寒湿三气杂至，合而为痹。其风气胜者为行痹，寒气胜者为痛痹，湿气胜者为着痹"。

一般来说，痹，常被应用于风湿、类风湿等关节疾病的治疗中。赵老将它们转化到顽固皮肤病的治疗中实属创见。其中行痹就是变化不居、游走不定的皮肤病，其中代表性的就是慢性荨麻疹；着痹就是固定一处、顽固肥厚，难以去除的皮肤病，比如神经性皮炎、结节性痒疹、皮肤淀粉样变；痛痹就是以顽固性的瘙痒为主要表现的皮肤病，比如老年瘙痒症、结节性痒疹、嗜酸细胞增多性皮病。

风邪的本性是变动不居的，善袭人体阳位，而湿邪的本性是黏腻、静止的，侵袭人体下部，二者性质相反，本来不应聚合到一起，一旦抱起团来，聚合到一起就变得非常顽固，难以拆解，在临床上则表现为病程日久、顽固肥厚、结节斑块，看上去像瘀血又像痰湿。

临床上治疗皮肤的痹证有一系列的药物，大多出现于《中药学》的祛风湿类药物之中，又各有侧重，其中有偏向祛除风邪为主的包括羌活、独活、防风、藁本、苍耳子；治疗以湿邪为主的包括秦艽、防己、威灵仙、苦参、白鲜皮；治疗兼有毒邪的土茯苓、蜂房、全蝎、蜈蚣、乌蛇。在临床上我们在辨识疾病是否存在风邪，是外风、内风，还是经络之风？是否存在脾虚湿蕴、湿热俱盛还是湿热蕴阻时,需要特别关注是否存在顽固难治的风湿相搏的情况,也就是痹证的情况。在治疗皮肤病时,我们应该常存此念,难治疗的风是行痹,难治疗的湿是着痹,难治疗的痒是痛痹。

典型的祛除皮肤痹证的方剂——搜风除湿汤,其中包括平肝息风解毒通络的全蝎、蜈蚣;祛风除湿通络的海风藤、土槿皮、威灵仙;清热燥湿的炒黄柏、白鲜皮;健脾除湿的炒白术、炒薏米,理气的枳壳。

总结起来,赵老对顽固皮肤病的认识就是气血津液的辨证体系,在这个体系之下可以分为三方面来看,第一是气的异常,其中流动的气是风邪,亢奋的气是热邪,凝滞的气是火毒;第二方面是血的异常,其中血的不足是血虚,血的不通是血瘀;第三方面是津液的异常,津液的不足是燥,津液的异常凝聚是湿邪。以上为皮肤病的三大要点,在此三大关注要点之上,如果正气反应亢盛那么表现为热证,这种情况比较多见,如果正气反应不足表现为寒证,这种情况相对少见。

我们在诊治皮肤病的过程中要始终关注以下几方面的问题,我们要问自己,这个患者他的风邪有多少? 他的风邪是否和湿邪结合到一起? 这个患者他的湿邪有多少? 他的湿是顽固的? 还是流动的? 是黏滞的? 还是无形的? 是寒是热? 我们要问自己,他是否存在着血的异常? 如果存在,是血热? 血瘀? 还是血虚证? 在对以上三方面的问题获得清晰的答案之后,我们就可以有针对性地进行立法处方治疗了。

作者简介:

张苍:首都医科大学附属北京中医医院皮肤科副主任,主任医师。

第四部分

赵炳南发表文章全录

用中药治疗瘢痕疙瘩的初步结果

胡传揆,方大定,赵炳南(指导中医师),叶干运,马海德

(中华皮肤科杂志,1955,(4):247-248)

中国的医学在二千多年前已经有了系统的记载,曾积累了不少经验,为广大的人民健康作出了贡献。但是近百年来遭受帝国主义的侵略和反动统治的压迫,因而宝贵的文化遗产未得到重视和发展。解放后,毛泽东主席再一次提出了团结中西医、发扬祖国的文化遗产,因而中华人民共和国的医务工作者现在普遍地地重视对中医的学习。

我们学习的方法是请有经验的专科中医讲课、会诊和有计划地共同研究某些病人的治疗。在学习过程中,我们体会到中医治病有整体观念的特点——注意病人的环境、情绪、生活等方面——而且解决某些病痛的效果要比西医解决得更好。

在这里我们想介绍一下最近几个月来学习的一点收获,即关于用中药治疗瘢痕疙瘩的初步结果,因为瘢痕疙瘩是一种比较常见的皮肤病,而西医治疗它的成绩还不能令人满意。

这个报告的主要内容是用中医方法治疗 25 例的初步结果,并与 19 例患者用西医方法治疗的结果作对比。

一、发病的情况

病发数:在 11 个月的研究期间共有皮肤病、性病初诊患者 8,334 人,其中有 51 名患瘢痕疙瘩,占总人数的 0.61%;男性 5,779 人中有 35 名,占 0.6%,女性 2,555 人中有 16 名,占 0.63%。

在这 51 例中,我们选择了最后见到的 25 名用中医的方法来治疗,其余的是用西医方法处理的(19 名,另有 7 名未治疗或未完成治疗)。下面仅对这 25 例作了些分析。

154

发病年龄:发病的年龄见下表,共 25 例。

年龄	例数	年龄	例数
0~9	0	25~29	3
10~14	1	30~34	1
15~19	5	35~39	0
20~24	14	40~44	1

病损的部位及形状:病损在胸部者 15 例,其他在背或臂部或上、下肢;有些病损不只在一个部位,是多发的。损害的形状有大片、小块及长条的不同。

症状:有痒及痛(包括不适的胀痛)者 16 例,仅有痒的 6 例,仅有痛的 1 例,无自觉症状者 2 例。

发病诱因:这 25 例中患痤疮者 13 例,患疖或毛囊炎者 6 例,其余者在烧伤、外伤或手术后发病。

二、治疗

治疗的方法是以局部上药膏为主,部分患者加小金丹内服。

药膏的来源及配制:这一药膏是赵炳南大夫的老师传下来的,赵大夫开始用它来治疗瘢痕疙瘩已有三十年。药膏是用黑醋五斤,五倍子一斤十二两,蜈蚣十条及蜂蜜六两(上药按比例)配制而成黑色稠膏。配药时应掌握火候,研磨要走一个方向,配制时避免金属器具。

药膏的用法及注意事项:先将损害面用茶擦洗后,将黑膏涂于损害面范围以内(不涂在正常皮肤面上),然后贴上黑布,待半小时即可粘贴住。每日换药一次,若布不易撕下时,先用茶湿其外面(每日换两次不如换一次的效果好),治疗不宜间断。治疗期间应忌饮酒及食用酸辣刺激物。

小金丹。每日服二至三粒。

三、治疗效果

药膏的疗效:根据在这 25 例的观察,药膏的效果可以分下列的治疗时限来看。至于小金丹的效果,因为在部分例数用后,虽似乎有些作用,但效果不太显著,所以不在这里报告。

十天(25 例):15 例的损害变软,变薄,颜色减淡,表面有白色皮屑脱落,痒痛减轻。2 例的情况同上述,但痒感加重。3 例的损害变软,变薄,但颜色加深。2 例的损害有破溃、出水及白色分泌物,而痛加重。3 例无自觉或客观变化。

廿天(18 例):12 例的情况有进一步的好转,其中 2 例显表面皱缩,3 例有破溃和痛感,3 例无变化。

卅天(11 例):5 例的损害色白,中部变平。2 例损害渐平,表面皱缩,但色加深。1 例损害破溃并排除白色分泌物及脓水,损害缩小将一半。3 例除损害稍软外,无其它变化。

二个月(三例):二例的损害变平,表面皱缩,但小部仍隆起。一例损害缩小一半以上。

三个月(一例):破溃长好,损害下平了 2/3,面积缩小了 4/5。

变化的方式:损害的变化似与其原来的形态有些关系,但观察尚嫌不足。目前看来有下列的趋势:

(1) 小块不太硬的损害于十日左右开始变软、变薄,表面有白色皮屑脱落,痒、痛一般减轻;

(2) 长条状的损害变软、变薄,颜色加深,症状减轻,有时破溃出水和分泌物,然后皱缩渐平;

(3) 大片硬固的损害于廿日左右变软。易穿小孔,排除分泌物,痛暂时增加,然后缩小变平;

(4) 大块红肿的损害多于四、五日后发红,更痒,然后好转,有时破溃出液体及分泌物而后渐平。

这些变化是不平衡的。长条损害渐愈时可以变成直线上的多数小块,或大块有部分被吸收而平下去。

其他疗法效果的情况:未用中药膏治疗的 19 例(病情的轻重与治疗组类似),经过其他方法处理的结果如下:

组织疗法:共八例(其中六例用组织液注射,二例用组织埋藏)皆无显著效果(虽然有的患者经过六个月的治疗)。

X 线:五例患者皆有一定的效果——损害变软,稍平,停止发展,症状减轻——但未消退(部分或全部)

手术:一例用外科手术切除后,损害复发加大。

手术加 X 线:一例复发,但损害较原发者为小。

碘离子透入:三例的损害变软、变平,停止了发展,症状减轻,但未消退。

局封:一例用局部奴佛卡因封闭法治疗后停止了发展,但未显外形变化。

四、讨论

我们观察的例子还很少,而且追踪的时间也很短。但是上述初步结果已经使我们认识到：中药膏的疗效比其他的疗法的效果为佳，医师和患者都感到比较满意——一方面是自觉症状的显著减轻，另一方面是损害的变平和缩小。

赵大夫用此药膏的经验和成效已经被西医初步的证实了。据他的观察，痊愈的效果多在 3~6 月，重者甚至需要一年，瘢痕疙瘩可以完全消退。

药膏的主要作用不像是腐蚀性质的——虽然有破溃穿小孔的情形，破溃或穿孔多数只要几天就长好了。组织变化的机制尚不明了，我们准备了做组织切片的系统研究。

药膏的主要有效成分尚不能肯定，有待于化学和临床方面的进一步的研究。酸酐、鞣酸和蜈蚣内的毒素都可能是有效成分。

对于发病的诱因我们有了些了解。季节、气候和搔抓（机械性）刺激是有一定的影响的。在这25例中，有17人的病在夏季或春季(特别是夏季)加重——自觉症状加重，损害发展。潮湿阴冷气候及搔抓也有同样不良的影响。沐浴有好处。四例患者因情绪不好而痒痛增剧。饮酒及酸辣食物也使自觉症状加剧，因此在治疗期间禁用。这些情况说明了中医注视环境和精神状况对于病的影响。我们对于瘢痕疙瘩发生的基本因素还不明了。发病的年龄表现了青春前后期的例数最多，而并发于痤疮的患者又占 13 例，这些情况似乎指向于内分泌和神经系统的发育有关，但这还需要深入的研究。这 25 例中仅有三例的家中人有同样的患者，这对于遗传的说法不是有力的证据。

五、总结

根据 25 例瘢痕疙瘩的初步观察，我们可以肯定中药治疗有一定的效果，而且比西医治疗的结果较为满意。但是现在还没有一例十分痊愈的，我们还必须作进一步的观察和更深入的研究。

中医熏药治疗神经性皮炎的初步报告

方大定,赵炳南,马海德,胡传揆

(中华皮肤科杂志,1957,(1):1-7)

神经性皮炎是一种相当常见的皮肤病。本所1955年皮肤科患者总数10 130名,其中神经性皮炎患者为1143名,占11.28%。本病的临床特征为皮肤呈苔藓样变化,伴有剧烈的瘙痒,往往影响患者的睡眠、工作和学习。目前对本病的治疗方法如封闭疗法、X线治疗等等,都有一定的效果,但不能有效地防止复发。

一年多来,本所在学习与研究中医中药的过程中,应用熏药疗法对126名神经性皮炎患者进行了治疗,获得了良好的效果,这里单就住院治疗的60个病例作临床初步报告。

祖国医学对神经性皮炎和熏药疗法的记载

祖国医学对皮肤病的记载有着悠久光荣的历史。早在公元前十四世纪的甲骨文字中,就有"疥"、"疕"等表示人患皮肤病的象形字。《黄帝内经素问》(公元前二、三世纪)对若干皮肤病就有了记述。公元六〇一年,隋朝巢元方氏所著《诸病源候总论》一书,开始对皮肤病作出广泛的记载和细致的描述。该书卷35记载有"癣候",分为十种,其中有一部分类似神经性皮炎的症状,如"牛癣候……其状皮厚,抓之韧强是也"。同卷并记载:"摄领疮,如癣之状,生于颈上痒痛,衣领拂着即剧云,是衣领揩所作,故名"摄领疮也"。这一记载很像生于颈部的神经性皮炎,并且指出衣领的机械摩擦刺激对于发病有一定的关系。此后,明清时代的中医外科书籍,如《外科正宗》、《疡医大全》和《医宗金鉴》等,对神经性皮炎都记载的相当详细。

根据我们在学习中的体会,中医把限局性神经性皮炎一般都归于"癣"类。中西医对癣病的概念是不相同的;西医把皮肤霉菌病称为癣病,而中医癣病则大多数系指限局性皮肤增厚界限清楚的瘙痒性皮肤病,其中包括限局性神经性皮炎、慢性湿疹、一部分表皮癣菌病和若干其他皮肤病。

祖国医学对神经性皮炎的观察和认识是相当仔细的,如《医宗金鉴》[2]根据皮损性质和外观形态的不同,把神经性皮炎分为下列不同的类型。

1. 干癣　搔痒则起白屑,索然凋枯。
2. 风癣　即年久不愈之顽癣,抓之痹顽不知痒痛。
3. 牛皮癣　状如牛领之皮,厚而且坚。
4. 松皮癣　状如苍松之皮,时时作痒。

此外由于发病部位的不同也有不同的名称,如生于肘窝和膝窝处的神经性皮炎属于"四弯风",生于股内侧的神经性皮炎属于"瘙癣"等。

我国人民在长期的医疗实践中,创造了各种各样的治疗皮肤病的方法,熏药疗法便是其中之一。在民间流传有用桑枝、谷糠或各种中药配方燃熏以治疗皮肤病的方法。

从中医书籍上,我们可以找到类似目前熏药治疗方法的记载,如明代陈实功氏有"神灯照之法":"雄黄、硇砂、血竭、没药(各一钱),麝香(四分),右五味研为细末,每用三分,棉纸裹药为燃,长约尺许、以真麻油润透灼火,离疮半寸许,自外而内,周围徐徐燃之,火头向上,药气入内,疮毒随火自散……"陈氏并创有"桑木灸法",以后《医宗金鉴》发展其法而成"桑柴火烘法":"用新桑树根劈成条,或桑木枝长九寸劈如指粗,一头燃着吹灭,用火向患处烘片时,火尽再换,每次烘三、四枝、每日烘二、三次。……"此外,各种中医外科书籍还普遍记载有用草药煎滚以蒸汽熏治的方法。

从祖国医学的文献看,我们认为熏药疗法是从中医灸法的基础上发展演变而来的。中医书籍除了记载用熏药治疗外科痈疽等疾患以外,也有记载用以治疗皮肤病的,如申斗垣氏所著《外科启玄》[4]一书,在"明疮疡宜熏论"一节中记载:"大凡杨梅疮并结久烂坑见骨,及多年臁疮并血风疮、顽癣、疥疮百治不痊者……可用药拈子熏之,不数日而愈……如八仙灯、鬼吹火、三圣拈子灯类治之,无不神效……"。其中所谓"顽癣",即包括神经性皮炎。

赵炳南医师对熏药治疗皮肤病有很好的经验,我们就是根据他的处方和方法,在他的具体指导下应用于临床,改进了熏器,提高了疗效。

一、临床报告

发病的情况:60名患者中,年龄分布于16~60岁之间,其中21~25岁者占1/3以上。男性26名,女性34名。职业方面脑力劳动者占51名(主要为机关干部、职员、教员、学生等）。发病期限一般均在一年以上十年以内，各年限的例数大致相等，以二年及三年者例数略多，病期十年以上者有四例。发病部位以颈部为最多（占 37 例）其余为下腿、肩部、腘窝部、前臂、女子外阴部等处。

治疗方法：系用赵炳南医师师傅的熏药处方：苍术三钱、大枫子一两、苦参三钱、防风三钱、白鲜皮一两、五倍子五钱、松香四钱、鹤虱草四钱、黄柏三钱，将上药研碎均匀混合。

熏的方法一般使用本所特制的熏炉。将熏药撒于炉内燃着的炭块上使其冒烟，令患者将皮损部位紧贴炉的上口以接受治疗。少数患者采用纸卷熏法，即将熏药卷于草纸内燃熏。每天上下午各熏一次，每次每块皮损按其厚薄程度不同熏 15~30 分钟。熏时接触皮损的温度一般在 40~80℃之间，根据患者自觉最适宜的温度为标准。平均每五分钟耗药量为 7.5 克左右。

在我们治疗的病例中，大多数均同时外用中药膏，如止痒药膏、藜芦膏等，部分病例同时服用中药汤剂或丸剂（汤剂处方的主要药味如白鲜皮、地肤子、金银花等，丸剂常用二妙丸、紫云风丸等），并按中医忌口规定控制饮食。

二、治疗效果

1. 治愈率　60 名患者接受熏药治疗后，有 49 例治愈，7 例显著进步，4 例进步，治愈率占 81.7%。

痊愈的标准是自觉和他觉症状完全消失，或局部仅留色素沉着；显著进步（图 6）系指瘙痒消失或显著减轻，皮疹大部消失；进步则指自觉和他觉症状比较有改进。

2. 治愈期限　最短九天，很少超过两月以上。

3. 自觉症状减轻和消失的情况　在熏药治疗过程中，患者瘙痒的减轻和消失，一般均较皮损的消退为快。根据 60 例的统计，83.3% 的患者治疗 1~4 天内痒感便开始减轻，其中 14 例第一次熏后瘙痒即减轻。70% 的患者治疗 1~10 天内便基本不痒，1~5 天内基本不痒者占 13 名。所谓"基本不痒"系指皮损仅在用手触动或受机械性摩擦时有轻度痒感，或痒感限局于皮损上某几个小点，出现的次数少程度亦轻。至于治疗后达到完全不痒的期限：1~5 天者 3 例，6~10 天者 11 例，11~15 天者 10 例，16~20 天者 9 例，21~25 天者 8 例，26 天以上者 10 例。其余 9 例治疗后未达完全不痒的程度。在未治愈的 11 例中，有 2 例虽皮损未完全消退，而自觉症状已完全消失。

此外，也有少数患者（占 16.7%）瘙痒减轻较皮损消退为慢，皮损基本消退后仍有轻度痒感存在。

治疗前,神经性皮炎患者皮损局部均表现对触觉和温度觉感受迟钝的状态。熏药时,用40~70℃的高温熏于皮损部位,感觉很为舒适。皮损部位和周围正常皮肤对热的耐受程度有显著的差别,假如用同样温度作用于正常皮肤便会很快的发红和起疱。在治愈过程中,皮损局部对温热的耐受力逐渐减低,对触觉和温度觉感受逐渐恢复正常。

4. 皮损消退情况　60例患者治愈过程中,有50例呈现皮损普遍变平,逐渐趋于消失,占83.3%。这类患者多半在皮损变软的同时,局部略现色素减退,治疗中皮损变为淡红色或灰白色,境界清楚,治愈后遗留境界模糊的灰白斑,再经过半个多月的时间而恢复正常皮肤的光泽。也有少数病例,在皮损普遍变平的同时呈现色素增加的情况。

此外,有7例皮损显著肥厚或表面有疣状增殖者,治疗后皮损边缘首先见好,周围呈现灰白色圈,中央仍呈肥厚的苔藓样变化。以后灰白色圈的范围逐渐扩大而中央肥厚区逐渐缩小,同时肥厚区本身也日趋平软,渐行治愈。另有2例患者治疗中于大片苔藓样变化损害中间,出现数区正常皮肤,将皮损逐渐分散缩小而趋治愈。一例患者皮损中央首先恢复而呈半环状外观,最后边缘再行恢复而治愈。

疗后观察:49例治愈患者中,有36例进行了3个月至一年半的疗后观察。其中8例于原处复发,占22.2%,另有10例于别处皮肤上有新发损害,两者合起来复发率为50%。其余18名患者观察期间未有复发。上述复发皮损均较治疗前原有损害为轻。

这里附带说明一下,关于患者,系在家自行熏药治疗,用具和使用方法都不一律,很多患者因工作忙没有坚持熏治,因而效果也不一致。一般能坚持熏治使用方法好的,效果都比较好。

三、讨论

1. 关于疗效　神经性皮炎是一种顽固难治的慢性皮肤病,而且很易复发。熏药疗法对本病能有81.7%的治愈率,一般讲是比较满意的。

目前一般医学上治疗本病比较有效的方法是封闭疗法和X线治疗。大连医学院王仲茵氏等报告用局封治疗限局性神经性皮炎107例,临床治愈及近愈者43例(治愈率为40%),显著进步34例,改进15例,无效15例。王嘉富氏报告局封治疗15例神经性皮炎,7例治愈,7例显著进步,一例未完成整个疗程,治愈率为50%。两篇报告中对复发率均未作统计。本文熏药疗法的效果较封闭疗法为高。

X线对神经性皮炎的治疗,贾振英氏等报告100例,痊愈89人,显著进步11人,治愈率为89%。许寿松氏等报告27例,痊愈19例,显著进步6例,无效一例,结果不明一例,治愈率为70.3%,有效率为92.5%,以后复发率为42.1%,多半均在原处复发。与本文熏药疗法的效果相比,前者较高,后者则较低。应该指出:X线治疗必须有专门设备,在有条件的医院里才可能进行,而熏药疗法尤其是纸卷熏法,简便易行,在广大城市和农村中都可普遍推广,患者可在家自行使用,成本也较低廉。同时,X线的用量不能超过一定的限度,否则会造成严重的反应,对于复发病例及泛发性损害治疗起来都相当困难。而熏药疗法一般都很少不良反应,复发病例再度治疗仍有同样效果,泛发性损害也可应用。这些都是熏药治疗突出的优点。虽然在熏药治疗的同时,多半给患者合并外用中药膏和内服用药,但由于在60例中曾有二名患者未用外用药,三名患者未给内服药,也同样达到治愈。同时门诊患者半数都没有配合内服和外用药,效果并未见明显的差别,并有部分患者未用熏药而单纯内服中药和外用中药膏,而效果都并不好。因此我们认为熏药本身是起主要治疗作用的。至于内服和外用中药在治疗中到底起怎样的配合作用,根据目前材料还不能做出结论。

2. 各种因素对疗效的影响　根据统计,患者的年龄、性别对熏药疗效关系不大,而与病期的长短皮损的厚薄则有明显的关系,一般病期长和皮损厚的治愈速度较慢,病期短皮损薄的治愈速度较快,其中皮损厚薄对治疗的影响最为显著。

同一患者的多块病损,因病期不同、厚薄不等,而呈现不同的治愈速度,如患者刘××(住院号431)皮损在后颈部者病期十年,右肩部者病期二年,均显著肥厚;下腹部者病期四月,左背下方者病期二月,均较薄,熏药治疗后,左背下方皮损七天治愈,下腹部十天痊愈,后颈部及右肩部损害均在一个半月左右基本治愈。

发病部位和疗效的关系:如在毛发被复部位的皮损普遍比平滑皮肤上的损害难以治愈,个别病例将其局部毛发剪短,相应地提高了疗效。生于肩凹、股内侧、女性外阴部等皮肤凹面处的损害,由于不易与熏炉口密切接触,治疗效果均较差。如女性患者胡××(住院号593),外阴部和股内侧损害用熏炉法治疗后,皮损不见消退,痒感亦不减轻,17天后改用纸卷熏法,熏烟便能准确地作用于患部,第二天痒即显著减轻,以后迅速见好。

3. 复发问题　根据我们的经验,复发与否和治疗得是否彻底有一定的关系。有17例患者治疗后作了病理切片检查,其中5例切片表明皮肤已恢复正常或炎症已基本消退，8 例结果为表皮恢复正常，但真皮仍有轻度炎症现象，另 4 例结果为表皮变薄真皮仍有中度炎症存在或炎症尚明显。前两类复发较少，后一类则普遍均复发。据此我们认为不应于临床症状刚一恢复时立刻停止熏药，而应作彻底的治疗。

基本痊愈后继续熏药巩固，是防止复发的有效方法，开始可 2~3 天熏一次，以后一周熏一次，维持一个时期，按这样做的病人较少复发。

治愈后患者是否注意护理与复发有关，某些患者的复发可以看出明显的因素，如服食刺激性食物过多、精神过度紧张疲劳、坐卧湿地、局部机械性摩擦等等。

复发患者再度用熏药治疗仍有与原先相同的效果，在 5 名复发后再次治疗的患者中，三名治愈期限与第一次相等或略短、二名比第一次较长。

4. 熏药的不良反应　根据临床观察，很少特殊不良反应、一般仅有由于熏烟刺激所致的轻度口咽干燥。60 例中有四名患者有较重的头昏、恶心、呕吐等反应。5 名患者熏药过程中出现身体某部或全身皮肤瘙痒的情况。一般头部损害熏药后，患者都感有短时间的轻度头痛，但同一患者熏其他部位时无此种现象。

熏药疗法没有严格的禁忌症，仅在局部皮肤有急性炎症时或血管痣处不可熏。在目前设备不够完善的情况下，对高血压、气喘、心脏病、身体过分衰弱及对熏烟不能耐受的患者应加以限制。

5. 熏药疗法不仅可以治疗神经性皮炎，我们也曾用以治疗 18 例慢性湿疹、13 例阴囊或肛门瘙痒症，3 例全身皮肤瘙痒症，3 例表皮癣菌病、4 例皮肤淀粉样变，一例扁平苔藓及 1 例达利氏（Darier's）病，都有不同程度的效果。其中慢性湿疹发病部位主要为阴囊、手背、下腿等处，18 例中治愈 8 例，显著进步 7 例，改进 3 例。

6. 熏药疗法是我们伟大祖国宝贵的医学遗产，它在皮肤科的领域内有着广阔的适用范围和良好的治疗效果，因此很好地用科学方法研究整理和发扬推广这一疗法是十分必要的。

为了使熏药更好地为广大人民服务，必须选择简便易行和一般民间都可采用的方法，因此研究与推广纸卷熏法就显得重要了。我们有三名患者部分皮损用熏炉法治疗，另一部分采用纸卷熏法，一名患者用熏炉法治愈后复发，第二次则用纸卷熏法治疗，结果都很好。此外，生于面额部及身体皮肤凹面处的损害不宜采用熏炉法，宜用纸卷熏法。

我们还应该进一步研究熏药疗法的机制和有效因素，深入掌握熏药治疗

163

的规律性,不断改进和设计新的熏药器械,使其熏烟密闭、操作方便、效果提高,把熏药疗法纳入现代化的医学轨道,丰富现代医学的内容。在这些方面,我们仍在研究中。

四、总结

本文简单的报告了应用中医熏药疗法治疗 60 例神经性皮炎的初步结果,并与封闭疗法及 X 线治疗的效果作对比。

熏药疗法的优点就是止痒迅速、治愈期限不长、用法简便、可在民间广泛推广、很少严重反应,治愈率达 81.7%,对复发患者也同样有效。

文内根据中医书籍的记载,简略地叙述了祖国医学对神经性皮炎的记载以及熏药疗法的来源和历史。

根据临床工作体验,对熏药疗法的操作方法、不良反应、复发的预防和今后努力方向等问题,作了初步讨论。

熏药疗法不仅可以治疗神经性皮炎,它在皮肤科的领域内有着广阔的适应范围和良好的治疗效果,充分说明我们祖国医学是丰富多彩的。

参 考 资 料

1. 巢元方氏 . 诸病源候论 . (卷 35). 北京:人民卫生出版社,1955,185-188 .

2. 医宗金鉴 . (外科部分·卷 74). 北京:人民卫生出版社 .

3. 陈实功 . 外科正宗(卷 2,肿疡主治方第十七)

4. 申斗垣 . 外科启玄(卷 3,明疮疡宜熏论). 北京:人民卫生出版社,1955,21-23.

5. 王仲茵等 . 应用奴佛卡因封闭疗法治疗若干种皮肤病的初步报告 . 中华皮肤科杂志 1955,4:258-262.

6. 王嘉富 . 封闭疗法治疗神经性皮炎的初步观察 . 中华皮肤科杂志,1955,2:157-158.

7. 贾振英 . 神经性皮炎及其 X 线治疗 . 中华皮肤科杂志 1956.2:136-157.

8. 许寿松 . 限局性神经性皮炎 X 线治疗 27 例总结报告,中华皮肤科杂志 2:154-156.1956.

白疕风（牛皮癣）廿三例中医疗效观察

赵炳南　马瑞臣　张作舟

（中医争鸣，1958，（1）:22-27）

牛皮癣（Psoriasis）中医叫白疕风，又名蛇虱，是一种常见的慢性皮肤病。我院自1956年10月至1957年9月观察较完整的23例牛皮癣患者使用中医疗法，现加以总结分析如下：

一、中医文献对本病病因、症状的记载

公元前十四世纪殷墟甲骨文中有"疕"，表示皮肤病。以后各代文献对本病均有详细描述。明王肯堂氏："蛇虱遍身起如疥丹之状，色白不痛而痒，抓之起白皮。"清许克昌，毕法《外科证治全书》说："白疕，一名疕风，皮肤燥痒，起如疹疥而色白，搔之屑起，渐至肢体枯燥坼裂，……因岁金太过，至秋深燥金用事乃得此病。"清《医宗金鉴》："俗名蛇虱，生于皮肤，形如疹疥，色白而痒，搔起白皮，由风邪客于皮肤，血燥不能荣养所致。"

二、一般分析

在23例中除一例限局于右下腿外，其余均属泛发性者。其中男性17人，占23例的73.9%，女性6人，占26.1%，发病年龄以20~30岁者最多，占52.1%。见表1、表2。

表1　患者性别年龄表

年龄 \ 数目 \ 性别	男性	女性	共计	百分率
15~20岁	1	1	2人	8.7%

年龄 \ 性别 数目	男性	女性	共计	百分率
21~25 岁	5	0	5 人	21.7%
26~30 岁	4	3	7 人	30.5%
31~40 岁	3	1	4 人	17.4%
40 岁以上	4	1	5 人	21.7%
共计	17	6	23 人	
百分率	73.9%	26.1%		

表 2　发病部位表

人数 % \ 部位	全身性	限局性
人数	22 人	1
百分率	95.6%	4.4%

关于患者发病年限,最短一年以下者 2 人占 8.7%,最长 15 年以上者 5 人占 21%,其与疗效关系见表 3。

疗效观察标准如下:

1. 痊愈　以自觉症状及皮肤损害完全消失者。

2. 显效　以自觉症状及皮肤损害基本或大部消失者。

3. 有效　以自觉症状减退,皮损有好转者。

4. 无效　以治疗后自觉症状及皮肤损害均无改善者。

以上病例经中医治疗时间最短者为半月以下,最长有一例达七个月,详见表 4。其中患者多系门诊治疗,对外用药及洗疗多不能按正规进行,可能为影响治疗时间的原因。

表 3　患病年限与治疗效果表

年限 \ 效果 数目	痊愈	显效	有效	无效	合计
一年以下者			2		2 人
1 年~5 年	1	3	2	1	7 人

效果 数目 年限	痊愈	显效	有效	无效	合计
6~10年	1	1	4	2	8人
11~15年				1	1人
15年以上者	1	2	2		5人
人数	3	6	10	4	23人
百分数	13.1%	26.1%	43.1%	17.7%	

表4 治疗时间与疗效表

疗效 人数 时间	痊愈	显效	有效	无效
半个月			1	2
1个月			1	1
2~2个半月	2		2	1
3~3个半月		2	4	
4个月		3		
5个月	1			
7个月		1		
合计	3人	6人	10人	4人

三、治疗方法

中医疗治本病均以疏风养血为主。清许克昌,毕法《外科证治全书》主张内服生血润肤饮;《医宗金鉴》主张用防风通圣散、搜风顺气丸;明王肯堂氏提出内服蜡矾丸及金银皂角丸,并以猪脂油苦杏仁外搽,局部用柏树叶煎汤洗。

我院根据文献以疏风养血为主,并结合临床经验随症状之不同,随症佐以去湿凉血活血等药。临床中主要采用以下三种疗法。分别介绍如下:

(一)内服药

1. 除湿胃苓汤加减

处方:苍术、厚朴、陈皮、猪苓、泽泻、赤苓、白术、滑石、山栀、防风、木通、肉桂、甘草。

方解：以苍术、猪苓、泽泻、赤苓燥湿利水，厚朴、陈皮、白术平胃宽中，滑石、木通、山栀清热通利，肉桂、防风通脉祛风，而以甘草通络和药。

常用加减药：苍术、黄柏、苦参、防己、牛蒡子、白鲜皮。

2. 养血润肤饮

处方：生地、熟地、红花、当归、桃仁、黄芪、花粉、天冬、麦冬、升麻、黄芩。

方解：以生地、熟地、当归养血，红花、桃仁活血，花粉、天冬、麦冬生津，黄芪温中，黄芩清热，而以升麻解毒散风邪。

常用加减药：紫草、银花、连翘、野菊、丹皮、公英、地丁。

3. 经验方

处方：鳖甲、龟板、黄柏、苍术、白术、白鲜皮、茯苓、防己、威灵仙。

方解：鳖甲、龟板、黄柏滋阴利湿，苍术、白术、茯苓，除湿平肝，防己、白鲜皮除风湿通腠理。

根据临床观察适用于静止期皮损，对进行期忌用。

4. 荆防败毒散

处方：荆芥、防风、羌活、独活、前胡、柴胡、桔梗、川芎、枳壳、茯苓、人参、甘草、共研细面内服。

5. 消风散

处方：荆芥、防风、当归、生地、苦参、苍术^炒、蝉衣、胡麻仁、牛蒡子^{炒研}、知母、煅石膏、生甘草、木通，研细面内服。

以上处方临床多用于病变基本痊愈，有疏风去湿止痒稳定疗效的作用。

（二）外用药

1. 去湿原料膏加琥珀粉

处方：去湿原料膏加 5%-10% 琥珀粉调匀外用。

附去湿原料膏：苦参、薄荷、防风、鹤虱、荆芥穗、白芷、大黄、威灵仙、连翘、苍术、大枫子、白鲜皮、五倍子，用香油将上药煎枯去渣加蜡成膏。

方解：薄荷、荆芥穗、大黄、连翘清热解毒，防风、白芷、威灵仙、苍术祛风燥湿，佐以苦参、鹤虱、大枫子、白鲜皮、五倍子杀虫止痒，琥珀有散瘀行水之效。

2. 第四方熏油膏化毒散膏加琥珀粉

处方：第四方熏油膏、化毒散膏、琥珀粉共调匀外用。

（1）第四方熏药油膏：地肤子、蛇床子、覆盆子、蓖麻子、木鳖子、大风子、五倍子、胡麻子、松子、苏子。

以上制成干馏油与去湿原料膏配成 25%~50% 油膏。

（2）化毒散软膏

处方：化毒散、冰片、去毒药粉、凡士林调成。

甲、化毒散：乳香、雄黄、黄连、花粉、大黄、贝母、赤芍、没药、冰片、牛黄、甘草、珠子。

乙、去毒药粉：马齿苋、草红花、薄荷、大黄、地丁、败酱草、雄黄、赤芍、生石膏、白及、绿豆粉　共研细面。

丙、冰片：研细调入

（3）琥珀粉：研细调入

方解：

第四方熏药油膏：蛇床子、木鳖子、大枫子、五倍子为解毒止痒之主药，地肤子、胡麻子、松子祛湿疏风，覆盆子、蓖麻子润肤通络。

化毒散膏：本方内服有清热解毒之效，配成药膏，其中牛黄、珠子、冰片为清热主药，大黄、黄连、花粉、贝母、赤芍泻火润燥，甘草通行经络，佐以乳香、没药、雄黄活血解毒。

去毒药粉：马齿苋、地丁、败酱、赤芍、雄黄、绿豆粉均为清热解毒主药、草红花、大黄、白及活血消瘀，佐以石膏、薄荷清热疏风。

冰片：清热通窍散火、通行十二经络。

琥珀粉：散瘀行水燥湿。

（三）洗疗

1. 洗疗合剂

处方：苍耳子秧、凤仙花秧、败酱草、豨莶草共串粗，水煎外洗。

方解：败酱草、凤仙花秧清热解毒，佐以苍耳子秧、豨莶草疏风止痒。

2. 第一复方洗剂

处方：洗疗合剂加百部、楮桃叶

方解：除以上作用外，百部、楮桃叶有杀虫止痒之功。

3. 第三复方洗剂

处方：洗疗合剂加蒲公英、马齿苋

方解：除以上1，作用外，蒲公英、马齿苋有凉血解毒作用。

四、典型病例

患者宫××、女性、家庭妇女，病历号9809，初诊日1956年6月27日。因十多年来全身癣块，一个月来加剧，开始全身散在红丘疹，披有白色鳞屑，自觉瘙痒逐渐扩大，蔓延成银色鳞屑斑，尤以四肢伸侧分布明显，手足掌跖肥厚角化皲裂,自觉干痛。检查:全身皮损呈对称性,皮损表面云母片状鳞屑,多数裂隙刺痛,两手指关节因皮损致活动受限。化验检查血清瓦氏反应(-),经我科治疗75天痊愈。

治疗经过:

8月27日,内服养阴疏风去湿

鳖甲一两、龟板一两五钱、黄柏二两、苍术二两、白术一两、土茯苓一两五钱、防己七钱,外用去湿润肤止痒法。

去湿原料膏六两、琥珀粉六钱外搽皮损。

9月3日复诊,病损无发展,皮肤松润,仍见边缘潮红。

内服:鳖甲三两、龟板二两半、黄柏二两、苍术三钱、白术一两、猪苓一两、防己一两、丹皮二钱。

外用:同前

9月17日,皮肤红色转淡,有消退现象,无新生丘疹。

内服、外用药同前。

9月24日,皮肤色泽较前转淡,无新生丘疹,皮损不痒,没有鳞屑。

内服汤剂改两天一剂。

内服:鳖甲四两、龟板三两半、苍术四两、全归五钱、丹皮四钱、苦参五钱、猪苓一两、防己一两。

外用药同前。

10月10日,皮损转浅粉色,斑块缩小。

内服:鳖甲四两、龟板三两半、苍术四两、全归一两、丹皮四钱、苦参五钱。

外用药:同前

10月29日,痒感全消失,角化厚皮脱落,没有复发,皮损多数变成黄褐色素斑,大部皮损渐趋正常。

内服:荆防败毒散每早服一钱,消风散每晚服一钱,外用药同前。

11月12日:色素沉着斑逐渐消失,全身皮损消退,病变痊愈。

内服:继服前药。薏仁米每次一两熬水代茶经常服用。

五、讨论

1. 中医治疗本病采用综合疗法,临床初步观察有效率82.3%。虽然疗程较长,但疗后似觉巩固。今后应努力钻研,缩短疗程,以发掘传统医学宝藏。

2. 根据最近观察熏药油的浓度加大,配合柏树叶洗,疗效较前有进步。

3. 关于药理作用机制尚未明时,根据中医药学理论,认为本病在急性进行期皮损发红,属热盛,故服内服药以凉血、清热、解毒为主,佐以祛风利湿,如芩、连、公英、银花、地丁、生地、丹皮、红花、紫草等。根据临床经验,此期禁用鳖甲、龟板滋腻之剂,否则有致红皮病的发生,是否因全身敏感性增高的情况下不适应用,尚待探讨给予补充。静止期则以疏风利湿为主。如泽泻、木通、苍术、黄柏、白鲜皮、防己等,病久更主以鳖甲、龟板。临床观察患者每日进服汤药未见引起胃肠反应,治疗中患者常因煎药不便而服用丸剂膏剂(搜风顺气丸及苍耳子膏等)交替内服。

关于外用药以第四方熏药油为主,观察中有促进皮损角质溶解、皮损消退之疗效。除个别发现小腿引起毛囊炎样损害外,对各期皮损均无不良反应。关于洗疗有促进皮屑脱落,使外用药易吸收的效能,最近使用柏叶,疗效更较显明。是否有消炎润肤作用应进一步研究。

4. 关于长期使用汤药甚属不便,今后如何改良剂型以便于推广。关于熏药油的含量测定等均急待研究改进。

5. 本文统计病历过少,病历观察和记载均不够全面,为治疗中很大缺点,今后在中西医合作下努力改正。

六、小结

1. 本文综合简单介绍中医药学有关本病文献的记载。

2. 本文初步总结与分析 23 例牛皮癣的中医疗法,临床观察有效率82.3%。

3. 本文介绍本院对本病使用中药的一般性能,并介绍了使用方法和临床经验。

4. 本文对使用中医疗法中做了一般探讨,并对一些缺点做了初步检查。

癣(神经性皮炎)103例中医疗效观察

赵炳南　　马瑞臣　　张作舟

（中医争鸣,1958,1(1):28-32.）

　　癣(神经性皮炎)是一种慢性瘙痒性而常见的皮肤病,本院自1956年10月至1957年12月门诊较系统观察103例,经中医疗法,加以分析总结如下:

一、祖国文献对本病的病因症状的认识

　　远在公元610年隋巢元方氏即在《诸病源候总论》;癣候篇及各代文献中,均认为本病是因"风热湿虫"所致,巢氏说:"风湿邪气客于腠理,复值寒湿与血气相搏,则气血否涩而发此病"。明陈实功氏曾说:"癣症为风热湿虫四者为患"。清《医宗金鉴》:"癣症由风热湿邪侵袭皮肤,郁久风盛则化为虫,是以瘙痒无休。"综合文献均认为由"风湿热虫"所致,其它如局部摩擦等均早被重视,如巢氏曾经提出,摄领疮是"衣领拂着即云剧……"。

　　关于本病症状,巢氏首先提出"癣病之状,皮内瘾疹如钱大,渐渐增大,或圆或斜,痒痛"又说"干癣,皮枯索痒,搔之白屑出",湿癣候说:"如虫行,浸淫赤湿痒,搔之多汁成疮,其里亦生虫",又陈实功氏说,"顽癣,其形大小圆斜不一,有干湿新久之殊"并由于病损形态分别为"风癣,湿癣,牛皮癣"之不同。清《医宗金鉴》则分为干、湿、风、牛皮、松皮、刀癣六种,如"干癣瘙痒则起白屑,索然凋枯","湿癣瘙痒则粘汁浸淫如虫行,风癣即年久之顽癣,瘙痒疲顽不知痛痒,牛皮癣状如牛项之皮厚而且坚,松皮癣状如桑松之皮红白斑点相连,时时作痒,刀癣轮廓全无,纵横不定。"总之,祖国医学早已认识本病是一种顽固瘙痒性鳞屑皮肤病,当时受条件限制尚不能与真菌性皮肤病详加鉴别,但其症状之描写与现代医学相差不多。

二、一般分析

本院观察 103 例患者,绝大多数均经过各大医院确诊,并经过 X 线、紫外线、封闭疗法及外用药等治疗无明显进步或反复发作者。患者中男性 87 人,占 107 例的 84.4%,女性患者 16 人占 15.6%,其中发病年龄,以 21 岁到 40 岁者最多。见表 1。

表 1　患者性别年龄表

年龄 \ 性别数目	男性		女性		合计	
	人数	百分率	人数	百分率	人数	百分率
16~20 岁	3	3.4%	2	1.9%	5	4.8%
21~30 岁	43	49.4%	7	6.8%	50	48.5%
31~40 岁	28	32.2%	4	3.88%	32	31.2%
41~50 岁	10	11.5%	2	1.9%	12	11.6%
51 岁以上者	3	3.4%	1	0.96%	4	3.8%
共计	87	84.4%	16	15.44%	103	99.9%

根据 103 例患者发病部位以颈部最多,少数病例同时有多处损害。见表 2。

表 2　发病部位表

数目 \ 部位	颈部	上肢	下肢	会阴
人数	76 人	8 人	18 人	3 人
百分率	72.4%	7.6%	17.2%	2.8%

患者发病年限,多在一年以上,其中发病在 1~10 年者共 73 人,占 103 例的 70.8%。最短半年以下者 2 人,最长有 20~30 年。详见表 3。

表 3　发病年限统计表

年限 \ 百分率数目	人数	百分率	年限 \ 百分率数目	人数	百分率
半年以下者	2	1.94%	6 年 ~10 年	30	29.1%
半年 ~1 年	20	19.4%	11 年 ~20 年	6	5.82%
1 年 ~2 年	12	11.6%	20 年以上者	2	1.94%
3 年 ~5 年	31	30.16%			

观察病例使用各种中医疗法有效率达95.4%,其治疗时间和效果,根据临床初步体会,对病程较短,丘疹样损害者,疗效较快,其中观察标准如下:

痊愈:自觉症状完全消失,皮肤损害完全恢复正常者。

显效:自觉症状基本或大部消失,皮损有明显好转。

有效:自觉症状减轻或皮损有改善者。

无效:自觉及他觉症状均无改善者。

表4 治疗效果与治疗时间统计表

效果 \ 治疗时间 人数	半月以下	一月	一月半	二月	二月半	三月	三月半	四月	五月	六月	合计 人数	合计 百分率
痊愈	1	4	5	4	3	2	1	2	2	0	24	23.3%
显效	3	8	1	3	1	1	2	1	0	1	21	20.4%
有效	13	16	4	9	1	5	2	1	2	0	53	51.7%
无效	3	0	1	1	0	0	0	0	0	0	5	4.8%
总计	20	28	11	17	5	8	5	4	4	1	103	

三、治疗方法

据文献记载,本病治疗大都采用去湿疏风清热杀虫等法,公元682年唐孙思邈氏及唐王焘氏首先介绍各种外用药,其中就有用松节等所烧出的馏油和含有水银,黄连……用猪油所制成的软膏等方法。明清以来方法更多,如顾世澄氏千金神草方的熏法,《医宗金鉴》的青布熏法,桑柴火烘法等,总之以杀虫渗湿消毒之药物进行治疗。我院依据文献记载及总结临床经验,集体研究采用以下四种治疗方法,其中熏药油,电辐热罨法尚属创举,根据其中30例使用本法观察,其疗效较其他三法更较满意,有效率达96.7%。

见表5、表6。

表5 熏药油电辐热罨治疗次数及疗效

效果 \ 治疗次数 人数	4~20	21~30	31~40	41~50	51~52	共计	%
痊愈	4	2	2	0	3	11人	36.6%
显效	4	1	3	2		14人	46.6%
有效	2	1	1	0	0	4人	13.3%

效果	治疗次数 人数	4~20	21~30	31~40	41~50	51~52	共计	%
无效		1	0	0	0	0	1	3.3%
总计		11	8	6	2	3	30	99.8%

表 6 熏药油电辐热罨疗效与薰药疗法疗效比较表

效果	疗法 数目	熏药油电辐热罨法		熏药等疗法	
		人数	%	人数	%
痊愈		11	36.6%	13	17.8%
显效		14	46.6%	7	9.5%
有效		4	13.3%	49	67.1%
无效		1	3.3%	4	5.4%
合计		30	99.8%	73	99.8

(一) 外熏治疗

处方:苍术,松香,大枫子,五倍子,白鲜皮,黄柏,鹤虱,防风,苦参。

主治:病损肥厚粗糙脱屑瘙痒者:

方解:本方以大风子,苦参,松香,鹤虱,为杀虫主药,而佐以五倍子,白鲜皮止痒,并以苍术,防风,燥湿祛风。

用法:将以上药串粗末,纸卷燃烟熏皮损。

(二) 熏药油膏电辐热罨法

熏药油膏制法:用以上熏药制成干馏油配成 50% 油膏。

用法:将以上油膏薄涂皮损,用电炉制成的辐射器烤患处,每日 1~2 次,每次 15~40 分钟,皮肤表面受热约 40~50℃这种疗法是以上熏药疗法改进而成。

主治:同上

外用药

1. 第三方熏药油膏

处方:同上

主治:同上

2. 去湿原料膏

处方:苦参,薄荷,防风,鹤虱,荆芥穗,白芷,大黄,威灵仙,连翘,苍术,大风子,白鲜皮,五倍子。

用香油将上药煎枯去渣加蜡成膏。

主治:主要做软膏基质和润肤解毒。

方解:薄荷,荆芥穗,大黄,连翘,清热解毒。防风,白芷,威灵仙,苍术,祛风燥湿佐以苦参,鹤虱,大风子,白鲜皮,五倍子杀虫止痒。

3. 止痒药膏

制法:用去湿原料膏加止痒药粉配成 10% 软膏。

止痒药粉

处方:松香,淀粉,枯矾,炉甘石,轻粉,乳香,冰片,密陀僧。

方解:以冰片,乳香祛风解毒。炉甘石,枯矾燥湿。而以轻粉,淀粉,密陀僧,松香杀虫止痒。

4. 狼毒膏

制法:用去湿原料膏加狼毒方粉配成 10% 软膏。

狼毒方粉

处方:狼毒,槟榔,蛇床子,川椒,硫黄,文蛤,大风子,枯矾。

方解:以狼毒,槟榔,蛇床子杀虫。以大风子,文蛤,硫黄杀虫止痒。佐以川椒,枯矾杀虫燥湿。

四、内服药

1. 秦艽丸

处方:秦艽、苦参、大黄、黄芪、防风、乌蛇肉、漏芦、胡黄连。共为细面炼蜜为丸。

方解:秦艽、胡黄连为祛湿主药。而以大黄、乌蛇肉、防风,祛风清热。并佐以苦参燥湿杀虫。

2. 苍耳膏

处方:鲜苍耳全草切碎煮烂取汁熬膏加蜜贮存。

方解:苍耳子为辛苦温之品,治风寒湿痹及头风疥癣,有疏风去湿止痒之效。

五、典型病例

病例 1

患者胡××,男性,45 岁,病例号 14091。发病年限 22 年,初诊日期 1956年 10 月 10 日,检查颈后,呈大片弥漫苔藓样损害,表面见多数扁平多角形丘疹,肥厚浸润,两肘伸侧亦见密集丘疹样损害,肥厚,自觉瘙痒,有时影响睡眠。经门诊熏疗颈部肘部各 20 分钟,至第五次痒感减轻。再改每次熏疗颈部 30 分钟,双肘 25 分钟,至第 11 次颈部皮损转平,两肘亦见薄平。至 11 月 9 日第 22 次颈部自觉瘙痒完全消失,两肘尚有薄屑及丘疹样损害,痒感尚未完全消失。至 12 月 4 日,熏疗第 45 次,两肘痒感消失,皮损平滑,治疗期间配合使用复方黄连软膏,五倍子,止痒药粉,狼毒方粉等外搓。

病历 2

患者曾 ××,男性,34 岁,病历号 26137,初诊日期 1957 年 3 月 14 日。八年来,右颈部鳞屑伴瘙痒脱屑,继而左颈及左股内侧均发生同样损害,曾经紫外线治疗无进步。检查颈后左右侧各约 5cm×3cm 苔藓鳞屑性损害,肥厚粗糙,自觉瘙痒难忍。近发际部亦有同样皮损,经门诊使用第三方熏药油膏电辐热治疗每日二次,每次 30 分钟,皮肤表面温度 45~46℃。治疗五次后痒感减轻二分之一。治疗 12 次后痒感消失皮损薄软,仅遗轻度浸润及少许光泽小丘疹。28 次后基本痊愈,观察半年未复发。

六、讨论

1. 本病为常见的慢性瘙痒性皮肤病,我院观察 103 例,使用中医疗法,有较满意效果,特别在控制瘙痒方面更快,其中熏药油膏电辐热疗法尚属创举,说明祖国医学有丰富宝藏。

电辐热罨的疗法作用机制,尚未完全明了,我们初步认为可能是化学疗法(熏药油),结合了物理疗法,红外线的作用,使末梢毛细血管扩张,末梢神经机制有所改变,从而使局部营养状况得到改善以及使药理作用容易渗透深层,尚待专家给予帮助、补充和指示。

电辐热罨的疗法是否可以扩充治疗范围(如慢性湿疹,以及使用其他类药物等),有待研究和探讨。

2. 关于熏药油理化性能,限于设备条件,未能做进一步的研究。今后应对其理化性能,含量测定及分析等做进一步研究以提高疗效,根据临床观察认为疗效与熏油的温度有关系。

3. 观察 103 例使用中医治疗者,除一例可能因皮肤敏感引起湿疹反应外,均无合并及不良反应出现。

4. 本文所报病例未能分组使用药物,因此对各种药物的疗效观察不深入,特别缺乏单纯使用内服药物进行治疗,因此对服药的作用观察不深入。

5. 本文对患者发病年限、皮损性质、有无合并症等与疗效的关系,观察不够详细,临床中缺乏病理检查、疗后追踪不全面,有待今后努力。

七、小结

1. 本文综合介绍有关本病祖国文献的一些资料。

2. 本文记述103例(限局性神经性皮炎)疾病。中医疗法,并作了一般分析,临床观察有效率95.4%,其中熏油电辐热疗法有效率为96.7%。

3. 本文介绍使用中药一般药物性能和操作配制方法,以便推广并做了一般探讨。

4. 本院对临床中存在若干缺点做了初步检查。

为创造我国新医药学积极贡献自己的力量

北京中医医院　赵炳南

(新医药学杂志,1975, (5):5-7)

一、中西医结合是我国医学发展的必由之路

中国医药学是我国劳动人民几千年来同疾病做斗争的经验总结,它包含着丰富的经验和理论知识。我行医五十多年了,曾经运用中医中药治好了不少疾病,在医疗实践中多少有些心得体会。深深感到毛主席关于"中国医药学是一个伟大的宝库"的指示,是无比英明正确的、但是在那万恶的旧社会,中医被摧残得奄奄一息。林彪一类骗子站在反动统治阶级立场上,疯狂反对毛主席的革命卫生路线,排挤和摧残中医,阻碍我国医药卫生事业沿着毛主席的正确路线向前发展,完全是痴心妄想,永远不能得逞。

在我国医学的发展过程中,存在西医和中医的关系问题,这是历史条件形成的。在祖国医学的丰富经验和理论知识中,的确蕴藏着许多宝贵的东西,由于历史条的限制,没有能够运用现在科学知识和方法来把它整理提高。正如毛主席所教导的那样,我国在长期的封建社会中,创造了灿烂的古代文化,我们对于这种古代文化所取的态度应该是去其糟粕,取其精华。看不起中医是错误的,把中医过分的夸大了也是不对的。我们应用现代科学的方法继承发扬整理提高我国医学遗产,中医中药的知识和西医的知识结合起来,创造中国统一的新医学新药学,这是我国医学发展的必由之路。

我清楚地认识到中西医结合是事关路线的大问题,是符合我国广大人民的实际需要,符合医学科学发展规律的光明大道,我们老中医一定要听毛主席的话,坚定不移地走中西医结合的道路,在发掘和提高祖国医学作出贡献。

二、在发掘祖国医学宝库的过程中，中医要积极主动，不能等闲视之

中医中药和西医西药，都是劳动人民向疾病作斗争的智慧和结晶，都有着丰富的经验和理论知识。中西医是在不同的历史条件下发展起来的两个医学体系，各有所长，各有所短，彼此都不能取而代之。中西医结合创造我国的新医药学派，必须遵照毛主席的"古为今用，洋为中用"和"推陈出新"的方针，取其精华，去其糟粕，在医疗实践中不断地总结和提高。忽视祖国医学遗产的民族虚无主义是错误的，认为可以离开现代医学来整理也是不对的。中医和西医都不应该固步自封，只有密切合作，互相学习，才能更好地共同做好中西医结合工作。

我觉得我们老中医都应该根据自己的专长在发掘祖国医学遗产方面采取积极主动的态度，把自己在实践中积累的知识全部拿出来，从中医这个角度进行研究探讨，以便把祖国医学里的精华继承下来。我体会到，中西医共同研究才能整体提高。例如有一次我遇到了一例急性阑尾炎手术后发烧的患儿，曾使用多种抗菌素，体温持续不退，又使用清热解毒剂，体温也不退，白细胞仍高。我就和西医学中医的同志，一起进一步研究了患儿的整个病史，全面地分析了他的病状。从中医辨证来看，是属于术后气阴两伤，湿热内蕴，宜用益气养阴除湿清热方法，从治疗法则上以扶正为主，佐以祛邪。最后在用药的第二天体温开始下降，三天以后白细胞、体温逐渐恢复正常。这不但反映了祖国医学整体观念及辨证施治的优越性，通过实践说明中西医之间密切合作，对于疾病的认识才能进一步提高，疗效也才能高。所以在中西医结合的道路上，在发掘祖国医学遗产方面，我们老中医不能消极等待，必须和西医密切合作，要变被动为主动。为了更深入开展中西医结合，我觉得在有条件的情况下，我们老中医要通过与西医在一起学习，一起会诊，一起讨论，多了解一些西医的病因、病理等基础知识，应该尽可能地学点有关的西医知识，不但可以增加了中西医之间的共同语言，互相团结，而且有利于中西医融会贯通。例如我曾一度把西医所说的牛皮癣误认为是中医所说的牛皮癣，实际上西医所说的牛皮癣又叫银屑病，而中医所说的牛皮癣是指局部皮损如牛领之皮，相当于西医所说的神经性皮炎。通过学习讨论和研究，使我明白了中西医所说的牛皮癣名同而实异，西医所说的牛皮癣相当于中医所说的"白疕"从而改变了原来的治疗方案，提高了疗效。我们在中西医密切合作下总结了所治疗过的二百例牛皮癣，总的近期治愈率为百分之九十八点五，平均疗程为三十八天半，较单纯内服白血宁和外用牛皮癣素疗法复发率低，复发时间也有所延长。所以我深深体会到，

在中西医结合的道路上,在发掘祖国医学伟大宝库方面,我们老中医采取积极主动的态度,才能作出更大的成绩。

三、在发掘祖国医学伟大宝库的过程中,只有认真总结经验才能有所前进

我认识到发掘祖国医学宝库是我们中西医共同的任务,这绝不是一个单纯的技术传授问题,而是一项政治任务。我们之间建立了崭新的师徒关系,为了发掘祖国医学遗产这一光荣的政治任务我们走到一起来。我知道我这一点点医学知识仅仅是祖国医学宝库这个沧海中的一粟,来源于实战,来源于群众,绝不能把它当成私有财产,更不能把它当成为沽名钓誉的叩门砖。总结我的经验也绝不是为我个人著书立说,而是从我的医疗实践中,寻找一些有用的东西。对成功的经验和失败的教训,都要实事求是地认真加以总结,才能对别人有所帮助。于是我把从解放以前一直保留下来的所有医案资料和历年来所写的手稿都拿出来,并把书本上没有的点滴心得体会都说出来。由于历史条件的限制和个人文化水平有限,讲起来不一定那么系统和条理,通过认真讨论和总结,逐步上升为理论,认识也就提高了。

在总结临床经验时,由于路线觉悟提高了,方法也与过去有所不同。过去我是带领两个徒弟,关在小屋里,我讲一点他们记一点,再从古书上东抄西凑一点。写出来的东西,多半是我治病的经验方和对古方使用的发挥,虽然也是自己的一些治病体会,但都比较分散,也未能够归纳出一些系统的看法。现在是通过讨论研究,并动员了全科的力量,大家共同来总结。为了从实际出发,我们就从一个一个病例和一种一种病入手,凡是跟我学习过的医生都把自己保存的有效病例,以及我讲解过的心得体会的笔记集中起来,然后我再回忆当时的主导思想,逐个讲解。同志们提出疑问,我作解答。最后由他们整理为初稿,把同类的验案归纳起来,找出它们的共同性和每个病例的特殊性。对于每味药、每个处方和每一段论述我再亲自修改,使整个三十多万字的经验选集里,能比较全面地反映出我的治疗思想和临床经验。通过整理,同志们对我的经验了解的也比较深刻一些,这样做不但是带了一两个徒弟,而是"一带一大片"。

我们遵照毛主席"要认真总结经验"的教导,中西医团结合作,在短短的一年多的时间里就整理出《赵炳南临床经验选集》。因此,我建议所有的中医老大夫,都要鼓足干劲,积极主动地总结自己的临床经验,充分发挥我们老中医在中西医结合工作中的积极作用,为创造我国统一的新医学新药学贡献自己的力量。

我对发展中医学术的几点体会
——从带状疱疹(缠腰火丹)的辨证论治谈起

赵炳南

(北京中医(创刊号),1982,1(1):9-11)

作者简介:赵炳南生于1899年,现年83岁,北京人,回族,自十四岁起从师丁庆三学习外科,经考试后挂牌行医,专治中医外科,行医60年,具有丰富的临床经验,为北京的中医外科专家,著有《赵炳南临床经验集》,现任北京中医医院副院长,北京市中医研究所所长,北京第二医学院中医系教授等职,被选为中华全国中医学会副理事长,北京中医学会理事长,全国第四、五届人大代表,北京市第七届人大常委。

善继承勤总结旨在发展

中医学术如何发展,这是大家都很关心的问题,并且已有很多好的经验。我个人认为,发展是继往开来。继往,主要是指继承前人的经验,我对这个问题的体会是在博览的基础上进行比较、选择,并要结合自己的临床所见加以补充、修改。

以西医之带状疱疹一病为例,在中医文献中类似记载很多,诸如《医宗金鉴·外科心法要诀》之"缠腰火丹",《诸病源候论》之"甑带疮",《疡医大全》之"白蛇串",《外科启玄》之"蜘蛛疮"等等,其中论述,各有不同。我通过反复阅读、对比,认为《医宗金鉴》之描述较为具体,辨证较为全面,方药尤其实用。

故我最初制定带状疱疹证治方案时,就是遵循《医宗金鉴》而加以变通的。依据自己的临床体会,将《医宗金鉴》所述加以补充。《医宗金鉴》"缠腰火丹"项下记载"此证有干湿不同,红黄之异,皆如垒垒珠形。干者色红赤,形如云片,上起风粟作痒,发热,此属肝心二经风火,治宜龙胆泻肝汤。湿者色黄白,水疱大小不等,作烂流水,较干者多疼,此属脾肺二经湿热,治宜除湿胃苓汤……",

182

根据带状疱疹每有水疱发生，故我认为均有湿邪，又察水疱可分两种第一种基底鲜红多伴口苦，咽干，脉弦；第二种基底淡红，多伴纳呆，腹胀，脉缓，二者均属湿热，区别在于前者热重于湿，后者湿重于热，恰符合"红黄之异"。根据以上分析，我将带状疱疹辨证分为两型：热盛者属于肝胆湿热型，治宜清肝胆湿热汤(见附方，下同)加减，湿盛者为"脾肺湿气型"，治宜健脾除湿清肺汤加减。

以上证治方案对一般病例确有较好疗效，能够缩短病程和减轻痛苦，但是对于重症病例，和后遗神经痛病例等特殊情况，则不很适用。

根据我六十余年的实践经验，我认为对带状疱疹的特殊病例，绝不能拘泥于已有的一方一药，而应根据具体情况，认真辨证治疗，才能取得较理想的效果。兹介绍于后，供同道们参考。

其一，带状疱疹重症者。在我临床六十余年中，仅见10余例，虽为罕见，但印象很深。

其发病急骤，水疱呈痘疮样而泛发，或伴有高烧、头疼，心烦不寐，甚至神昏谵语。我认为此种病例为正气大衰，湿热毒邪太盛，以致入传营分，表现为"毒邪侵营，热入心包"的现象，治宜解毒清营止痛汤加减。

其二，带状疱疹后遗神经痛者。虽然《医宗金鉴》中并无记载，但临证所见颇多，特别是年老体弱者，皮疹消退后，疼痛常持久存在，痛苦不堪。我将此种病例分为"虚"、"实"二型。"实"证者为湿热之"因"虽除，但气隔血淤之"果"仍在，临床可见疼痛持续，拒按，脉实，此种情况为"气隔血瘀"，治宜理气化瘀止痛汤加减。"虚"证者为湿热虽去，但气阴两伤，气虚血滞所致，临床可见疼痛时重，喜按，脉弱，此种情况为"气虚伤阴血疲"，治宜益气养阴止痛汤加减。

其三，有些病例名曰带状疱疹，但只见红斑，始终不起水疱或根本不发生皮疹，而疼痛明显。对于此种类型，我认为用《医宗金鉴》中"肝心二经风火"辨证很符合，因肝主风，故起病迅速；心主火，故发为红斑；"诸痛痒疮，皆属于心"，故自觉疼痛。此种病例治宜凉血祛风止痛汤加减。只疼而不起皮疹者，则认为系素体气虚，复因气急恼怒，使体虚气郁，终致气滞血瘀而发病。表现为"经络阻隔"，治宜舒肝益气止痛汤加减。

曾有人问我：您已年逾八旬，为何还要反复学习不断总结呢？因为我一直有一种强烈的愿望就是我们从事中医的同志一定要使自己在学术上有所发展有所前进。事物总在发展，我们对事物的认识也必须不断发展。继承前人成果，应该学古而不泥古，对于个人经验，更不可固步自封。我们一定要善于继承前人，勤于总结自己，以使中医学术不断发展，这就是我毕生的心愿。

需大胆应慎更要灵活

先谈"大胆"我认为"发展"就是要做前人没有做过的事情或超出常规的事情,因此,怕担风险,没有胆量是万万不成的。大胆并不是蛮干而是在准确辨证的基础上紧紧把握疾病的关键,在细致分析的基础上,全面考虑药物的性能,经过深思熟虑,一旦定一下方案就要敢于用药,该用多大剂量就用多大剂量,不要畏首畏尾,特别是为了能使患者在千钧一发之际转危为安,我们应该摒弃个人得失,敢担风险。比如,根据我多年的经验,治疗实证带状疱疹后遗神经痛,非重用大黄不能达到破瘀祛病之效。我体会大黄性迅猛善走,最能破经络中瘀血,其作用远非三棱、莪术辈所能相比。

有一次,我治疗一位年逾八旬的患者,患带状疱疹后遗神经痛久治不愈。脉实,疼痛持续且拒按,我断定属于"实证",考虑用大黄,但患者年迈,大黄有荡涤肠胃猛如"将军"之威,若重用,是否会引起泻下不止,而致虚脱? 思考再三,权衡得失,我认为此患者虽年老久病,但脉象尚实,并无明显血虚气弱或脾胃虚寒之象,是气隔血瘀所致的持续疼痛,只有重用大黄才能使其气血相通,促病早愈,反之,畏药而忌用,只能使病情拖延,终会耗伤气血到那时治之更难。于是我决定用大黄而且应早用、重用。于是,我断然在汤剂中用生大黄15克,数剂后,患者疼痛即减。正如张锡纯先生所说"盖用药以胜病为准,不如此则不能胜病,不得不放胆多用也。"(《医学衷中参西录》)

再谈"谨慎"。谨慎绝不是那种顾虑重重临症"举棋不定",而是要细心观察、分析病情,全面考虑治疗措施。谨慎和大胆恰恰是相辅相成,谨慎应该是以敢于大胆创新为前提,而大胆又是以细心分析病情和治疗措施周到为基础的。关于这个问题,我曾有过一些教训,如我早年曾治一患者,据其肝胆湿热炽盛而投用龙胆草15克(在此之前我最多用9克),谁知药后病人竟昏厥在地,呼之不应,我急往视之,其脉尚存,经采用灌浓糖水等措施,患者很快清醒,并大呼"苦死我也"。当时我曾亲尝药液,确实苦涩良久不消。然而药苦何以能产生如此强烈反应,以后读《本草经疏》得知"龙胆草味既大苦,性复大寒,纯阴之药也,虽能除实热,胃虚血少之人不可轻投。"而我当时对病情观察不细,没有了解到病人因病痛已数日进食不多,服药时又系空腹、加之对药性认识不够,所以没有采取相应的预防措施,终致有此意外之事。经过多年来实践,我深深体会到即使胃虚之人,有肝胆实热证,龙胆草亦可使用,但必须同时兼顾脾胃,相反,无胃虚情况,若重用胆草时,亦应事先告知病人药苦,使其有精神准备或可在服药后吃些糖果以缓和胆草的苦味,这样就可以避免一些不必要的副作用。

最后谈"灵活"。临床的情况是千变万化错综复杂，所以除了要仔细辨证外，还要灵活加减，随机应变，方能取得疗效。所谓灵活，就是根据实际情况随症化裁，而不拘泥于一方一药，这也意味着创新和发展。如一例带状疱疹高龄患者，肝胆湿热证俱在，同时而伴有汗多、乏力。我就在龙胆泻肝汤中加用西洋参而收良效。至于不同病位使用不同引经药更值得注意。另外，对于带状疱疹的外用药物，更应灵活掌握。急性期，疱疹明显者，我喜用白菜捣烂调祛毒药粉合化毒散外敷，如无白菜时，即可因地制宜，选用一些如鲜莴笋叶、鲜芦荟、鲜马齿苋及绿豆芽菜等，取其多汁且有清凉止痛作用。疼痛明显者，我喜用黑色拔膏棍，用时可随疼痛部位的不同，摊涂成不同形状、大小、厚薄，并加压包扎。若皮疹有渗液，可在膏药上扎孔以引湿邪外出。若疼痛剧烈，可在膏药上撒少许麝香，以行气活血通络，并引药透达。如无黑色拔膏棍，急性者可用拔毒膏，后遗神经痛者，可用阳和解凝膏或麝香回阳膏。总之，临床证候千变万化，治疗宜随症变通，灵活掌握。

以上是我对如何学习中医的几点体会，因为我的中医理论水平有限，对现代医学知识所知更少，所以这些体会是很粗浅的。我过去呼吁，并且今后也继续呼吁从事临床的同志和从事理论研究的同志要团结起来，我们中医和西医、西医学习中医的同志也要团结起来，中医、西医和中西医结合这三支力量都要发展，都要提高，我个人过去在这种团结合作中收益不小，我相信，大家今后在这种团结合作中，一定会取得更大的进步。

〔附〕方剂组成

(1) 清肝胆湿热汤《医宗金鉴·外科心法要诀》"龙胆泻肝汤"加减

龙胆草 10~20 克，茵陈 10 克，连翘 15 克，银花 15 克，陈皮丝 7 克，赤芍 10 克，山栀仁 5 克，川军(包)10~20 克，乳没 7 克，元胡 10 克，粉丹皮 10 克，甘草 5 克。

(2) 健脾除湿清肺汤《医宗金鉴·外科心法要诀》"除湿胃苓汤"加减

枇杷叶 20 克，桑白皮 15 克，陈皮 10 克，生白术 10 克，姜厚朴 7 克，苍术 7 克，滑石块 20 克，木通 7 克，生槐花 20 克，赤小豆 7 克，乳没 7 克，甘草 7 克。

(3) 解毒清营止痛汤《赵炳南临床经验集》"解毒清营汤"加减

金银花 20 克，青连翘 20 克，公英 20 克，生玳瑁(先煎)10~15 克，白茅根 30 克，干生地 30 克，粉丹皮 15 克，茜草根 10 克，绿豆衣 10 克，川黄连 7 克，生栀子 5 克。

(4) 理气化痰止痛汤《赵炳南临床经验集》"活血散瘀汤"加减

厚朴 10 克，陈皮丝 10 克，青木香 5 克，元胡 10 克，乳没 10 克，鬼箭羽 15 克，赤白芍各 15 克,三棱 5~10 克,莪术 5~10 克,川军^(包)10~20 克,杜仲炭 5 克。

(5) 益气养阴止痛汤

黄芪 20 克,白人参 10 克,黄精 10 克,枸杞子 20 克,女贞子 30 克,车前子^包10 克,菟丝子 15 克,元胡 10 克,乳没 7 克,姜厚朴 5 克,甘草 5 克,粉丹皮 10 克。

(6) 凉血祛风止痛汤《赵炳南临床经验集》"凉血五花汤"加减

野菊花 10 克,凌霄花 10 克,玫瑰花 10 克,鸡冠花 10 克,南红花 10 克,白茅根 20 克,干生地 20 克,瓜蒌根 15 克,厚朴 5 克,乳没 3 克。

(7) 疏肝益气止痛汤

黄芪 10-20 克,党参 10 克,鸡血藤 15 克,何首乌 15~30 克,赤白芍 15 克,全当归 7 克,橘络 5 克,丝瓜络 15 克,元胡 10 克,乳没 15 克,生杜仲 7 克。

黑色拔膏棍见《赵炳南临床经验集》

(张志礼　孙在原　陈凯　邓丙戌整理)

从往事说到黑豆对白发、癣斑的妙用

赵炳南口述　从众整理

（粮油食品科技 1982(2):9）

　　《食品科技》杂志的同志望我能谈谈有关食疗的体会，这使我不禁想起一件亲身经历的往事。

　　在我 14 岁那年，因家贫辍学，只好到德善医室当学徒。艰苦而乏味的学徒生活之余，我常常到医馆附近的"青山居"茶馆听评书。

　　说书人陈大爷虽已年逾古稀，但说起书来却是口若悬河，声音朗朗。常言道"日出千言，不损自伤"，然而这位陈老先生不仅声若洪钟，而且精神矍铄、须发乌黑、腿脚灵便。这对于初学医道的我简直成了一个谜。经过细心观察，我发现了他的一个秘密。每当说上个把钟头，他总要休息片刻，品上几口茶，从口袋里掏出点东西放入嘴里，细细咀嚼再徐徐咽下。他吃的是什么呢？莫不是人们常说的"灵丹妙药"之类？便请求他让我看看。老先生却故弄玄虚，说是"天机不可泄露"，惹得我简直要跟他动"抢"了。他这才慢悠悠地从口袋里掏出一个小包递给我，我如获至宝，打开一瞧，原来竟是一把黑豆。惊讶之际，不禁脱口而出"这不是料豆吗？"老先生眯起眼睛，拉长腔调答道："正——哦是，此乃老夫长寿仙丹也！"

　　黑豆，北方又称"料豆"，一向是喂养大牲畜的上等饲料，却很少有人知道它对人具有乌须黑发、滋阴润燥、益寿延年之功。

　　此后在漫长的行医生活中，我很注意查证医籍中有关黑豆的记载。《本草纲目》这样写道："黑豆入肾功多，故能活水"，《本草汇言》谓"煮汁饮，能润肾燥，故止盗汗。"有的医生还说它可循喉咙，挟舌本，久服有益气养双阴（肾阴、血阴）润咽喉之功，并可乌须黑发、延年益寿。根据这些理论，我将听评书时的偶然所得付诸临床，多年来以黑豆为主治疗一些白发病和皮肤病，收到了出乎意料的良好效果。下面我介绍几种行之有效的黑豆食疗方法，有下列病症者不妨一试。

1. 青年白发　黑豆适量,遵古法炮制(九蒸九晒)后,每次取6克(约二钱),口嚼后淡盐水送下,日服二次。

2. 各种白发病　黑豆120克,米醋500克(一斤),以醋煮黑豆如稀糊状,过滤后以牙刷蘸药醋外刷毛发,日二次。(注意头皮有疖肿及其它皮肤病患者不宜用此法。)

3. 脱发及白癜风　黑豆一斤、水二斤(夏季各用四分之一量),文火熬煮,以水尽豆粒饱胀为度。取出放器皿上潮干,然后撒细盐少许,贮于瓷瓶内。每次服6克,饭后服,日二次,温开水送下。对油风脱发(圆形脱发)、发蛀脱发(脂溢性脱发)、产后脱发及病期脱发以及因色素脱失的白斑病(白癜风)均有效。

4. 鱼鳞癣　黑豆皮、蚕豆皮、扁豆皮各等量,视皮损面积大小,取三种豆皮共125~500克(即四两至一斤),水4~10斤,煎沸15~30分钟后离火,待温,然后用软毛巾浸液湿敷患处,日1~2次。每煎1次,可使用两天。

关于黑豆治白发、癣斑答读者

（粮油食品科技 1982（5）：24）

本刊第二期登载《从往事说到黑豆对白发癣斑的妙用》一文后，陆续收到许多读者来信。作者赵炳南先生因年迈体弱，难于一一回信，让编辑部代为向读者表示歉意，同时就几个主要问题，一并回复如下。

关于黑豆的品名。黑豆异名零乌豆，《本草纲目》云"大豆有黑、白、黄、褐、青、斑数色。黑者名乌豆，可入药及充食作豉。"又说，黑豆"为肾之谷，入肾功多，故能治水消胀下气，制风热而活血解毒。"黑豆种子的形状为长圆形，略扁，种皮黑褐色，杂有黄白色斑纹，微具光泽。药用以颗粒饱满、外皮色黑、仁肉青绿者为佳，称为"雄黑豆"。我国东北、河北、陕西、湖北、湖南、安徽、江苏、浙江等省均有出产。

关于黑豆的炮制。所谓遵古"九蒸九晒"法炮制的黑豆，过去药店有出售。家庭可以自制，用料及方法为取何首乌1公斤，大青盐60克，共煮一大瓦锅水。滤去药渣，再入黑豆5公斤，药液量以能淹没黑豆为度。煮半小时，捞出阴至八成干，然后如前法再煮再干，反复九次即得。每服20~30粒。

以米醋俗称黑醋（不同于熏醋）煮黑豆如稀糊状外刷毛发，刷后不用清水冲洗。每连续用药2~3次洗头一次。以毛发转黑为度。根据季节，每次配料够1~2周使用即成。

治疗鱼鳞癣的第四方中，除介绍的三种豆皮外，亦可用黄大豆及其它豆水浸后取皮。本病缠绵日久，须长期坚持湿敷方可奏效。

诸方对小儿类似疾患也适用，但内服剂量应依年龄酌减。先天性白发亦可试用。

赵炳南老医生希望患者在当地医生指导下合理治疗，把食疗作为一种有益无损的辅助疗法。

赵炳南口述，从众代笔。

189

甜口良药

——食糖保健妙用

赵炳南

（粮油食品科技 1983（5）：20）

当你突然发生头晕、乏力、虚脱等现象时，马上饮一杯白糖水，就可以使症状得到缓解。从这个意义上说，糖既是食品，又是甜口的良药。

人们常说"良药苦口利于病"，但过用苦寒的药物，也会发生意想不到的后果。在我的早年行医生涯中，有一件事使我至今难忘。记得有一次给一位耳轮风湿疡（急性湿疹）的患者瞧病，四诊合参，证属肝胆湿热，非重剂不能治其本，故采用泄肝胆湿热的龙胆泻肝汤加减治疗，此剂中仅龙胆一味就用了5钱（约15克）。患者服药的第二天，家属就风风火火地赶到医馆，连声说道"不好了，不好了，病人昏死过去啦！"我当时也猛一紧张，思忖是否药方开错立即赶到患者家中。一进门，只见患者躺在床上，紧闭双目，一动也不动。我赶紧用银筷子搅搅药锅，未见变色，稍放下心来，再用手挨近病人鼻孔，知道鼻息尚存，心里就更踏实多了。随即急命家属沏上一杯浓白糖水，给病人灌了下去。不出数分钟，只听患者呃地一声，打了个长嗝，睁开眼睛大喊一声"苦死我也"便活转来了。

龙胆草性寒味苦，对此早有所知，但苦于黄连，却未有所闻。从打这件事发生后，每遇有需大剂量服用龙胆草的病者，我总是要在告诫他们恨病吃药的同时，还嘱咐预备点糖水。在我行医之初，还没有麻药，对与皮外科需清疮、换药、下丹的患者，当疼痛难忍、汗出淋漓时，我也用糖水应急。在漫长的悬壶生涯中，糖与我结下了不解之缘。

常供食用的糖有白糖、红糖、冰糖、饴糖等等。品名虽多，其实是一物数变，仅因配料及加工方法不同而已。然而功用却也由此各有不同。积多年用糖保健之体会，对市售各种成品糖的医疗效能略陈一二，供同行及病家参考。

红糖 以红糖调铁箍散，使成稠糊状，外敷患处，可治跌打损伤、瘀血肿痛,调化毒散或如意金黄散,外敷治痈、疽、疖肿,已溃未溃均可使用。根据分泌物多少,每日或隔日换药一次。

白糖　取白糖适量,均匀撒布于病程日久、肉芽晦暗、渗出清稀、患肢浮肿的阴疮,如臁疮(小腿溃疡)、席疮(褥疮),可生肌固皮,促进伤口愈合。

冰糖　口含或嚼服冰糖适量,常用之对脾胃湿热所致的胃脘灼热、便秘恶臭、牙龈肿痛以及溃烂出血有益。

柿霜糖　又名粉笔糖。据《本草纲目》载,"柿霜,乃柿精液,入肺病上焦药尤佳。"常含服柿霜糖可辅助治疗口腔黏膜病,如口腔溃疡、口腔扁平苔癣、白塞氏病、剥脱性唇炎、唇部盘状红斑狼疮等病,对预防复发性口腔溃疡也可收较好效果。

槟榔糖　槟榔有缓中下气、消食导滞、杀虫和去口臭之功。含服槟榔糖可健脾胃、助消化,也可用作肠蛔虫病、蛲虫病的辅助治疗手段。

琥珀花生糖　由花生与糖制成,因形色似琥珀而得其名,适量常食之,有醒脾开胃、增进食欲之功。

核桃糖　核桃仁其形似脑,有和中醒脾、开胃、补肾、固精、润肠、定喘之功。常食之,对胃弱纳呆、阳痿遗精、小便频数或肾不纳气而致的哮喘及老年人习惯性便秘均有效益。

饴糖　又叫关东糖,功能缓诸急。古方中治疗腹中急痛的建中汤等,均有饴糖入药。常服可健脾养胃,对脾胃虚寒所致的胃溃疡、胃脘疼痛有良效。

闽姜糖　以闽姜切片浸糖而成。味甘辛,对口中不和、淡淡无味、纳少腹胀、反酸灼心的脾胃虚寒证有益,冬季嚼服尤佳。

酸梅糖　能生津止渴,对口干舌燥、津液不足的老年人,嚼服最良。

糯米糖、酥糖　有和中养脾助消化之功,且易咀嚼,尤其适合老年人和幼儿食用。

糖用于食疗保健,有益健康,但因性温热,味大甘,故久食助热损齿,过食则有伤脾之患,不利于消化。对此,服食者亦应慎之。

(从众整理)

嵌甲治验

赵炳南

（辽宁中医杂志,1982,6(7):10)

嵌甲古代文献称为"嵌指"、"甲疽"。继发甲沟炎者,又称为"代指"、"糟指"。本病好发于踇趾(拇指)甲侧缘,其指先肿,焮红作痒,常欲搔抓而渗出,久之腐溃,或胬肉裹上,趾(指)肿疼,爪甲脱落,致使患者难于步履或操劳不便。祖国医学对此症多有记载。如《诸病源候论》甲疽候云"甲疽者,或因甲长侵肌,或因修甲损伤良肉,或因靴鞋窄小俱能生之","甲疽之状,疮皮厚甲错剥起是也,其疮亦痒痛,常欲搔抓汁出。"又如《外科启玄》云"嵌指者,非气血不和而生。……痛不可忍,百治不愈。庸医不识,误认甲疽"。本病多因剪甲伤肌,或靴鞋窄小,甲长侵肉,致使气血阻遏不通,化热溃腐或染毒焮发所致。

根据文献记载,传统治疗多采用剔甲或三品一条枪、冰螄散、珍珠散、生肌散、醋捣乌梅等药外敷,但疗效不佳,且易复发。临床上我多采用修甲,药捻垫患甲侧缘,外上银粉散,用胶布或纱布固定等方法相结合,对于治愈本病及防止复发,收到满意效果。具体操作方法是:1.生理盐水或硼酸水清拭患处,用对侧拇指下压病甲甲沟侧缘,纵向修掉嵌入部分病甲,大小如粗线状。将银粉散(或珍珠散或红棉散)均匀地撒布嵌入甲床下,再将银粉散药捻(或纸捻、纱布条)压扁垫入甲床下。2.银粉散(或珍珠散或红棉散)再次均匀地撒布患侧甲沟。3.胶布数条或纱布,贴病甲侧缘,向下方向缠绕,固定于趾(指)伸侧。意取甲床与甲板分离。首次换药1次,次日隔日换药1次。迨无明显分泌物时,停止换药,仍用胶布或纱布缠绕固定。

嵌甲常易复发。预防:①平时修甲切勿过短或剪甲不齐,以免侵肌伤肉,最好不用剪刀等锐器,而采用海螵蛸块背面硬壳磨趾(指)甲,每1~2日磨甲1次,意使趾(指)甲长期保持滑钝而不过长。②鞋袜不宜过紧,使足部舒适松快。③若早期因穿鞋不适,足趾疼痛可用胶布或纱布缠绕固定。方法同前。以免病甲进一步发展。

【附方】银粉散(北京有市售)黑锡 36 克,水银 60 克,官粉 60 克,朱砂 12 克,轻粉 30 克。每 30 克药粉加 1.2 克冰片。

制法:先将锡熔化加入朱砂,搅拌炒枯去砂留锡再熔化,投入水银,俟匀后倾出,加入官粉共研细末。再以草纸包药,卷成筒形,点燃一端,使药及灰烬盛于一器皿中,去灰留药,再加轻粉研匀,按比例兑入冰片,共研极细末。装瓶备用。

功用:拔干生肌止痛,解余毒。

银粉散药捻:用软棉纸(常用河南棉纸)剪裁成各种长短宽窄不同纸条,撒银粉散适量,搓成线条状,用光滑器械压扁。

红棉散和珍珠散(北京有市售)。

调和阴阳在皮肤科的临床应用

北京中医医院　赵炳南

(新医药学杂志．1979，(7):6-7)

中国医药学是一个伟大的宝库,是我国劳动人民几千年来和疾病作斗争的经验总结,它对于我国人民的保健事业和世界医学的发展,有过巨大的贡献。值此《中医杂志》复刊之际,我这个年已八旬的老中医,从内心感到无限的喜悦。在此,我表示衷心的祝贺,并愿意谈一谈我多年来临床的一些体会,供青年同道们参考。

一、调和阴阳在医学上的重要意义

阴阳是我国古代朴素的辩证法思想,它代表两个不同的对立着的方面,它们之间相互依存、互相消长、互相转化的规律,构成了祖国医学中的阴阳学说。认为人体的阴阳两者既是对立的、矛盾的,但又必须是统一的、调和的,故《素问·生气通天论》说"阴者藏精而起亟也,阳者卫外而为固也"、"阴平阳秘,精神乃治"。不仅在人体内部的阴阳要协调平衡,而且还要和外界大自然的阴阳互相协调起来,才能保持生理常态,能够健康地生存。若阴阳不能协调,就要产生各种不同疾病,因此辨病首先要辨其阴阳,掌握其阴阳失调的情况,方可予以纠正。否则,正如清代著名外科医家王洪绪所说"治病若不辨阴阳,正如以安胎之药,服其夫也",变成了笑话。

阴阳失调如果长期不能得到纠正,就能使身体一切机能衰减,进而造成阴阳脱离,使生命垂危或死亡。故《素问·生气通天论》有"阴阳离决,精气乃绝"。由此可见,调和阴阳在医学临床上对防治疾病是有着相当重要的意义。在皮肤科也同样如此,调和阴阳在治疗皮肤科疾病中,也占有重要位置。

194

二、阴阳不调的证候及在皮肤科的应用

阴阳不调主要是表现在阴阳的偏胜、偏衰。根据其阴阳偏胜偏衰和不平衡的一般规律来看，阴胜则阳病，阳胜则阴病，阳胜则热，阴胜则寒，阳气有余则身热无汗，阴气有余则多汗身寒。阳虚则卫外不固，不足以抵御外邪，使外界风寒湿热之邪易于侵袭。阳胜又易消阴，阴虚阳亢有的还可发生卒中。阴虚又可产生内热，表现为低烧缠绵不断，五心烦热、盗汗等症。在皮肤科临床方面，根据我多年来的实践经验体会，有很多病是与阴阳不调有关的。这些阴阳不调的病例多数表现有一些共同的特点，如不定时的头疼头晕，手足常发凉，而手足心又发热，自觉畏寒，又有五心烦热，腰疼；有时出现心肾不交、水火不济症状，如心悸、心烦、失眠、健忘、头晕、耳鸣、腰酸腿软、潮热盗汗，或见睡眠不实，多梦易惊；有时出现上热下寒、上实下虚等症候，如口舌生疮、口渴唇裂，而又经常出现腹胀、腹泻、腹疼等症；女病人常有经血不调、带下淋漓，甚或小女孩虽然月经未来潮，亦可出现有白带；男病人还可因肾虚、肾寒而出现遗精、早泄、阳痿或阴囊寒冷等症，甚或出现神经衰弱、记忆力极度减退、神志错乱、视物不清等症状。脉象多表现为寸关弦滑，双尺沉细，或见中空旁实的芤脉，或三、五不调的涩脉。在皮肤上的表现则是多种多样，但非特异的，如面部蝶形红斑或面部蝶形黑斑、结节性红斑、皮肤瘙痒、脱发等。最常见的病种是狐惑病(类似白塞综合征)，红蝴蝶(类似红斑狼疮)，特别是这些病经过大剂量皮质类固醇激素治疗后更为多见。此外，皮肤瘙痒症、斑秃、皮肌炎、硬皮病等亦非罕见。总之，皮肤科疾病中如果出现上述症状者，应首先考虑阴阳不调。

三、阴阳不调的治疗

阴阳不调的治疗原则是调和阴阳，根据临床体会，常用的药物如下，其基本方药为天仙藤、鸡血藤、首乌藤、钩藤。因天仙藤味苦性温，入肝脾肾经，苦主疏泄，性温得以通经，故可活血通络，而使水无不利，血无不活，风无不除，周身上下得以调达。鸡血藤性温味苦微甘，入心脾二经，功能活血舒筋，可祛瘀生新，乃行血药中之补品，可治腰膝酸软、麻木瘫痪、月经不调等症，长期服用可调理气血之运行。首乌藤性平味甘微苦，入心肝脾肾经，功能养血安神，祛风通络，可补中气，行经络，通血脉，能引阳入阴。钩藤性凉味甘，入肝心包二经，其轻能透发，清能泄热，故可清热平肝，息风定惊，舒筋除眩，下气宽中。以上四药合用，可通行十二经，行气活血，通调血脉，舒筋通络，承上启下，以达调和阴阳之功。

在临床应用中,如患者见有肾虚之证,肾寒者可加用菟丝子、枸杞子培补肾气,补肾益精,女贞子滋肾益肝,车前子利水通淋而不扰动真火。四药合用可收生精益气、补肝肾、强筋骨、通淋利水之功,有水火条达、调和阴阳之效。如有心肾不交、水火不济时,可用紫石英上能镇心,下能益肝,其性缓而补,可治心神不安,肝血不足,配萼梅花以消头眩心不安。如心率慢、血压偏低者,可加用桂圆肉,荔枝肉,合欢花、皮。石莲子可补血、健脾、益肝、宁心,服之可令五脏安和,神气自畅。如口腔溃疡多年不愈,阴虚相火妄动者,可加用紫油肉桂(或上肉桂)少许,以引火归元。并可配合治标之药金莲花、马蔺子、锦灯笼等标本兼治。属脾胃两虚者可用山药、山萸、生熟地、泽泻以健脾益肾。试举病例以说明之:

例一　张某某,男性,54岁,病历号458909。以间断性发高烧,关节疼2年余而就诊。曾在医院,长期治疗,效果不显,服用较大剂量激素,最后诊断为系统性红斑狼疮。病情稍有缓解。来院时仍每日服用强的松60毫克,但低烧缠绵不断,自觉心慌,无力,头晕,盗汗,心烦多梦,睡眠不适。脉象寸关沉弦,双尺沉细,舌苔微黑,中医辨证属阴阳不调,心肾不交。治以调和阴阳,交通心肾。药用:天仙藤15克,鸡血藤15克,首乌藤15克,钩藤10克,紫石英15克,合欢花、皮各10克,石莲子12克,荔枝肉10克,萼梅花10克,菟丝子10克,女贞子10克,每日一剂,水煎服。连服35剂,强的松减量至每日40毫克,一般症状明显好转,病情稳定。目前仍在继续治疗中。

例二　李某某,女性,40岁,病历号608591。以口腔反复发生溃疡已7年而就诊。曾在某医院诊为白塞氏综合征,用强的松每日20毫克,并配合中药,症状时轻时重,一直未能稳定。来院时自觉手足发凉,腿疼,有时头晕头疼,口腔连续不断的发生溃疡,此起彼伏。同时经常伴有腹泻、便溏、腰酸、腰痛,脉象寸关弦,双尺沉细,舌体胖大,舌苔白。中医辨证属阴阳不调,上热下寒。治以调和阴阳,滋阴降火,药用天仙藤15克,鸡血藤15克,首乌藤15克,钩藤10克,沙参30克,石斛15克,菟丝子12克,女贞子15克,枸杞子10克,车前子15克,马蔺子10克,金莲花15克。每日一剂,水煎服。共服49剂,病情稳定,口腔溃疡很少发作,偶有发作,病程亦明显缩短,目前仍在继续治疗中。

总之,阴阳不调,在临床上的表现十分复杂,各科疾病均可遇到,在皮肤病方面的表现亦是千变万化,就我数十年之临证经验,扼要介绍这些,仅供参考。此外,在临证治疗过程中,尚应注意下列情况:①对于皮肤病的治疗,一定要仔细审证,如果属阴阳不调所引起的皮肤表现,应采取标本兼治的法则,内外兼施,才可取得较快的疗效。②阴阳不调是皮肤病理改变的内在因素,皮肤病理改变是内部阴阳不调的外在表现,由阴阳不调到皮肤病理改变,要有一定的过程,所以当用药治疗后,内部阴阳调和到皮肤病的好转和痊愈,也需要一定的过程,医者和患者对此都必须有足够认识,密切的合作,坚持耐心的治疗,医者切忌朝方夕改,用药变化太快,患者亦不可有病乱投医,朝三暮四的不坚持治疗,只有坚持经过一段时间的治疗,使体内阴阳不调逐渐改善,才能逐步转化到皮肤病症状改善而产生疗效。

(张志礼整理)

中西医结合治疗系统性红斑狼疮118例临床追踪观察报告

北京中医医院皮肤科

张志礼　郑吉玉　陈美　秦汉琨

指导者　赵炳南

(北京医学. 1979, (1):44-47)

系统性红斑狼疮是一种侵犯结缔组织、血管系统、皮肤、内脏等多种器官，并具有免疫学异常的全身性疾患。中医称为"红蝴蝶"、"鬼脸疮"。近年来我们采用中西医结合综合疗法治疗118例患者，并连续追踪6年之久，生存率85.6%，兹报告于后。

一、一般资料

1. 资料来源　全部病例系我院门诊治疗，坚持中药或中西医结合治疗满一年以上，其中占生存病例95%的病人，连续治疗在三年以上。

2. 性别　女性114例(占96.61%)，男性4例(占3.39%)，女性占绝对多数。

3. 发病年龄　自确诊之日算起，最小者6岁，最大者60岁，其中20~50岁发病人数共98人，占总数之83.05%。

二、病程分析(见表1)

118例病人中病程最长的一例24年，其中病程在5年以上的89例(占78.73%)，另外对病程超过10年的患者14例进行了分析，从发病情况来看只有4例初发时有典型症状，其余10例中3例初发时为典型之慢性盘状红斑性狼疮，以后分别在10年、12年、20年转变为系统性红斑狼疮，3例多年来一直被诊断为风湿性关节炎，以后分别在10年、12年后才确诊为系统性红斑狼疮，其余几例初诊时曾多次被诊断为心肌炎、慢性肝炎、急性风湿热、雷诺氏病、慢性肾炎等，最后才确诊，这些病例均长期服用中西药物，使病情稳定而获存活，从这分析中可说明在诊断上此病是复杂的，故对初发症状应高度警惕。

198

表 1

病程	2年以内	2--	3--	4--	5--	6--	7--	8--	9--	10--	20--	总计
例数	3	7	8	11	16	27	21	9	2	12	2	118
百分比	2.54	6.93	6.78	9.32	13.56	22.88	17.80	7.63	1.09	10.17	1.69	100

1. 生存时间 118 例到目前死亡 17 例,有 101 例生存,存活时间自确诊为系统性红斑狼疮之日开始,至追踪之日为止计算(见表 2)。

表 2

生存时间(年)	1--	2--	3--	4--	5--	6--	7--	8--	9--	10--	20--
例数	1	4	6	11	16	27	15	9	2	8	2
百分比	0.98	3.96	5.94	10.89	15.85	27.72	14.85	8.92	1.98	7.93	1.98

注:①化验项目中所列例数系治疗前后有对比的化验不正常患者。②白细胞 5000 以下、血红蛋白 9 克以下、血小板 10 万以下均为不正常。③血中 LE 细胞共查 76 例,治疗前有 59 例阳性,经治疗后 40 例阴转,原 17 例阴性患者治疗后有 3 例变为阳性,故列入恶化内。

我们自 1972 年开始观察本病,采取中西医结合治疗,其中 9 例单纯服中药治疗,由上表可知由 1972 年至 1978 年 5 月所观察的 118 例病人中存活 101 例,占总数的 85.6%。

2. 症状分析 本组病例常见症状有极度疲劳(占 88.12%)、关节痛(占 87.13%)、发烧(占 71.29%)、皮疹(占 68.32%)、食欲减退(占 67.83%)、心悸心慌(占 59.41%)、腰痛(占 58.42%),肝区痛(占 49.5%),另外也有一些病人有月经不调、头晕头疼、脱发、腹胀、手足青紫发凉、出血等症状。皮疹以面部蝶形红斑最多(占 65.65%),其余在不同部位发生充血性红斑,结节性红斑或瘀斑者亦不少见。

三、治疗情况

本组 118 例患者经 6 年治疗追踪,死亡 17 例,迄今坚持门诊治疗者 101 例,其中单纯中医治疗者 9 例,采用中西医结合治疗者 92 例。

1. 中医治疗根据疾病本质和临床不同证型的表现,一般分为下列四种情况,

(1) 毒热炽盛、气血两燔型:主要表现高烧、烦躁、周身肌肉关节痛,严重时可有神昏、谵语或出血现象,脉象洪数,舌质红绛,舌苔黄腻或白腻,各种化验指标可以不正常,LE 细胞阳性,抗核抗体滴定度高。治宜清热解毒、凉血护阴。方药生玳瑁(或羚羊粉、犀角粉)、生地炭、双花炭、白茅根、板蓝根、花粉、丹皮、赤芍、玄参、石斛,可配合安宫牛黄丸或局方至宝丹。

（2）气阴两伤、血脉瘀滞型：主要表现为不规则的高烧或持续性低烧、心烦无力、手足心热、自汗盗汗、关节痛、脱发、颜面浮红、或有视物不清、月经涩少或闭经，脉象细数而软或孔脉，舌质红、舌苔白或见镜面舌。此时血红蛋白、白细胞、血小板可能偏低、血沉快，治宜养阴益气、活血通络。方药南北沙参、石斛、党参、黄芪、黄精、玉竹、丹参、鸡血藤、丹皮、黄连、秦艽、乌蛇，可配合八珍丸、地黄丸。

（3）脾肾不足、气血瘀滞型：主要表现为疲乏无力、关节疼，特别是腰痛，足跟痛明显，四肢手足发凉发白，多有低烧，面部发热或浮肿，或可见口舌生疮、五心烦热、小便少、脉沉细、尺脉尤甚、舌质暗红或淡、舌体胖嫩或舌尖红，此类病人除有以上征象异常外，尿中常有蛋白、血细胞或管型，血清白蛋白偏低、球蛋白高，严重者血中非蛋白氮或尿素氮增高。治宜健脾益肾、活血通络。方药黄芪、党参、白术、茯苓、山药、菟丝子、女贞子、枸杞子、车前子、丹参、鸡血藤、秦艽、乌蛇，可配合地黄丸、肾气丸；

（4）脾虚肝郁、经络阻隔型：主要表现除上述症状外，尚有食纳不佳、腹胀胸满、两肋作疼、头晕头疼、月经不调或闭经，皮肤红斑等症状，脉弦缓或沉缓，舌质多暗紫或有瘀斑，舌苔白。此型病人多见肝功能不正常，特别是麝香草浊度试验增高，血清丙种球蛋白增高。治宜健脾舒肝、活血通络。方药黄芪、党参、白术、茯苓、柴胡、厚朴、丹参、鸡血藤、益母草、龙葵、乌蛇、首乌藤、钩藤，可配合八珍益母丸。

根据临床变化，除按以上四型治疗外，还可以随症加减。常用药如下：高烧昏迷时加用安宫牛黄丸或局方至宝丹，抽搐时可加石菖蒲、钩藤；有精神症状时加马宝0.6~1.5克；心力衰竭时加用西洋参或白人参(亦可用人参)；全身浮肿时加海金沙，抽葫芦或仙人头，尿闭时加肾精子2~3粒、仙茅或肉桂面1.5克冲服；腰疼时加川断、杜仲炭或桑寄生，关节痛可重用秦艽、鸡血藤，并加用延胡索、天仙藤或络石藤；呕吐加乌梅、竹茹或香薷，月经后错加益母草、泽兰，前错血多加茜草、三七、龙骨、牡蛎等，头痛头晕加茺蔚子、香附、菊花、川芎、桂枝、钩藤，心悸加紫石英、莲子心，自汗盗汗加浮小麦并重用黄芪；皮肤红斑加鸡冠花、玫瑰花、凌霄花。

2. 西医治疗主要应用肾上腺皮质类固醇激素，最常用的是强的松、地塞米松或强的松龙。对长期肾脏不好，尿蛋白持续不恢复者，配合免疫抑制剂，常用的是环磷酰胺和硫唑嘌呤，部分病人还配合复方磷酸醋酶及维生素制剂。

四、治疗结果

1. 体力恢复情况部分患者在治疗前正处于危重状态，虽然用较大量皮质激素,仍未能控制病情发展,多数患者病情不稳定,临床症状较重,实验室检查多项不正常。全部病人经过 1~6 年治疗后恢复整日工作的有 30 人,恢复半日工作的有 10 人,能参加家务劳动的有 15 人,共 55 人恢复了不同程度的劳动力,占总人数的 14.4%,死亡 17 人,占总人数的 14.4%,其余 46 例绝大部分能按时来门诊治疗,生活能自理。

2. 皮质激素停用或减量情况 92 例中西医结合治疗病例中,接受中医中药治疗后在不同时间内停用皮质激素的有 18 例,减量的有 66 例,共 84 例,占总数的 91.3%,较前增量的有 4 例,占 4.35%。说明了病情的稳定性。

3. 临床症状改善情况 经治疗后临床症状有 60% 以上消失或好转,其中极度疲劳 61.8%、关节痛 65.91%、发烧 79.17%、皮疹 85.26%、食欲减退 73.53%、心慌心悸 60%、腰痛 66.1%、肝区痛 66% 症状改善。

此外如月经失调、脱发、腹胀、头疼头晕、出血等改善较差。

4. 化验检查的恢复情况(见表 3)

表 3　治疗后化验检查结果

化验项目	恢复正常		好转		同前		恶化	
	例数	百分比	例数	百分比	例数	百分比	例数	百分比
血沉 80	36	45.00	35	43.75	7	8.75	2	2.5
血细胞 36	22	61.11	2	5.28	5	3.89	7	19.44
血红蛋白 21	12	57.14	4	19.05			5	23.81
血小板 17	6	35.29			2	11.76	9	52.9
尿常规 41	22	53.66	9	21.95	10	24.39		
肝功能 48	26	54.17	10	20.83	10	20.83	2	4.17
血清丙种球蛋白 28	5	17.86	13	46.43	6	21.43	4	14.28
荧光抗核抗体 13	6	46.15			6	46.15	1	7.69
血中 LE 细胞	40/59	67.80			19/59	32.2	3/17	17.65

从表 3 可知,经治疗后约 60% 以上的病人各种化验检查均有不同程度的好转或恢复正常,唯血小板恢复较差,因查的病例较少有待进一步观察。

五、讨论

1. 辨证与辨病相结合是探求对本病治疗规律的主要手段　祖国医学对

201

疾病的认识是通过辨证,现代医学对疾病的认识是通过辨病,辨证就是审证求因,辨别病位,分清证型,区别疾病的特殊性,找出主证以探求疾病的本质。辨病就是用现代科学的方法,从疾病的病因学、病理学、生物化学、免疫学等多方面来探求疾病的实质性变化,这是两种医学体系,在诊治疾病过程中的两种不同的重要手段,都是认识和治疗疾病不可缺少的中心环节。中西医结合治疗本病就必须用辨证与辨病相结合的方法对本病在各个不同发展阶段所产生的临床和实验室现象进行认真分析,找出它的主要矛盾,针对这个主要矛盾来进行中西医有机的配合治疗,才能取得较满意的效果。比如在急性发作期,机体内部自身免疫作用很强,血清中抗核抗体等多种自身抗体存在,免疫复合物(如 DNA-抗 DNA 免疫复合物)的沉积造成了组织的炎症和破坏,从病理上主要是纤维蛋白样坏死和苏木紫小体存在为特征的结缔组织和血管系统的损害,在此情况下进行治疗主要应解决抗炎消除变态反应性炎症和免疫抑制,这样才能纠正根本的病理过程,所以西医采用肾上腺皮质激素类药物既能有免疫抑制,又有强大的抗炎作用,它对很快缓解症状,改善全身情况,争取治疗时间,是不可少的手段,这就是辨病施治。另外在此时患者高烧不退,烦躁,周身肌肉关节痛,甚或神昏谵语,舌质红绛、舌苔黄腻,从中医药学来认识属于毒热入里,燔灼营血,气血两燔,及时的给以清热解毒,凉血护阴的中药,也是很重要的,这就是辨证施治。如有些病人虽经大量皮质激素治疗,而其症状的改善和病情的控制,仍不理想,或完全不能控制,此种情况下以辨病和辨证相结合,同时并用中西药,则可明显提高疗效,缩短病程,使多数病人转危为安,因此在这一时期以激素为主,中药为辅,治疗效果较好。又如经采用大剂量激素治疗后,病情虽有控制,但病人由于炎症、破坏或高烧的作用,使机体抵抗力极度下降,加之大剂量的激素应用,势必带来各种严重的副作用如感染、出血、精神症状、糖尿病、骨质疏松等,此时从中医理论来看是由于毒热耗伤阴血,体内气血两伤,阴阳失去平衡,而产生一系列不调和的症状,如疲劳无力、心烦不眠、低烧缠绵,面色浮红,自汗、盗汗、舌质红、舌苔少或无苔、脉象细数无力或见芤脉,这种情况中医辨证是属于双阴亏耗,肾阴血阴,气阴两伤,给以扶正祛邪、养阴益气的药物来扶植机体的抵抗力,调和阴阳气血,才是根本的治疗法则,因此在这个时候中药的治疗就上升到主要的地位,只有在中药的主导治疗下,相应的减少激素的用量或停用激素,对稳定病情减少合并症和健康的恢复是有益处的。以上的这样治疗我们认为就是辨病与辨证相结合治疗系统性红斑狼疮比较理想的方法,目前只有这样结合才能逐步找出一套对本病治疗的较完整的有效的规律。

2. 试谈中医对本病辨证施治的初步认识　祖国医学认为本病是由于先天禀赋不足，后天七情内伤，劳累过度，致使人体阴阳气血失去平衡，气血运行不畅，经络阻隔，气血瘀滞。在某种条件下复因日光暴晒，药物过敏，或病毒感染而诱发[4]，由于个体的差异，就会产生一系列的错综复杂的表现，根据临床实践可分为几种不同的情况，如毒热入里，燔灼营血气血两燔的急症；双阴亏耗，气血两虚，经络阻滞的阴虚证；脾肾不足，气血瘀阻的虚证脾虚肝郁，经络阻隔的郁症。这些不同的情况，不管怎样表现出来总的一个概念是邪之所凑，其气必虚的虚证占主导地位，只不过有时矛盾激化，突出表现了一个毒热的标象，此乃虚中挟实。有时又从疾病的本质表现出一系列脾肾不足，气血两虚，脾虚肝郁等证候。有时可以单一脏器受损表现突出，有时又可多个脏器受损同时表现出来，这一切就是本病，虚中有实的病理实质。所以我们在治疗本病时除了第一种情况宜本着"急则治其标"的治疗原则采用一些清热解毒，凉血护阴为外，其余几种情况不论怎样变化都应以扶正固本为根本法则。通过数年来的临床实践，我们初步认识到这一点，并摸索出治疗本病的一些药物如黄芪、党参或沙参、太子参、鸡血藤、丹参、秦艽、乌蛇等扶正益气，活血通络的药物，用这些药物组成一个基本方，然后再根据所侵犯的脏腑不同和临床症状差异随症加减则可取得较好的疗效。

3. 采用中西医结合治疗，可以取中西医之长补中西医之短，二者不可偏废，我们在临床实践中看到单纯中药或单纯西药治疗的病例疗效均不如中西医结合治疗的病例好，在治疗过程中我们发现中医治疗临床症状改善的较快，化验检查恢复较慢，可是一旦化验检查恢复后病情反跳的机会也较少，而且比较稳定，这一点比起单纯激素治疗时虽然化验检查能较快恢复，但激素稍减量即很快出现反跳的缺点则有很大的优越性。另外中西医结合治疗，可以大大减少激素的用量和副作用，降低由于激素应用给患者带来的严重合并症，这也是优点之一。此外也有一些病例虽经激素和中药同时应用或单纯中药治疗在某一环节上持续不能好转，特别是肾脏的变化，长期蛋白尿不能缓解时，适当的加用一些免疫抑制剂可以提高疗效。

参 考 资 料

1. 李桓英综述．系统性红斑狼疮与自身免疫．国外医学参考资料：1978,2:64.

2. 大滕真．系统性红斑狼疮治疗的进展和于后的改善诊断上治疗．1976,64,（3)15.

3. 许仲楷．全身性红斑狼疮类固醇激素治疗中的合病用药．国外医学参考资料1977,2:64.

4. 北京中医医院皮科．系统性红斑狼疮辨证论治探讨．新医药杂志．1975,3:38.

婴儿湿疹

赵炳南

（安徽医学院学报，1976（1）：66-67）

刘某某，男，6个月

初诊日期：1964年2月17日，家长主诉患儿面、颈、前胸部起红疹，流水、瘙痒，近半年。

现病史：出生后数日，头顶部即生颗粒作痒，日渐扩展，半月前用温水洗脸，症状反而加重，逐渐发展到面部、颈部及前胸部，糜烂流水，遇热痒甚，烦躁不安。母乳加牛奶喂养，胃纳佳，便中带奶瓣，小便短赤。曾在某医院治疗，内服药片药名不详，外搽白色药膏，效果不明显。

检查：营养中等，面色红润，指纹紫，颜面、头顶及颈下胸前皮肤多数粟疹，水疱密集成片，皮色潮红，部分皮损显露出鲜红色的糜烂面、湿润渗出液较多，有较多的痂皮。

西医诊断：婴儿湿疹。

中医辨证：湿热内蕴，兼有食滞，发为胎癥。

立法：清热利湿，佐以消导。

方药：

金银花钱半　连翘一钱　黄芩五分　菊花五分　赤芍一钱　竹叶五分　焦麦芽二钱　茯苓皮一钱

外用马齿苋、黄柏各等分，煎水湿敷；甘草油（甘草一两，香油十两，甘草浸入油内一昼夜，文火将药炸至焦黄，去渣备用）、新三妙散（黄柏面十两，寒水石面五两，青黛面一两）调为糊状外搽。服药三剂后，颜面、头顶皮损渗出液减少，皮肤趋于干燥，红晕消退，但仍有新生皮疹出现。再服前方三剂和外用药后，皮损大部消退，痒感减轻，大便有时量多，带少许奶瓣，前方去茯苓皮、菊花加焦神曲一钱，再服二剂痊愈。

按语：婴儿湿疹在古代文献上称为胎癥、奶癣、胎风、胎赤等，名目繁多。《医宗金鉴·外科心法要诀》中所描述的胎癥疮比较详细，而且将渗出液不多的称为干癣，渗出液多的称为湿癥，本病称为胎癥疮。

乳婴儿皮肤娇嫩，湿热蕴于肌肤，始则发红，有痒感，经常摩擦搔抓，继而皮肤变粗，起小粟米状丘疹，潮红色，亦有色暗灰黄者，流水。根据临床特点可分为两种类型：

1. **热盛型**　局部皮色潮红，面部灼热，瘙痒不安，津脂多呈粉红色稠黏水，味腥微臭，发病急剧、急躁，大便干或稀绿便，多见于肥胖乳儿，立法以清热解毒为主，佐以利湿，方用

金银花三钱　生槐花三钱　黄芩一钱　竹叶一钱　灯心五分　干生地三钱　白鲜皮三钱　丹皮一钱　绿豆衣一钱　车前草二钱　滑石块二钱　生甘草一钱

本方根据古方消风导赤汤加减化裁。功能清热解毒利湿。方中金银花、槐花、黄芩清热解毒燥湿，竹叶、灯心、滑石、生甘草、绿豆衣、车前草清热利湿，丹皮、干生地凉血清热，白鲜皮清热散风止痒。本方水煎后分次内服，每次一小匙，每日二至四次即可。若病初起表热重而有发烧者，也可使用下方

金银花四钱　白鲜皮四钱　赤苓皮三钱　牛蒡子一钱　干生地三钱　薄荷一钱　车前草二钱　黄芩二钱　荆芥一钱　生甘草一钱。

方义同上，其中加入薄荷、荆芥、牛蒡子以解表热散风热；若见患儿毒热较重，高烧、便干、溲赤，性情急躁不安，啼哭不止者可加犀角一分，羚羊角一分另煎，分次加入汤药中，也可煎汤代茶饮。若吃汤药不便，可服化毒散（乳香醋炙　没药醋炙　川贝母　去心黄连　赤芍　天花粉　大黄　甘草　珍珠粉　牛黄　冰片　雄黄粉）每次一至三分，每日二至四次，或服用犀角化毒丹（见《古今医统》）或五福化毒丹（见《太平惠民和剂局方》），每次半丸至一丸，每日二至四次；若毒热较盛者，可服安宫牛黄散（《温病条辨》），每次二厘至五厘，每日三至四次。发于面部者加菊花，若兼有食滞者加麦芽、建曲、莱菔子，若为母乳喂养的小儿，部分汤药可与其母代饮，对治疗本病也有好处。如因乳儿较小（出生数日至月余），可用金银花二钱，薏米二钱，菊花一钱，公英三钱等甘寒清热祛湿之剂煎水哺喂。外用三妙散（苍术一斤　黄柏一斤　槟榔一斤）、甘草油或花椒油（红点花椒三钱　芝麻油一斤）调敷，或用马齿苋一两、胆草五钱水煎后湿敷。

2. **湿盛型**　局部皮色暗淡，灰色不明，不热，津脂不多，或有脱屑，有时流浅黄色稀水，结痂很厚，痒感较轻，身体多瘦弱，大便次数多，灰黄不干兼有

绿便。

本病发生的部位多始于面颊、双颧,以后发展至眉棱、双耳及四肢或全身发病的年龄有的出生后数日即发,也有在婴儿期加乳、加食之后发生。如果及时治疗,调摄护理较好,短期可以治愈,但可复发,有的拖延数年,成为顽湿疡。立法以健脾利湿为主,佐以清热,方用

苍术一钱 白术一钱 茯苓一钱 炒槐花一钱 厚朴五分 陈皮五分 炒枳壳五分 炒槟榔五分 车前子五分 炙甘草一钱。

本方根据除湿汤化裁,功能健脾利湿,兼有清热之效。方中苍白术、茯苓、炙甘草健脾燥湿,厚朴、枳壳、陈皮、炒槟榔理气和中导滞,车前子清热利湿,炒槐花清热凉血解毒。本型湿疹,多因婴儿饮食过量,胃肠积滞蕴热,所以应加一些理气导滞的药物,滞热得去,湿热得解。若病情较轻,可用下方

苍术一钱 白术一钱 茯苓二钱 泽泻一钱 白鲜皮三钱 车前子二钱 枳壳二钱 甘草一钱。

煎服方法同前,若服用汤药不便,可以服用参苓白术散(《太平惠民和剂局方》)或二妙丸(市售),每方二至三分,每日二至四次。

以上两种类型,是互相交错的。有时热偏盛,有时湿偏盛或者开始热偏盛,后来湿偏盛。在治疗时一定要根据病情详细辨证。

忌用水洗,每次换药前用植物油清拭,避风。

严重创伤手术后合并败血症一例的中医治疗体会

北京中医医院外科赵炳南主治

张志礼　秦汉琨　高益民整理

（新医药学杂志，1974（1）：66-67）

一例严重创伤手术后合并败血症患者经中西医结合治疗后，使持续达28天之久的高烧迅速下降，败血症得到控制。现将治疗经过和中医辨证施治的体会介绍如下，以供参考。

病例：李某某、男，42岁（外院会诊病例），病历号118944。入院日期：1972年5月9日会诊日期：1972年6月10日。

患者于5月9日上午8时许，乘三轮摩托车失误，与大卡车相撞，撞伤头、胸、腹，昏迷4小时急诊来院。当时病人呈半昏迷，面色苍白，全身少量冷汗，指甲、口唇青紫，脉搏细弱无力，收缩压在90毫米汞柱以下，有时血压上升至100/60毫米汞柱。胸部X线片示右侧7、8、9、10，左7肋骨骨折，骨盆骨折。尿道流出鲜血，立即放入导尿管留置。腹部明显膨隆，叩诊浊音，行腹腔穿刺，抽出血液2毫升。右侧瞳孔中度散大。血色素10.4克％。当时诊断：①创伤性出血性休克、脾破裂；②脑挫伤、脑震荡；③肋骨骨折（右侧7、8、9、10，左7）；④骨盆骨折；⑤左肾挫伤、尿道损伤；⑥左口唇软组织挫伤、阴囊血肿；⑦血性腹膜炎、内出血。病情危重，立即入院，并送手术室剖腹探查。

治疗经过：住院当日（5月9日）下午时经剖腹探查，发现脾门破裂，行脾切除。术后血压平稳，经神经科会诊时称右侧颅内有出血，作钻孔探查，仅发现右侧前方有少量液体。术后持续使用卡那霉素、青霉素、红霉素、多粘菌素等抗菌素。手术5天后（5月14日），神志已有恢复，但尚不十分清醒。体温突然升高39.2℃，巩膜、结合膜明显黄染，皮肤发黄，双下肢浮肿。5月15日做血培养未见细菌生长，胆红素2.2毫克，谷丙转氨酶500单位。术后8天（5月17日），病人神智已有些恢复，但仍不十分清醒，能够回答问题，巩膜黄染，脉搏较快100次分，血压120/60毫米汞柱，尚稳定，腹部略胀，肠鸣音较弱，体温持续在38℃以上,白细胞25 700/立方毫米,血色素7克%,伴有暗红色柏油样稀便,每日3-4次,说明胃肠道有明显出血现象。开始加用多粘菌素,输血和口服云南白药、三七面,肌注止血敏,至5月30日便血未止,并有呕吐鲜血现象。考虑为上消化道应激溃疡出血,体温持续未降,静脉切开处有脓性分泌物,培养为大肠杆菌及金黄色葡萄球菌,除金霉素、氯霉素、四环素轻度敏感外,其它均不敏感,尿培养为变形杆菌,痰培养为副大肠杆菌。持续使用抗菌素万古霉素和多粘菌素等,体温仍未下降,感染仍未能控制。6月5日血培养为金黄色葡萄球菌。6月9日(即病人受伤和手术后的31天),经用多种抗菌素、激素仍未能控制病情,体温仍在39℃上下,肺中有少量啰音,痰为白色黏痰,黄疸已退,谷丙转氨酶325单位;尿化验蛋白++,白细胞1-4个,霉菌较多;血象检查,白细胞17 200/立方毫米,中性分叶细胞70%,杆状核细胞1%,淋巴细胞25%,嗜酸细胞1%,大单核细胞3%。抗菌素改用庆大霉素24万单位/日和四环竹桃霉素2克/日。6月10日即手术后32天,体温仍在39℃上下,精神不够稳定。结合全身情况和血培养阳性诊为手术后全身性感染败血症。白细胞1870/立方毫米。鉴于病情不能控制,乃于6月10日请赵老大夫会诊。

患者自觉胸间堵闷,高烧,鼻煽,循衣摸床,大便为柏油样黑便,脉沉细数,舌光无苔。

辨证:热入血分,邪陷心包,阴血大伤,肝风欲动。

立法:清血分毒热,养阴。

处方:生地炭一两,藕节炭五钱,地榆炭三钱,丹皮五钱,白茅根一两,白芍五钱,犀角粉二分(分二次冲服)。

三七面、云南白药继续服,三号蛇胆陈皮每次服二分,一日二次。

6月11日,中西药配合治疗后,体温下降至37.2℃,精神及一般情况好转,白细胞下降为15 200/立方毫米,大便次数较多,但为黄褐色糊状,6月12日血培养已转阴性,说明败血症已被控制。从6月12-15日4天来继续服中西药,肺中啰音已不明显,拔除导尿管后,能自主排尿,体温维持在37℃左右。

6月16日病情继续好转,败血症已被控,未发现新的局限性感染灶,肺中啰音已基本消失,腹膜后血肿已吸收,静脉切开处,虽感染但引流尚好,周围肿块缩小,压痛减轻,体温最高达37.2℃,双臂输液后肿胀疼痛,有静脉炎现象,遂停止输液,停用抗生素,仅服中药,复查肝功能谷丙转氨酶194单位,胆红素正常,白细胞14 200/立方毫米,中性细胞78%,能进流食,大便日解一次,黄褐色。

6月17日第二次会诊:病人精神尚好,胸闷,食纳不佳,脉沉细,舌有薄白嫩苔。

辨证:热盛伤阴,毒热未清,郁阻中焦。

立法;养阴解毒,佐以理气开郁。

方药:生地炭、双花炭、丹皮各五钱,紫草根、桔梗、苏梗、厚朴花、化橘红各三钱,清半夏二钱,橘络三钱,丝瓜络二钱,竹茹三钱。水煎服。

6月18日,停用三七和云南白药。精神正常,问答及记忆力明显好转,体温正常,大便日解一次,黄褐色。

6月23日,几天来仅服中药,体温未超过37.2℃,精神好,谈笑自如,每日下地轻微活动,胸闷好转,大便基本每日一次,黄软便略成形。6月26日大便潜血已转阴性,消化道出血已停止。

6月28日,体温又升高至39℃,白细胞32 200/立方毫米,中性分叶细胞83%,杆状核3%,尿检查有细胞管型0-2,颗粒管型0-1,白细胞6-7有成堆,尿培养为粪链球菌,对抗菌素均不敏感。

7月1日,近3天来加用口服红霉素及呋喃坦啶,体温略降,白细胞25 000/立方毫米,中性分叶细胞91%,血色素9.7克%。

赵老大夫第三次会诊:病人脉沉细数,舌质红无苔(光面舌)

辨证:阴虚,热未清。

立法:养阴清热解毒。

方药:耳环石斛三钱,南北沙参、元参、二冬各五钱,莲子芯三钱,灶心土二钱,石莲子三钱,花粉、干生地、双花炭各五钱,黄芩三钱。

7月3日,服上方后,微微有汗出,体温下降至37.7℃,因对静滴红霉素有过敏反应,仅服中药。7月7日体温恢复正常,白细胞12 800/立方毫米。7月6日体温正常,精神好,下地活动。7月7日连续3天体温均正常,体检未发现明显阳性体征。7月12日体温正常已1周,白细胞11 600/立方毫米,尿常规恢复正常,尿培养阴性,服中药调理。观察10日,同年7月22日出院。

体会

本例患者为严重创伤,脾切除后合并金葡败血症、泌尿系感染、消化道应激性溃疡出血、黄疸、肝功能异常,病情十分严重而复杂。曾使用多种抗菌素、止血剂,效果均不明显,未能控制全身性感染的发展。从症状上看,已出现高烧、鼻煽、便血、循衣摸床等中医所谓之"热入营血"、"邪陷心包"的危候。热邪由气入血,则见高烧、鼻煽、循衣摸床等症。毒热燔灼血分,血不循经而妄行,则持续便血。赵老大夫抓住本病实质,用既能凉血止血,又能清热解毒的犀角地黄汤为主方,随症加减。方中犀角粉、生地炭、白茅根清热凉血,以清心火。

肝为藏血之室,肝火升则血不守,故用丹皮、白芍辛酸微寒之品泄热、凉血以平肝火,更佐以藕节炭、地榆炭,凉血止血。组方主旨虽在清火,而实兼滋阴。因为毒热入于营血,伤血动血,血失则阴虚。若徒清其热,而不兼顾其阴,则阴不复而热亦难退。所以赵老大夫以养阴清热凉血为主,佐以止血,并用蛇胆陈皮取其化痰安神定志,醒神开窍,以驱内陷心包之邪热。服后,体温下降,精神及一般情况好转,白细胞也逐渐下降,大便已转为黄褐色,两剂后血培养已转为阴性,说明败血症已被控制。5 天后肺中啰音消失,拔除导尿管后已能自动排尿,水液代谢紊乱似有纠正,肝功能也有所恢复。服用中药 5 天后,停止输液和抗菌素,单独使用中药进行治疗。

根据中医观点,脾为后天之本,阳气升发之源。本例到了毒热渐衰之时,在治疗上除继续清解血分之余毒以外,还应当醒脾助胃,使水谷运化通达,机体机能才得恢复。所以二诊时,赵老大夫除继用生地炭、双花炭、丹皮、紫草根清解血热、祛瘀生新外,并针对其胸闷、食纳不佳等症应用苏梗、荷梗、厚朴花,理气开郁,橘红、清半夏、竹茹理气化痰、清热醒脾,丝瓜络、橘络行气活络,促使瘀去新生,胃气恢复。所以病人的一般情况恢复的比较满意,而且复查大便潜血已转阴性。患者因身受严重创伤,又经历了较大的手术及多种合并症,机体抵抗力是相当低的,又因在创伤时,左侧肾挫伤、尿道损伤,持续导尿时间较长,泌尿系感染机会是比较多的,所以患者在病后个半月多的时候,又出现急性泌尿系感染的情况,突然高烧,白细胞增高,尿检阳性,尿细菌培养为粪链球菌,未有敏感的抗菌素。赵老大夫第三次会诊,针对这种情况,并不孤立地见病治病,而是从病人的整体和病的连续性进行分析。患者高热,舌质红无苔,脉沉细数,仍属阴虚毒热未清,所以并没有急于清利下焦湿热,而是采用养阴清热解毒的法则。方中灶心土一药,辛微温,入脾胃经,温中和胃,止血止呕,患者在此阶段为久病气阴两伤,脾胃运化失职,突然高烧,唯恐胃肠再度出血,故用灶心土以止血,另外患者脾胃已伤,不宜一派纯阴过腻之药,灶心土能温中和胃,醒脾助胃,使处方补而不腻,收到了阴津复、胃气和的良效。

燻药疗法治疗 61 例神经性皮炎(顽癣)的初步临床观察

北京中医医院　魏正明　赵炳南　马瑞臣

(中医杂志,1957,(4):189-191)

一、概述

　　神经性皮炎(顽癣)是一种相当常见顽固的皮肤病。它是在未患病的局部皮肤(好发于大腿内侧面、会阴、生殖器、肘膝的屈侧及颈后),首先出现瘙痒,此后不久,在瘙痒的皮肤表面上,发生顽固的改变,出现豆粒大或粟粒大慢性炎性的、浅褐色、蔷薇色丘疹。丘疹的表面,常常附有糠秕状的鳞片,患部及其周围的皮肤,有些色素沉着,病灶渐渐增大,并互相融合,形成了斑片,呈苔藓样变。病灶的周围,排列有孤立的,有时集簇,呈不大的聚集状态的多角形光滑的豆状丘疹。神经性皮炎(顽癣)伴有剧烈的瘙痒,往往影响患者的睡眠和工作。目前对本病的治疗方法,如溴剂和钙剂等镇静药的应用,局部寒冷刺激(如氯乙烷喷射)、水疗法、长期睡眠疗法、封闭疗法、紫外线照射和 X 线疗法虽有一定效果,但不能防止复发。其中 X 线局部照射只能限于在具有相当技术水平的医疗机构中进行,难以普遍推广。

二、文献考据

　　祖国医学对癣病的记载,在历代著述中都很丰富,如《素问·阴阳应象大论》"地之湿气感则害皮肉筋脉"。又《生气通天论》篇"汗出见湿,乃生痤痱"。这说明湿与皮肤病的发生是有关系的。此外,还有外来毒素的刺激,外因机械性的刺激、内因食物的刺激、情绪的关系等,也是发生皮肤病的诱因。

　　关于症状方面:隋巢元方著《诸病源候论》癣候中说"癣病之状皮肉隐疹如钱大,渐渐增长或圆或斜,痒痛有匡郭,里生虫,搔之有汁,此由风湿邪气客于腠理、复值寒湿,与血气相搏,则气血否涩发此病也。"

211

该书并根据皮损皮面的性状而有不同的名称。例如在干癣候中说"干癣但有匡郭,皮枯索痒,搔之白屑出是也。皆是风湿邪气客于腠理,复值寒湿与血气相搏所生,若其风毒气多湿少,则风沉入深,故无汁为干癣也,其中亦生虫"。湿癣候中说"湿癣者亦有匡郭,如虫行浸淫亦湿痒,搔之多汁成疮,是其风毒气浅,湿多风少,故为湿癣也,其里亦有虫"。根据上面的记述,可知祖国医学在公元 600 年前的时候就已然知道癣症是具有传染性的疾病了。

陈实功《外科正宗》说:"顽癣乃风热湿虫四者为患,其形大小圆斜不一"。《医宗金鉴》并将癣症区分为干癣、湿癣、风癣、牛皮癣、松皮癣、刀癣等不同的类别,说明了祖国医学对癣症的认识,是非常详尽的。

三、治疗方法

古典文献中有许多对癣症的治疗方法,由于癣症疲顽,我们就根据古典文献的记载,探用了熏药疗法对之进行治疗。按《医宗金鉴》外科风疳门有青布爆法,用油缸青布三指宽一条,香油调雄黄摊于布上卷之燃着吹灭焰火,向疮烘之,其痒痛即止。《疡医大全》疮疽爆药门有千金神草熏药方,是以千金草捣烂熬开,用木板作孔,对疮毒用药气爆之,疮口流毒水,又爆,毒水流尽而愈。由于先贤的启示,我们起初采用纸卷爆法,复于 1956 年 10 月上旬,我院开始建立了皮肤科爆疗室,在爆疗器具方面,作了适当的改善。用电力调节温度的爆椅,给癣症患者进行爆疗。患者的病情和爆疗的方法,都有显著的进步。

1. 爆疗药物处方　苍术三钱,松香四钱,大枫子一两,五倍子五钱,白鲜皮一两,黄柏三钱,鹤虱草四钱,防风三钱,苦参四钱。共串粗爆后闷烟外爆用。

2. 爆疗时间　开始时每日爆十分钟,一二日后即可增至 15-20 分钟,渐更增至 30 分钟,每日爆疗一到两次,于爆疗四五天后局部痒感即渐减退,肥厚皮肤渐由脱皮现象,而转平,由于患病时间的长短,有时不同,必须在痒感完全消失表皮转光滑后再爆疗一个时期,以达根治目的。

3. 外擦药(在爆疗的同时局部配合使用外用药,每日外擦局部 1—2 次)处方如下:

甲:止痒药粉五钱,复方黄连膏二两,五倍子面二钱。共混合调匀外擦局部适用于颈部。

乙:复方黄连膏三两,狼毒方粉三钱。共混合调匀外擦局部适用于臀部阴囊部。

丙:外擦复方黄连膏五钱,五倍子一钱,止痒药粉一钱,狼毒方粉五分。

止痒药粉原方:松香三两,定粉三两,枯矾三两,甘石三两,轻粉三两,乳香三两,冰片三分,陀僧五钱。于研极细。

复方黄连膏原方:去湿原料膏十两,官粉一两,黄连面一两,轻粉面一两。共合匀。

狼毒方粉原方:狼毒、川椒、硫黄、槟榔、文蛤、蛇床子、大枫子、枯矾。各等分研细面。

去湿原料膏原方:苦参五钱,薄荷三钱,防风三钱,鹤虱三钱,芥穗五钱,白芷三钱,大黄三钱,灵仙四钱,连翘四钱,苍术三钱,枫子一两,白鲜皮五钱,五倍子五钱。用香油三斤将上药煎枯去渣加黄柏八两,化净过滤成膏。

黄连软膏:黄凡士林四两,黄连面四钱,二妙散二钱。

4. 病历分析　我们根据祖国医学的记载,采用了燻疗疗法自 1956 年 10 月至 12 月底,共治疗了神经性皮炎患者 61 例,已初步获得疗效,兹将这 61 例的病历分析报告如下(见表 1、表 2)

表 1　发病部位(以颈部最多)

部位	头部	颈部	颈及上肢	颈及下肢	颈及臀部	臀及上肢	下肢	阴部及臀部	其它
人数	6 人	23 人	5 人	2 人	3 人	3 人	10 人	7 人	2 人

表 2　患病年限

年限	一年及以下	一年至两年	两年至五年	五年至十年	十年至二十年	二十年以上
人数	8 人	8 人	25 人	8 人	10 人	12 人

四、治疗效果

61 例中痊愈 8 人,占百分之 13.11,有效 36 人,占百分之 59.01,无进步 8 人,占百分之 13.11,不明 9 人,占百分之 11.77。

(注)痊愈:皮肤正常光滑症状全部消失。有效:病损表而转光滑但痒感未全部消失。无进步:患部仍粗糙痒感未减轻。不明:门诊治疗一次后未再来者。

1. 本病的燻疗以每日燻疗二次为合于标准,因此疗效的观察,以住院患者较为可靠。61 例中大部是门诊患者,在燻疗时间及温度均未能按规律进行,多数均在自觉症状消失后即未坚持,故大部病例停留在有效阶段。

2. 一部分病例,因在集体宿舍住宿,恐影响其他同志的休息,而不能进行燻疗,因而有九例效果不明,系于初诊一次后,即未再来复诊。此外尚有八例

213

为无进步者,亦系仅燻疗一到两次即中断而不能坚持燻疗者。

五、讨论

1. 61 例中,患病年限最低的为二个月,最长的达 22 年之久,目前一般医学上治疗本病比较有效的方法是封闭疗法及 X 光疗法,但易复发。X 光疗法在照射一定光以后即不能继续使用,否则能引起严重的损害,必须在一定的设备条件下方能使用,因此难于推广。燻疗疗法使用简单,虽经长时间的燻疗,没有任何其它不良后果。对再发病例的治疗同样有效。费用低廉,容易推广,能在家庭中自行燻疗,不受时间限制,且不影响工作。

2. 本病是一种顽性皮肤病,容易复发,因此防止复发是我们对本病治疗研究工作中的重要问题之一。我们对本病治疗进度,在正规治疗条件下(每日上下午燻两次,每次 30 分钟,保持患者自觉舒适的一定温度,药烟集中病损部分,避免机械性及食物性的刺激),平均二到八周就能痊愈。为了巩固治疗效果,应再继续燻疗二到三周,以求彻底痊愈。并应作病理切片检查。

3. 燻药的药烟并无任何毒质,对人体也没有任何严重的损害,虽在药烟弥漫的燻室内,亦不会引起剧烈的反应。但由于燻药处方内之药味,大都系杀虫去湿的药物,因此在药烟中,也含有一些刺激的性质,而对黏膜是具有一定的反应,尤以对呼吸道黏膜及眼黏膜是有一些刺激作用,有时引起轻微的咳嗽及眼黏膜的不适。并有时引起轻微的头痛,但不致因此而形成疾病。在有排烟设备,及空气流通的燻疗设备条件下,此种反应基本上可以完全消除。

4. 燻药疗法对局部病损亦无任何反应,在个别病例中,会有在燻疗后,局部有轻微的痛感,或微发红。在此种情形出现后可将燻疗时间稍缩短,此反应即可消失。

5. 有高血压及高龄患者燻疗时间应适当缩短,以免引起血压增高及虚脱现象,尤以夏季更应加以注意。孕妇及体质素弱者不适宜使用燻疗疗法。

6. 从燻药烟到提燻烟油问题 我们为了便利病人及不适宜做燻疗的患者起见,现在正进行从燻药烟中提取有效成分(烟油)敷患部,并计划创制电幅热罨配合使用,以促进烟油的吸收。此外更有多数患者,因时间及环境条件之限制,未能进行燻疗,我们计划创制小型加热器,使病人随时随地自己进行治疗。

7. 燻疗的设备改良情况

甲. 过去的燻疗方法:仿照文献记载青布烘法治疗风瘙症方式,我们采用了燻药方法治疗神经性皮炎。开始我们用纸卷燻法。是用草纸将药卷成卷形,在火上点着,吹灭火焰使药烟燻药患处,在临床方面得到治疗效果。但在燃疗时由于药烟散漫、温度不够,而未能达到合乎理想的要求。后将纸卷燻药改为坐燻及双头燻,是用炭盆,将药复于炭上,使共生烟而达治疗目的。使用炭盆疗法有如下的缺点:

(1) 烟内所含成分复杂,尤其炭烟混杂其中,且药烟弥漫消失,减低了药物的功能。

(2) 由于浓烟四溢,影响患者及工作人员的呼吸,不利于室内清洁卫生。

乙. 改进后的医疗设备(燻椅)

(1) 根据甲项的燻药情况,我们设计了燻药椅,发烟设备不用炭火,完全用电热控制,不致因添炭,耽误时间,不用经常撒药且能调节温度避免火气忽强忽弱.因而烟的温度平衡,延长了用药的时间,可以节约药料。

(2) 炭盆所发之烟含有多量炭烟在内,而燻椅所发之烟纯净不杂。

(3) 有疏烟导管的设备,室内没有烟溢,避免治疗室内浓烟呛人。

丙. 我们还应该进一步研究燻药疗法的规律性,,改进燻药椅的构造,提高疗效,作较长时间的观察和研究。

六、总结

1. 本文简单地报告了应用中医燻药疗法治疗 61 例神经性皮炎的初步临床观察获得了 72.22% 的有效率。

2. 据我们临床观察,燻药疗方法适用于持久性(慢性)的神经性皮炎,而不适宜于现发性(急性)的疾患。

3. 本文叙述了中西医对神经性皮炎的诊断和症状。

4. 对燻药疗法的设备加以研究,创制了燻椅的工具,进一步提出研究提炼烟油问题以便病人的使用。

5. 燻药疗法的优点,是止痒迅速,疗效高,用法简便,并且药价经济,可在广大农村中推广。

6. 通过燻药椅的试用,说明燻疗可以电控制,给今后进一步创造中医医疗器械打下基础。

215

参 考 资 料

1. 黄帝内经·素问(第一,二卷).
2. 巢元方.诸病源候论,35 卷,第 4 页 癣候,周氏医学丛书本.
3. 陈实功.外科正宗.第 11 卷,顽癣第 84,咸丰校经山房刊本.

4. 医宗金鉴·外科心法 . 第 74 卷,6 页 癣疮门,光绪江西书局刊本 .

5. 顾世澄:疡医大全。第 8 卷,疮疽门熏药石印本 .

6. A.N 卡尔塔梅舍夫皮肤性病学,187 页,人民卫生出版社 .

7. 方大定 . 学习祖国医学皮肤病学的体会,中华皮肤科杂志 1956 年第 3 号 .

8. 方大定,赵炳南,马德海等,中医熏药治疗神经性皮炎的初步报告,中华皮肤科杂志 .1957 年第一号 .

悬壶生涯六十年

北京中医医院副院长
北京市中医研究所所长
赵炳南

（山东中医杂志，1981：45-50）

〔作者简介〕赵炳南1899—，回族，祖籍山东德州，生于河北宛平，现年八十三岁。因家境贫寒，只念过六年私塾，十四岁学徒，行医六十载。他的专题论文很多，医学杂志多有刊载，著《赵炳南临床经验集》一书，获全国科学大会奖。历任北京中医医院副院长、北京市中医研究所所长、北京第二医学院中医系教授等职。被选为中华全国中医学会副理事长，北京中医学会理事长，全国第四、五届人大代表，北京市第七届人大常委。

我是个普通的回族老中医，今年八十三岁，经历过清王朝、北洋军阀、国民党反动统治时期，行医生涯一甲子。可以说，人间的喜、怒、忧、思、悲、恐、惊七情备历，人生道路的酸、辣、苦、甜、咸五味俱尝。但是我新的生命却是从解放后开始的。我不能忘本，没有党、没有社会主义新中国，就没有我赵炳南的今天。

老妈妈大全

我学名德明，改称炳南是以后的事了。听老人讲，祖父是饭馆掌灶的，很早故去。父亲很小便独立谋生。我家育兄弟姐妹五人，全凭父亲给人帮工做糕点，母亲零碎做点外活勉为生计。

我自幼身体羸弱，经常生病。记得五岁那年，我出天花，高烧昏迷，好几天睁不开眼。疹子出全，可谓漫天行蚁，体无完肤。那时，家里根本无钱就医，只听别人说："别瞧这么厉害，要是出得顺，七浆、八落、九回头"。在万般无奈之时，只好请一墙之隔的老邻居王二大妈诊视。提起王二大妈，本村无人不知，无人不晓。她老人家虽不识文墨，但粗晓医理，多知多会，大家尊称她"老妈妈大全"。我的病经王二大妈指点，慈母上街买些化毒丹之类的小药，服后很快好转，落下一身小疤，出街门，乡亲看见，都叫我"麻孩"。

六岁那年，我闹一场红白痢疾，每天拉肚子，一病就是一年。家里穷得连手纸也买不起，只好把破旧衣服撕成片当手纸，使脏了，用小灰水洗完晾干，以后再用。还是王二大妈出了个偏方，用无花果加蜜蒸热，每天服数枚，才把我的病治好。

七岁那年，我患了场疟疾，一闹也是接近一年，家乡泊岸边有块长条石，发烧时，我就躺到条石上冰身子，发冷了，就去晒太阳。不少人出偏方没治好。家母央求王二大妈说："您别瞧着孩子受罪了，干脆死马当活马治吧。"王二大妈说："有个单方试试看，好了就好，不好就了。"她找了块绿豆大小的信石，布包砸碎，开白水送服。服药后，我觉得全身发热，如同登云驾雾，恍惚之中，仿佛有个天梯，爬呀爬呀，一不留神，撒手摔下来，吓得出身冷汗，病也就逐渐好了。

三年的大病，使我失去了启蒙就读的大好时光，但也培养了我对中医中药的浓厚兴趣。记得以后念私塾，老师常讲："人生一世，不为良相，即为良医。"我想：凭我家的条件，哪还希望当什么良相、良医呢？要是能像王二大妈那样，骑个毛驴，拎个包袱，能给人瞧病，也就知足了。放了学，别的孩子走东串西，我就喜欢到王二大妈那儿去玩。看她熬膏药、配方子，给她打下手，听她谈天说地讲故事。有时，老人家外出采药，遇到爬坡上坎的地方，我就爬上去帮助采集。

在和王二大妈接触中，耳濡目染，我也学到了一点极为简单的验方小药，如马舌子焙干压面能治"羊角风"，鱼骨盆外敷能止血等。记得八、九岁时，正遇少数民族办红白事，杀鸡宰鸭，热闹非常。本家外甥金荣奔走相告，不留神，摔倒在石头角上，头上撞个大口子，流血不止。旁人用点细灰尘土用手堵住，我听王二大妈讲，鱼骨盆止血好，我找点药给他敷上，很快好了。

回想起我多病的童年生活，毋庸置疑，王二大妈以她高尚的医德，精湛的医术，潜移默化的言传身教，在我幼小的心灵里埋下了渴望学医的强烈愿望。后来，我学徒期满，业已行医，治好一位盲人患者，他出于感激，问了我的生辰八字。只见他掐了掐手指头，叹息地说"好刚强的八字啊，就是五行缺火，改个名子还可以补救。"常言道"南方丙丁火"。赵炳南的名子就这样叫开了。其实，我幼年多病，哪里是什么五行缺火，是旧中国给我们穷苦人带来的贫困和饥饿啊！

皮球的风波

要是讲学历，不怕您见笑，我既非书香门弟，也无家学真传，只间断地念过六年私塾。八岁那年，我才开始上学，因为不是官办的学堂，经费、校址和师资都没有保障，就读之处不是庙宇，就是清真寺，老师常因经费不足辞去不干，或另被富豪家聘教专馆。六年之中，我就辗转投师六处，饱尝了辍学之苦。

我懂得单凭家庭接济，根本无力供我完学。所以每在放学之余，常帮人捎带买东西，挣上一、二个铜板，零星添置点笔墨纸砚。有一次，好容易攒足了十三个铜板，看见别人家的孩子有皮球，心里很羡慕，就一个人到城里洋货店买个小皮球拍着玩。第二天，家母看见皮球，问我是哪来的，没等我说清了原委，家母急切地说"咱们家哪能玩这个，你也不瞧瞧，鞋袜还都破着呢！"回到家，母亲把皮球刷洗干净，用净纸包好，带我进城。到了洋货店，家母向掌柜先生连连道歉，说我不懂事，错买了皮球，恳请退换。掌柜先生拿起皮球，看看完整无损，勉强同意换了双鞋面，由母亲给我做双新鞋。这段往事常常勾起我童年生活的辛酸回忆，每念及此，不禁潸然泪下。看看现在的学生，一个个生龙活虎，无忧无虑，他们生活上甜如蜜，学习上有人教，课外活动丰富多彩，简直是手捧金饭碗，生活在天堂而我那时过得是什么日子啊！

小沙弥子

十四岁那年，我经人介绍到伯贤氏药房学徒。一次偶然机会，德善医室的老师丁庆三出诊到药房歇脚，顺便谈起正在他那儿学徒的陈某，想到其舅父伯贤氏开办的药房学徒。于是二人商议互换徒弟，我就换到德善医室，投师丁庆三，开始了新的学徒生活。提起德善医室，上岁数的"老北京"可能有些印象。我的老师丁庆三，起初开羊肉铺。遇有病家买肉，常常施舍肉铺自制的膏药。膏药很灵，患疮疡疖肿者，一贴就好。常言道"此地无朱砂，红土为贵"。一传十，十传百，病人越来越多，以后干脆弃商从医，又收了几个徒弟，开设医室，给人治病。

我学徒那会儿，中医外科的水平低，人数少，只占中医人数的百分之一、二。谈不上用麻药、止痛药，更没有抗菌素。有了病，吃点中药，贴点膏药，再就是上白降丹。痛厉害了，让病人到大烟馆抽上一、二口大烟。当时有"外科不用读书，只要心狠就成"和"会打白降红升（丹），吃遍南北二京"之说。在这种环境下学徒，哪有老师耐心地手把手教呢？记得有一次我看《濒湖脉学》上讲："浮脉，举之有余，按之不足，如微风吹鸟背上毛，厌厌聂聂"。对"厌厌聂聂"四个字,我百思不解其惑。请教师兄,也只是说:"可意会而不可言传"。

学徒生活照例十分艰苦。每天早晨四点多起床,下门板、生火、收拾铺盖、倒便器、买东西、做饭、熬膏药、打丹、帮下手……。不仅伺侍老师,还要照顾师兄。无冬历夏,一年到头,每天都要干二十个小时,一天只睡三、四个小时觉。有一次,我摊膏药,一面用棍子搅,一面打磕睡。突然,一只手插进了滚烫的膏药锅里,顿时,手上的皮被烫掉一层,疼得我钻心,又不敢让人知道,只好偷偷拿些冰片撒在上面。由于我年龄小,手脚麻利又勤快,师兄都叫我"小沙弥子",即小和尚。

艰苦的生活,繁重的体力劳动,并没有磨灭我强烈的求知欲望。每当夜深人静,大家熟睡之时,我就挑灯夜读,疲乏了,用冰片蘸水点一下眼角,醒醒神,又接着念。学习用的文具纸张,家里根本无钱购买。医室对面纸店家有个小徒弟我相熟,常取出店内残缺不能卖出的纸、笔二人分用。

在这种饥寒困苦的环境下,我自学完《医宗金鉴·外科心法》《外科名隐集》《外科准绳》《疡医大全》《濒湖脉诀》《本草纲目》等医籍,有的还能背诵,至今不忘。对于一些中医皮外科基本功,如熬膏药、摊膏药、搓药捻,上药面打丹等,也都掌握地很娴熟。这些,对我以后的行医生涯颇有受益。

设馆行医

一九二零年,北洋政府举办中医考试,我虽然考取了,但所发的是"医士"执照,只能在四郊行医,不准进城。过了几年,又经过一次考试,二百多人参加,只取十三个,我是其中之一,才准许在德善医室门口挂了个行医的牌子。旧社会,作为一个中医,不管你有多高技术,多大名气,也只能是个医士。就连蜚声遐迩的四大名医也绝无例外。直到现在,我还保存着这张用汉满两族文字书写,加盖官印的老执照,作为旧社会歧视中医的一个铁证。

就在我学徒的第四个年头,老师不幸病故,我又和诸师侄支撑门面,并继续苦读了三年。经过几年的钻研,我总算偷学了一些医疗技术,也为德善医室效尽了徒弟之劳。一次,河南省伪省长的女儿患鼠疮(淋巴结核),我出诊一周。师侄满以为这趟美差一定可捞到一大笔出诊费。谁知这个伪省长一毛不拔,回来两手空空。师侄怀疑我独吞了出诊费,不问青红皂白,第二天派人送了封信,硬是把我辞退,由他们独家经营。当时我没有一点积蓄,生活无着,只好到处奔波,求亲告赁,这家赊药,那家借房,东挪西借,总算在西交民巷办起了二间房子的小医馆,有了落脚之处。三年后,医馆业务逐年兴盛,我重礼道谢了亲友,还清了债务,又租赁了一所有"天蓬、鱼缸、石榴树"的大四合院,如此又干了三年,有点积蓄,才正式开设了西交民巷医馆。

穷汉子吃药,富汉子还钱

旧社会,皮外科患者多为勤劳辛苦的穷人,一旦得了"腰痛、搭背、砍头疮",往往"腿息工,牙挂对"。非但失去了养家糊口的能力,还要花费一笔钱治病。我来自底层人民,深知穷苦人看病不易。对那些无力就医者,我秉承"穷汉子吃药,富汉子还钱"的师训,免费看病吃药,分文不取。

一次,几个农民从西直门外抬来一位对心发背部蜂窝组织炎的患者。我见病人就诊不便,主动提出义务出诊,每次带上四、五磅药,隔五、六天去一趟。用药后,坏死组织很快脱落,新鲜疮面大小如盘,其深洞见脏腑。经我细心诊疗,亲自上药,二个月后,疮面长平痊愈。左邻右舍闻讯凑钱给我送了块木制的义匾,一路上百八十人敲锣打鼓,扭着秧歌,一直抬到医馆。在我行医生涯中,送来的木匾、玻璃匾、铜匾、银盾、银瓶不下百、八十件,唯独这块义匾给我留下了深刻的印象。

当然,请我看病的,也有达官富商之类的人。从中也取得了一笔可观的收入。我除了把这些收入用来维持医馆业务外,还为社会公共事业略尽绵薄。当时的北平中医公会缺乏经费,我解囊相济;华北国医学院需要资金,我慷慨捐款建立妇产医院,我竭力资助。到头来,只乐得两袖清风,俭朴度日。

御医与换帖

多年行医后,随着治好一些病人,我在中医外科界总算有了一点小小的名气。听山东中医杂志说,善书上写了我一笔,就连北京的洋车夫遇有皮外科病家乘坐,也主动介绍到我医馆诊疗。但那些有钱人根本看不起我们。他们管中医外科病叫"疙瘩",管我就叫"瞧疙瘩的"。

作为一个医生,我接触了社会的各个阶层,看过各种人物的面孔。富人的傲慢与跋扈,穷人的穷苦与无奈,就像一面无形的罗网,使我难以解脱。有人要求我一夜之间为之除却沉疴旧疾,有人希望拉我入伙,为之效力。于是,我固守着一条信念:"岂能尽遂人愿,但求无愧我心"。这既是我做人的哲学,也是我对待旧社会挑战的回答。

记得民国年间,清末皇帝溥仪退居天津知府衙门,曾由他的老师陈宝琛、朱益藩二人介绍给我前往看病。溥仪患的是右鼻孔"白刃疔"(鼻疔),唇颊部红、肿、高大,疼痛难忍,忐忑不安。那时虽说溥仪退位隐居,却还是关起门来做皇帝,神气十足。在询问病情中,我了解到他有破相之忧,希望免除手术,采用中医药治疗。我就用中医提疗的办法，外用药捻加盖黑布化毒膏，内服清热解毒托里透脓的中草药。三天后，栓出脓尽。一周后，基本痊愈，没留疤痕。康德年间，我又给溥仪的荣皇后看过一次。二次接触，溥仪对我有些印象，提出让我做他的御医。我说："家有八十岁老母无人侍奉左右，我这个年龄，只能尽孝，不能尽忠"，拒绝了皇宫的招聘。

民国年间，我曾给吴佩孚看过病，认识他的儿子吴某。这个人喜欢玩狗，不惜重金。有一次，他的爱犬尾巴叫人剁了，蜷在墙角，疼得直打哆嗦。吴某知道我专瞧外科，就让我到他家给狗看病。当时我想，狗虽是个畜牲，但毕竟也是生灵，也就不大介意。我察看完伤势，撒点用上等冰片调制的药面，纱布包好，很快疼止，伤面愈合。吴很高兴，提出要和我换帖拜把兄弟。我说："我信仰伊斯兰教，祖辈传下的规矩，不和外教结亲。"就这祥，换帖之事，始终未成。

旧社会人情冷暖，世态炎凉，使我信守一门话："万事不求人"。我曾气愤地说：旧社会我没有一个挚友。

挂钟和拐棍

北平沦陷前，我怕挂那么多匾招惹是非，悄悄托人拍照后，卸下收藏。谁知这样也难免飞来的横祸。北平沦陷后，人不自由，连挂钟也不自由！日本侵略者规定中国人要按日本时间把钟拨快一小时。我想，在中国的国土上，难道中国人都不能按照中国的时间生活了吗？我开设的诊室里的挂钟，就硬是不拨，结果被汉奸狗腿子发现，一进诊所，便把挂钟摔碎了。他们一走，我又重新买了一个挂钟，照样按照中国时间拨好，挂在墙上。后来又被摔掉一次，我又买了个新挂钟。

当时，眼看国土沦陷，国难当头，作为一个中国人，我的心情非常忧闷。我盼呀，盼呀，盼望抗战胜利。认为胜利后，日子可能好过些。谁知道，"强盗前面走，豺狼后脚跟"。在国民党统治下，生活更是艰难。地痞流氓到诊所闹事，敲诈勒索，无所不为，再加上物价飞涨，生活毫无保障……在这种日子里，我心灰意冷，虽未满五十，却深感垂暮之年已到，于是，就拄起拐杖来。

一九四九年十月一日，中华人民共和国成立，五星红旗庄严地升起在天安门广场。毛主席、党中央制定了一系列中医方针、政策，中医药事业获得了新生，宝贵的祖国医药学遗产得到很好的继承和发扬。北平一解放，人民政府就发给我中医师证书，我的工作也受到国家和人民的重视。一九五一年，北京各界人民响应抗美援朝总会号召，纷纷定出拥军优属公约或计划。我主动提出愿意免费给患病的烈军属诊病，受到政府登报表扬。

在北京中医医院成立之前，我先后被聘请为北京市中医第二门诊部、中央皮肤性病研究所、和平医院和北京医院的中医顾问，半日参加集体工作。在皮研所，我和西医同道商定共同搞湿疹、牛皮癣、神经性皮炎等三个病种的研究。西医同道提出牛皮癣并无真菌，称其为癣，不大合适。我说中医有牛皮癣之名，指皮损坚如牛领之皮而言，并无临床上大量脱屑之实，治法亦不相同。"我认为，牛皮癣与古代文献所记载"白疕"相吻合。"疕"字从其字形结构看，是病字头上加上一个匕首的匕字，如同匕首刺入皮肤，以示病程的缠绵日久。经中西医认真研讨，始知中医所谓牛皮癣实际上指西医的神经性皮炎，西医所指的牛皮癣也不是中医所称的六癣之列。后来，我们取得一致意见，认为命名银屑病较为贴切。这件事虽小，却使我回想起一件往事。那是在解放前，北京医院是德国人办的。有一次，一位病人的家属请我去医院诊病。但那时，这所医院规定不准中医进病房。因此，我只好与病人家属一起，作为探视病人的亲友进去，趁大夫、护士不在时，偷偷为病人诊脉，回来后再开方，病人也得偷偷敷药吃药。对比之下，不胜感慨，只有在解放后，中西医才能真正摒除门户之见，取长补短，坐在一起，自由地交流学术思想。

一九五五年，经卫生部傅连暲同志介绍我给朱德委员长看病，见到了敬爱的周总理。周总理态度和蔼，平易近人，亲切地和我握手，嘱咐我，给首长看病要安全有效，中西结合，积极谨慎，与病人商量。周总理温暖的手，像一股暖流，使我感到激动。周总理的亲切指示，给了我勇往直前的力量。我觉得自己心明眼亮，力量倍增，从此以后，拐杖也就自然而然的扔到一边去了。

经验不带走

一九五六年，北京第一所中医医院建立，我是第一批参加医院工作的老中医。在党的中医政策感召下，我离开了苦心经营多年的医馆，投身到伟大祖国社会主义建设的行列中。当时，我把自己开业时的部分药材、器械和备够五间房子的柁、木、檩、架全部捐献出来，略表自己挚诚之心。为此，政府还授予我二百元奖金。参加医院工作后，使我有机会接受更多的教育和帮助，为更多的劳动人民解除病痛。我觉得自己心胸开阔了，视野宽广了，精力充沛了。新旧社会对比，真是天地之别，是党和毛主席拯救了奄奄一息的中医药事业，给我们中医指出了光明大道。这时，尽管我的工作空前繁忙，但我越干劲头越足，越活越有奔头。我知道，自己的政治觉悟和工作能力都很差，对人民的贡献微不足道，但是党和人民却给予我很高的荣誉和政治上的鼓励。我曾先后被选为北京市人大代表、政协代表、全国人大代表，担任过北京中医医院副院长兼皮外科主任、北京市中医研究所所长、北京第二医学院中医系教授等职务。尤使我难忘的是曾多次见到了伟大领袖毛主席、朱委员长、周总理。

我常想，我只是个普通的回族老中医，来自底层人民，我所知道的一点医学知识和临床经验也来源于实践，来源于人民，理应把自己学到的技术毫无保留地献给人民。于是，我把保留多年的所有资料手稿拿出来，把点滴心得体会说出来。例如，应用双花、生地烧成炭，清解血分的毒热，是我多年来摸索来的治疗经验，用于临床取得较好效果。俗话讲"外科不治癣，治癣便丢脸"。这句话固然反应了皮肤病难达速愈，但也从另一方面说明对于皮肤病治疗办法不多。我想，皮肤疮疡虽形于外，而实发于内。没有内乱，不得外患。皮肤病损的变化与阴阳之平衡，卫气营血之调和，脏腑经络之通畅息息相关。因此，我和同志们一起，从疾病的整体观念出发，从治疗难度较大的皮外科疾患入手，开展了对红斑狼疮、白塞氏病、慢性瘘管和溃疡的研究工作，初步取得进展。

在总结经验过程中，我们从一个个病种入手。凡是跟我学过的医生，都把自己保存的有效病例，以及我讲解过的心得体会的笔记集中起来，然后我再逐个分析当时的主导思想，把同类的经验归纳起来，才找出它们的共性和每个病例的特殊性。对于每味药，每个处方和每一段叙述，我们都认真研究修改，并且本着实事求是的态度，既总结成功的经验，也总结失败的教训，使后学者少走弯路。一九七五年，大家帮我把过去几十年的临床经验加以总结，出版了一本《赵炳南临床经验集》。全书约有三十万字，共收病种五十一个，病例一百三十七例，介绍了三种特殊疗法及多年来行之有效的经验方、常用方，较为系统地反映出我的实际经验，获全国科学大会奖。近年来，我年老体弱，身体欠安，难以胜任门诊的繁忙业务。我就采用录音方式，讲一点，录一点，然后根据录音材料整理成文。这是一种快速、准确、省力的方法，有利于经验的整理和传授。此外，我还在同志们的协助下，将有较好疗效的十个常见病整理成计算机语言，编好程序，输入电子计算机，备日后的临床、教学、科研应用。我认为，整理、继承工作，老中医责无旁贷，应该采取积极主动的态度，把自己在实践中积累的知识全部拿出来，哪怕是一点一滴，也能聚沙成塔。

我常爱说两句话："知识不停留，经验不带走。"知识不停留，就是说，虽然我已经八十三岁，行医一甲子，还要活到老、学到老、干到老，还要钻研，还要攀登，还要挖掘，还要创新，决不能在现有的经验上停留。经验不带走，就是说，把我的点滴经验和体会要毫无保留地献给党和人民，传给青年一代，绝不带进坟墓。

几点希望

我经常收到各方面的来信，其中许多是有志于从事中医工作的青年人，他们希望我能谈谈个人的看法和体会。借此机会，我想说几句不成熟的话。

1. 熟读王叔和，不如临症多。书不可不读，对于一些中医经典医籍，不但要读，有的还要能背，但希望同志们不要钻进书堆里出不来。要重视临床，多认症、多实践。我年青时，根本不知道累，上午看病百余人，下午出诊，晚上睡在医馆，整天和病人打交道，以后虽说年岁大了，也坚持门诊，坚持会诊，从不脱离临床。只有见得多，认症准才能辨析识病严谨，立法遣药切中，对疑难大症做到心中有数。

2. 寻师认能，博采众方。要善于学习，不仅向书本学，向老师学，还要向病人学，向民间学。我自己的经验中，有很多是向别人学来的。比如熏药疗法是在我早年行医时，看见一位老太太用草纸燃烟熏治顽癣（神经性皮炎），引起了我的注意。查阅古书中也有类似这方面的记载。于是我加以改革，临床治疗很多皮外科疾患，取得很好疗效。又如，一位头面部白驳风（白癜风）的患者，同时伴有头皮瘙痒、脱屑、头油多。我让他用透骨草煎水洗疗。数天后，白驳风如旧，但用来洗头却收到意想不到的去油止痒效果。我从病人主诉中受到启发，以后拟定了透骨草洗方专以治疗发蛀脱发病（脂溢性脱发）。

3. 千年的字会说话。要善于保存、总结临床资料，日积月累，相当可观。不要忽视只言片纸，有了新的思路，要及时记录在案。俗话讲"好记性不如烂笔头"，文字比记忆更加可靠。至今，我还存有一些二十年代的资料，闲暇时翻阅一下当时治好病人的感谢证明书，对回忆病例颇为有益。

4. 慢走强过站。古语讲"学如逆水行舟，不进则退"。做学问要持之以恒，不怕慢，就怕站。停止不前，满足于现成的经验，必将一事无成。我常给青年人讲龟兔竞走的故事，勉励他们不断长足，有所进步。

5. 宁可会而不用，不可用而不会。俗话讲，"艺不压身"。凡有用的知识，都要用心学，现在不用，以后可能有它的用场。希望年青人珍惜大好时光，多学一些有益的知识，多掌握一些操作技巧。

为四化贡献晚年

1980 年底，我大病一场，生平第一次住进了医院。在院、所领导的亲切关怀和医务人员精心医护下，我很快好转出院，目前小休一段，待体健复元，争取做些力所能及的工作。

我知道,年岁大了,身体的各部件也不那么灵活了。就身体的健康而言,六十岁的人,一年不如一年;七十岁的人,一月不如一月;八十岁的人,一天不如一天。对这种新陈代谢的必然,我内心感到十分平静。所感欣慰的是我的记忆力还不错,腿脚还算灵便。我愿意在耄耋之年,抓紧有限时间,扎扎实实地做点经验整理工作,为祖国的四个现代化贡献出我的晚年。

(陈凯整理)

试论中医外科"消、托、补"法中的托法及761 例治疗分析

北京中医医院　　高益民　　张金茹　　杨志生
　　　　　　　　　杨景明　　魏俊杰

指导:赵炳南教授

(上海中医药杂志 1980,(1):16-18)

中医外科在治疗上有"消、托、补"三大法则。《外科精要》说:"凡为疡医,不可一日无托里之法"。说明托法在临床上应用较广。但是,历代医籍中有关的论述都较简略,现代医著中又无类似的概念,所以很有必要从实践与理论上加以研究和阐述。

一、100 个托法古方的分析

在查阅历代文献时,我们随机抽样,分析了 100 个以托法命名的方剂。在组方原则上,《证治准绳》等书认为"内托之药,补药为主,活血祛邪之药佐之,或以芳香之药行其郁滞,或加温热之药,御其风寒。"所以托药实际上包括补药、活血药、芳香行郁药、解表药等。100 个托法古方所选用的药味分类见表 1 甲组。

表 1　100 个托法古方与临床病例所选药物分类表

分类		补益	活血	解表	清热	化痰散结	泄利	芳香理气	其它	共计
味数 %	甲组	22 (19.1)	20 (17.4)	18 (15.7)	16 (13.9)	14 (12.2)	12 (10.4)	8 (5.2)	7 (6.1)	115
	乙组	28 (17.4)	20 (12.3)	16 (9.9)	42 (26.1)	15 (9.3)	19 (11.8)	11 (7.0)	10 (6.2)	161

从表 1 可以看出,所选药物与其组方原则完全相符。

二、761 例临床病例分析

我们无选择地分析了门诊与病房的急、慢性感染性疾病 761 例,其中男性

304 例,女性 457 例,绝大多数为青壮年,最小 3 个月,最大 82 岁。有完整病程记载的 701 例中,3~5 天者 190 例,6~15 天者 307 例,16~30 天者 126 例,1 个月以上 78 例。病种见表 2。

表 2　761 例外科感染性疾病病种分析表

病种	急性淋巴结炎	急性乳腺炎	疖与疖病	痈、急性蜂窝织炎	急慢性阑尾炎	深部脓肿	淋巴结核	手部感染	脚癣感染	慢性骨髓炎	慢性溃疡感染	败血症	粉瘤感染	急性附睾炎	胆道感染	褥疮	乳头瘘管	其他
例数	138	168	126	59	47	53	48	26	24	14	11	10	7	7	2	2	1	18

本组病例所选用的药味分类情况见表 1 乙组。

从表 1 看,761 例所选用的药味与古代所述组方原则基本相符,唯补益类(17.4%)略低于古方(19.1%),而清热类(26.1%)则高于古方(13.9%),可能与病情的需要和现代临床多倾向于"清托"有关。

三、两组药物的对比分析

根据 100 个托法古方与 761 例现实临床的具体应用,择其使用次数较多者,对比分析如表 3。

四、有关托药的分析

补益类:常用的如生芪、人参、当归、白术等。其中生芪为具有代表性的补托药,如《本草备要》中称其功能为"排脓内托,疮痈圣药"。

活血类:常用的如赤芍、川芎、归尾、山甲、皂刺、乳香、没药等。其中乳香能"消痈疽诸毒,托里护心"(《本草纲目》);没药能"散血消肿,定痛生肌",山甲能"通经脉,消痈肿,排脓血"(《本草纲目》);皂刺性"锐利能直达疮所,为痈疽、妒乳、疔肿未溃之神药"(《本草经疏》)。山甲、皂刺为具有代表性的透托药,两者"走窜很快,透脓极易,……对于坚块漫肿,借其流动窜透作用,也可以消散它的凝滞。若有脓成肉里,深藏筋骨,不易透达,则可用此,并加川芎,能使肿势高突,透达于外,提深就浅……"(张赞臣·《中医外科诊疗学》)。赵炳南教授:认为山甲、皂刺生用时穿透力强,长于冲散托溃,适用于肿疡未溃:炒用穿透力缓,长于化瘀托散,适用于脓疡已溃,瘀血腐肉未尽;炭用穿透力弱,长于活血生肌,排解余毒,适用于脓溃已久而余毒未尽。

表3 100个托法古方与761例现实临床应用分析表

补益药 / 活血药 / 理气药 / 解表药

药物	生芪	当归	人参	白术	炙甘草	熟地	附子	川芎	乳香	没药	皂刺	山甲	赤芍	陈皮	木香	厚朴	川楝子	白芷	防风	柴胡	薄荷	升麻
甲组	69.0	34.0	52.0	28.0	13.0	2.0	8.0	37.0	11.0	10.0	8.0	5.0	6.0	25.0	17.0	18.0	0	23.0	21.0	9.0	9.0	9.0
乙组	23.4	48.4	12.3	19.4	9.3	0.5	10.2	15.5	10.5	10.3	30.6	20.1	67.8	41.7	12.0	9.6	26.5	38.0	10.1	2.67	13.3	9.6

清热药 / 化痰散结药 / 泄利药

药物	银花	连翘	蒲公英	黄柏	生地	花粉	黄精	丹皮	地丁	败酱草	生甘草	桔梗	半夏	贝母	玄参	瓜蒌	茯苓	木通	生薏米
甲组	39.0	17.0	0	8.0	7.0	5.0	0	0	0	0	62.0	24.0	12.0	5.0	5.0	0	27.0	5.0	0
乙组	55.1	44.8	68.1	28.8	13.9	18.5	45.7	29.3	31.4	28.1	12.7	33.1	12.1	13.1	33.1	25.4	26.4	16.9	21.3

甲组系 100 个托法古方选用较多的药物的 %,乙组系 761 例临床病例选用较多的药物的 %。

理气类:功能为疏理气血、宣通透达。常用的如陈皮、川楝、木香等。其中陈皮理气和胃,"清痰涎……破癥瘕痃癖"(《药性本草》)、"疗妇人乳痛"(《本草纲目》):木香能"治一切气痛,痰壅气结,痃癖癥块,肿毒蛊毒。"(《本草备要》)。

芳香透托类:功能为疏郁透散,排脓生肌。常用的如白芷、桔梗、防风、升麻等。其中白芷"活血排脓,生肌止痛"(《本草备要》)。桔梗能"下一切气,补虚消痰,破癥瘕,养血排脓"(《华子本草》):升麻,长于升陷提托,解"风肿诸毒"(《本经》)、"疗痈肿"(《药性赋》)、"行瘀血"(《本草纲目》)。

清热类:常用的如银花、连翘、蒲公英、败酱草等。其中银花"能消痈疽疔毒,……去皮肤血热"(《生草药性备要》);连翘为"疮家圣药"(《珍珠囊》),功能"排脓"(《日华子本草》);蒲公英"治乳痈、乳疖、红肿坚硬尤为捷效"(《本草正义》);败酱草"善排脓破血"(《本草纲目》)。

散结类:功能软坚、散结、托毒。常用药如花粉、元参、川贝母、生牡蛎等。其中花粉善于"排脓,消肿毒,生肌长肉,消扑损瘀血"(《日华子本草》);元参能"散颈下核、痈肿……坚癥"(《别录》);川贝母能治疗"疗肿瘤疡,可以托里护心,收敛解毒"(《本草述》);生牡蛎能"软痞积,又治疮肿,为软坚收涩之剂"(《珍珠囊》),且能"化痰软坚……消癥瘕积块,瘿疾结核"(《本草纲目》)。

利湿类:如薏苡仁等,善于清热、利湿、排脓,治疗肺痈、肠痈等。

五、托法的分类及适用范围

我们对 761 例的临床分析,充分验证了古代文献的记载,并说明托法应用的范围确实很广,它既适用于肿疡和溃疡,也应用于虚证或实证。实证宜用托毒,虚证宜用补托。一般来说,托法可分为托散(或称清托)、托溃和补托三类。

1. 托散法　所谓"托散",即与消法密切配合,托里散之。主要适用于毒热炽盛,局部焮肿,气滞血瘀,热盛腐肉,脓将成而未成,根盘不深,形症在表。组方时针对病因以消法为主,辅以疏气活血、芳香散郁或解表的透托药,如归尾、赤芍、桔梗、白芷、乳香、没药等。

2. 托溃法　使脓早成速溃,而毒随脓泄。热盛腐肉脓欲成,消之不应,托散未已,就应当促其脓成速溃。组方时针对病因以托法为主,辅以消法,佐以扶正之品。常用的透托药如山甲、皂刺等。

3. 补托法　针对正虚邪实或正虚邪衰等情况,以扶正托毒外出,或托里护心,防止毒邪深陷。具体可分为两种:①脓已溃者,使肉早生。脓疡已溃,脓溢而气血耗,新肉难生,使用补托法。常用药如生芪、当归等。②气血虚者,托里补之。在具体运用时,又有三种情况:①脓溃日久,气血已虚,除全身虚象外,局部表现肌寒肉冷,"脓汁清稀,毒不出,疮口不合",或为"溃后脓少,或坚硬不软、不赤、不痛"等,都是气血虚的表现,应当补托。②气血素虚,外受邪毒,无力溃脓,必用内托。同时包括阴证在内,如《冯氏锦囊》中说"气血虚寒,初起毒陷阴分者,非阳和托里何能升达。"③正虚邪盛,毒气攻冲脏腑,必须提深就浅,托里护心,积极救治。总之,补托法的组方原则以补药为主,并根据情况佐以消法,用提毒升陷,或回阳固脱等药物。

综上所述,概括如下:

分类	治则	适用范围	常用方药
托散	疏解托散	脓将成而未成	仙方活命饮加减:桔梗、白芷、归尾、赤芍、花粉、川贝母、元参、陈皮等。
托溃	透脓托溃	脓将成或已成	透脓散:生山甲、生皂刺、川芎、当归、生芪、乳香、没药、白芷等。
补托	托里生肌	脓溃毒泄、气血不足	托里消毒散:人参、川芎、白芍、生芪、银花、白芷、炒皂刺、桔梗等。
	托里排脓	脓溃日久、气血虚衰	托里透脓汤:人参、白术、山甲炭、皂刺炭、升麻、生芪、当归、青皮等。
	托里溃脓	气血素虚、无力溃脓	神功内托散或阳和汤:生芪、当归、白术、人参、白芍、茯苓、山甲、木香、川芎、附子、麻黄、煨姜、陈皮、鹿角胶等。
	托里护心	正虚邪猛、毒邪深陷	生脉散加味或参附汤:人参、生芪、炙甘草、麦冬、五味子、附子、川贝母、升麻、乳香等。

六、对托法的评价

根据古代医家的见解和我们的临床实践,充分证明托法在外科领域应用较广,消、托、补三法密切相联,不能截然分开。托法不但强化消法,而且使补法增效,起到了枢纽作用。内托具有扶正以祛邪的作用,从某种意义上讲,能增强机体的抗病能力。

托法从治则上分析,是"正治从治之义",因而不但适用于外证,内证也可应用。从其具体法则上看,托法是以扶正为前提,辅以疏气活血,佐以辛散透达或升陷祛邪,扶正与祛邪兼施。从疾病的过程来看,托法适用于脓将成、脓已成或已溃等阶段。由于未能早期消散,正气已见耗伤,故以扶正为前提。而气血壅滞又为疮疡之根本,辅以疏气、活血、破瘀之品以通其"血泣",佐以辛散、芳香、透达之品,因其味辛以助散、性温以助化,共奏疏通郁滞之效,使气血畅通,外邪得以驱散,腐脱肉败,瘀去新生。同时针对病因,配合清热解毒、化痰散结、养阴软坚、温经散寒或利湿清热等法则。所以,虚证、实证都可应用。

附　录

附录 1

赵炳南年谱

1899 年 9 月 1 日	出生于河北省宛平县三里河村。
1899 年—1905 年	幼年时期,家庭贫困,体弱多病。
1906 年—1912 年	就读于河北省宛平县私塾学堂。
1913 年—1919 年	拜名老中医丁德恩为师,跟师在"德善医室"学徒。
1917 年	丁德恩老师因病逝世。
1917 年—1920 年	丁德恩众徒弟留驻"德善医室",师兄弟间相互学习、提携。
1920 年	取得"医士"行医执照。
1920 年—1926 年	在北京西交民巷 74 号开设"医寓",挂单行医,兼家属居住。
1926 年	"赵炳南医馆"(北京西交民巷 51 号)挂牌,赵炳南先生开始授徒施教,家属全部迁至半壁街居住。
1926 年—1951 年	于"赵炳南医馆"悬壶应诊,授徒施教。
1947 年	在赵炳南先生的资助下,中国回教促进会普慈施诊所成立(北京市回民医院前身,广安门大街 100 号),此外他还无偿捐助诊所所需的医疗器械和生活用品。
1951 年	赵炳南医馆停业。
1951 年—1956 年	在北京第二中医门诊部等中医机构工作。
1956 年	开始在北京中医医院工作。
1956 年—1972 年	在北京中医医院先后担任外科主任、皮外科主任、皮科主任;副院长、名誉院长;并任中央皮肤性病研究所顾问、中国人民解放军外科整形医院顾问等职。

1973 年	创建北京中医医院皮肤科,在全国率先将中医皮肤科从中医外科分离、独立出来。
1975 年	出版《赵炳南临床经验集》。
1977 年	荣获"北京市卫生科技先进个人"称号、"北京市科学技术先进工作者"称号。
1978 年	《赵炳南临床经验集》荣获"全国科学大会"奖,受到全国医药卫生科技大会表彰。
1979 年	当选第一批"全国老中医药专家学术经验继承工作指导老师"。
1982 年	"庆祝赵炳南老中医从医 65 周年"大会在北京人民大会堂隆重举行。
1984 年 7 月 6 日	赵炳南先生因病在北京逝世,享年八十五岁。
1987 年	中华人民共和国卫生部为感谢赵炳南任卫生部科学委员会委员期间所做的贡献,特授予表彰。
1987 年	"北京市赵炳南皮肤病医疗研究中心"成立。
2007 年	"赵炳南名家工作室"(北京市中医管理局)成立。
2013 年	燕京赵氏皮科流派传承工作室成立(国家中医药管理局)。

曾担任职务:

1. 医学专业

华北国医学院外科教授、北京市中医分会外科委员、中华医学会外科分会委员、中华医学会皮肤性病学分会委员、中国中医学会副理事长、北京中医学会理事长、北京第二医学院中医系教授。

2. 宗教事业

中国伊斯兰教协会理事、北京伊斯兰教协会副会长。

3. 社会职务

第四、五届、六届全国人大代表;中华人民共和国卫生部科学委员会委员;北京市第二、三、四、五、七届人大代表;北京市第七届人大常委会委员。

2014 年 2 月 4 日修订

赵炳南学术传承链

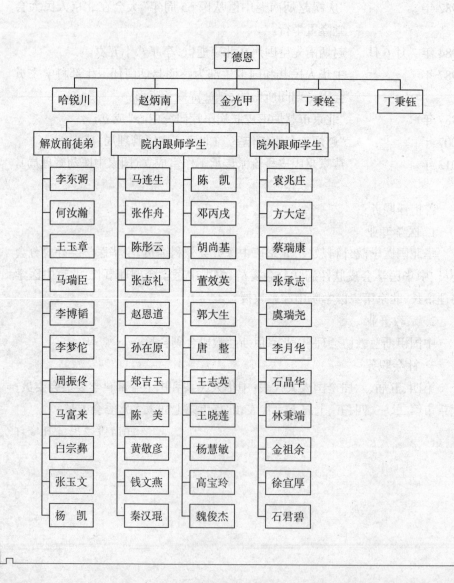

```
                          丁德恩
   ┌──────────┬──────────┼──────────┬──────────┐
 哈锐川      赵炳南      金光甲      丁秉铨      丁秉钰
         ┌──────┴──────┬──────────┐
     解放前徒弟    院内跟师学生   院外跟师学生
```

解放前徒弟	院内跟师学生		院外跟师学生
李东弼	马连生	陈 凯	袁兆庄
何汝瀚	张作舟	邓丙戌	方大定
王玉章	陈彤云	胡尚基	蔡瑞康
马瑞臣	张志礼	董效英	张承志
李博韬	赵恩道	郭大生	虞瑞尧
李梦佗	孙在原	唐 整	李月华
周振佟	郑吉玉	王志英	石晶华
马富来	陈 美	王晓莲	林秉端
白宗彝	黄敬彦	杨慧敏	金祖余
张玉文	钱文燕	高宝玲	徐宜厚
杨 凯	秦汉琨	魏俊杰	石君碧

赵炳南诞辰 115 周年系列纪念活动之
——游坟

　　2014 年 5 月 18 日,北京中医医院领导、相关职能部门及皮肤科一行近 60 人,来到位于北京西北旺回民公墓的赵炳南老大夫墓前,与赵老的亲属共同进行祭扫活动,回民称之为"游坟",表达对赵老的追思。

　　今年是赵炳南诞辰 115 周年,皮肤科在医院的大力支持下启动了一系列纪念活动。此次祭扫即为系列活动之一。医院对此高度重视,刘清泉院长亲自率队,王大仟、刘东国、王国玮副院长及江宏才副书记全体参加,相关职能部门包括医务处吴春华处长、医患关系部王阳主任、护理部郝丽主任、宣传中心李学燕主任热情参与。院办及宣传中心的相关工作人员辛苦组织、记录。皮肤科的老专家、在职医、护、技、研究生、进修生 40 余人参加。

　　活动由皮肤科周冬梅副主任主持,刘清泉院长代表医院发表了真挚、热情的讲话,追忆赵老的医德、医术,肯定了中医皮肤科传承赵老学术思想及经验所取得的成绩,鼓励后学奋发努力,不断传承创新,延续赵老精神。燕京赵氏皮外科流派传承工作室负责人曲剑华主任代表皮肤科发言,表达了对赵老的崇敬、思念之情,表示了皮肤科后学勇担重任、传承赵老思想、发展中医皮肤科事业的决心。赵炳南先生的幼子赵恩道老师代表亲属对医院表示感谢,对赵老所挚爱的事业后继有人表示欣慰。其后,大家在赵老墓前深深三鞠躬,为赵老及夫人献上鲜花。整个活动在隆重、肃穆、深情的气氛中圆满完成。

　　附:刘清泉院长在赵老墓前的讲话

　　今天,我们聚集在这里,缅怀这位老人,我们的前辈赵炳南先生。赵炳南先生生于 1899 年,少年时代拜师于京城外科明医丁德恩先生门下,焚膏继晷,兀兀穷年,多思善悟,融汇百家,年方弱冠,誉满京华。先生精湛的医术广受称

237

道，先生慈悲为怀的善良广受赞誉，老北京有话："看病没有钱，去找赵炳南"。

中华人民共和国成立以后，赵老把自己的诊所尽数捐献给国家，北京市在其基础上吸纳全市名老中医建立了北京中医医院，荟萃名家，在全国声誉卓著。

1954年国家组建中央皮肤性病研究所，赵老负责中医研究组的带教、临床工作，在那里培养了张志礼、秦万章、边天羽、袁兆庄、方大定、陈美等我国第一代中西医结合皮肤科学的精英，正是这些弟子在几十年后开创了中国中西医结合皮肤病学事业。

1974年赵老率先组建了我国第一家独立的中医皮肤科，这标志着中国中医皮肤学科的创建，1975年出版的《赵炳南临床经验集》是第一部皮肤科老中医经验集，1983年出版的《简明中医皮肤病学》第一次建立了完整的皮肤科辨证论治、理法方药体系，无数后学从中受益，二者可以说是现代中医皮肤科的奠基之作。

站在赵老墓前，我们可以清晰地看到，在90年前，他所开拓的解众生出离疾苦，救贫贱免于困厄的大医之路。我们可以清晰地看到，40年前，他带领7个人，毅然走出兴旺发达的外科，转而专注不为人重的疥癣之路。

我们清晰地看到40年前，赵炳南先生走出的那条路越来越宽广，越来越明亮，在这条路上点缀着一颗颗明星，一片片绿叶。这条路一直延伸到今天，延伸到我们的面前！

赵老解放前即以外科享誉京华，解放后披坚执锐，拓土开疆，建立了中国第一家中医皮肤科。今天，当我们回顾中国中医皮肤病学事业的时候，赵老正是那第一座巍峨的高山！当今众多的中医及中西医结合皮肤病学的知名专家，均受教于赵老门下。

30年来，北京中医医院皮肤科始终保持着中国中医皮肤学科的领军地位，站在这里，我们可以非常自信地说：赵老，请您放心！我们仍会继续努力，继承您的学术、开拓新的方法，为百姓的健康献力！赵老，请您放心！您所开创的事业将始终延续，越来越好！

附录 4

"赵炳南诞辰 115 周年纪念"活动

　　2014 年是赵炳南诞辰 115 周年,为了传承赵老的学术思想,缅怀赵老的大医精神,首都医科大学附属北京中医医院于 2014 年 9 月 12 日上午 8:00 在北京康铭大厦举办"赵炳南诞辰 115 周年纪念活动"。活动邀请了赵老的家人 50 余人、全国各地中医皮肤科界专家、同道 300 余人参加。活动由徐春军副院长主持,刘清泉院长代表医院致辞,表达了对赵老的怀念及崇敬之情,表示要努力传承赵老的学术思想及大医精神。

　　赵老嫡嗣赵恩道先生代表赵老亲属发表了感人至深的讲话,缅怀了赵老的高尚医德、高贵人品、高超医术,勉励后辈接好赵老的班,将中医皮肤科事业发扬光大。国家中医药管理局王志勇副局长、北京市中医管理局屠志涛局长、北京市医院管理局潘苏彦副局长、中华中医药学会洪净副秘书长参加了此次活动,并发表了高屋建瓴的讲话,表达了对赵老的崇敬,也提出要求要做好传承工作。我院的老专家张志真、丁瑞、周德安、吕培文、皮科的老专家们、医院党委书记信彬、王大仟副院长、王国玮副院长、刘东国副院长、多位职能处室的领导、科主任参加了纪念活动。

　　本次活动由皮肤科承办。活动发布了《大医精诚赵炳南》纪念图册,赠送了中医皮肤科奠基之作《简明中医皮肤病学》。多家媒体进行了报道。

　　与会者无不感怀赵老的高尚医德,折服于赵老的高超医术。

　　赵老的学术思想必将发扬光大,赵老的精神激励着后辈不断前进。

附:赵恩道先生在"赵炳南诞辰 115 周年纪念活动"上的讲话:

尊敬的各位领导、各位同仁、媒体朋友们大家好!

在举国欢庆共和国 65 周年华诞的喜庆日子里,首都中医界、中医皮外科学界又迎来了已故著名老中医、家父赵炳南先生诞辰 115 周年纪念会的召开。这次纪念活动的开展,表明了国家对赵炳南几十年为医疗事业所作出的贡献的充分肯定与褒奖,更充分体现了党和国家政府对中医药事业的高度重视与亲切关怀。在此,我谨代表赵老全体家属、亲友、弟子、学生们预祝大会圆满成功。

赵炳南的一生,经历了从没落晚清王朝到中华人民共和国诞生的多个时代,八十五年的人生路,他饱尝了童年的苦难和少年的艰辛,谱写了中年不懈奋斗的篇章,终于迎来了解放后的晚年辉煌。赵老曾多次感慨至深地说过:"像我这样一个在旧社会给人家瞧疙瘩的小大夫,达官贵人看不起我,黑恶势力欺压我,给这些人看病,整日提心吊胆,处处看人脸色,哪里还谈得上什么社会地位和做人的尊严?!解放以后,党和国家在事业上给予了我充分的支持,提供了优越的工作条件和技术支援,不仅如此,还在社会地位上给予我如此荣誉,选举我做全国人民代表大会代表,在庄严的人民大会堂能够荣幸地与党和国家领导人一起共商国是,这在旧社会是连想都不敢想的,真是新旧社会两重天啊!"

赵炳南在他行医的六十余年中,对自己所从事的"救死扶伤、治病救人"的神圣事业无限忠诚,对他诊治的饱受疾病折磨的患者们无比关爱,对祖国中医药事业更是无私奉献出了自己多年积累的学术经验。他说过:"我的点滴经验,是广大患者给予的,从他们那里得来的经验要还给大家,要更好更快地把他们的病痛医好,取之于民用之于民。"赵炳南是这样说的,也是这样做的。"治病救人、普济众生"八个字,在赵炳南六十余年的行医生涯中得到了充分而透彻的诠释。

赵炳南自幼背负着两座大山——穷困与疾病,饱受折磨。所以,他立志说:"我永远也不能忘记与我同根相生的穷苦大众和病人,我一定要千方百计地把他们的病医好,在生活中尽我所能救助一些,让他们的身体能早日恢复健康,生活得到些许改善,这就是我最大的心愿。"

早在 1926 年赵炳南医馆落成开诊之日起,赵炳南就自立馆规:每日开诊时间从一般的 7 点提前一个小时,6 点整开馆,这提前出的一个小时,就作为"施诊"的专用时间。所谓"施诊",相当于今天的义诊,但是其公益程度犹有过之。馆规规定:每天施诊一小时,接诊 10 人,患者无论贫富,一律免去全部费用,逢年过节也从不停诊。这一善举坚持了整整三十年,受惠的患者累计约十万零九千五百人次。

在常规的应诊时间内,对一些病情极为严重、又无力就医的患者,赵炳南特别发放"免费牌",此牌可以保证患者在整个医疗过程中的所有费用,包括挂号费、诊治费、药费、换药费、敷料费五费全面,直到患者痊愈为止。此外,凡是行动不便的下肢疾病患者,在手术后,还另外发给车资,供患者乘人力车回家。像这样的例子,在三十年的医馆诊疗中数不胜数,也正因此,京城内外就传遍了一句顺口溜:"北京有个赵炳南,看病不花钱。"有患者说:"赵先生是用良心和能耐为我们治病的。"人们从中不难看出,赵炳南之所以受到如此众多的患者的尊敬与爱戴,其真谛就在于他的医者仁心。

解放后,按照赵老本人的说法,与解放前的境遇相比,他最深刻的体会可以概括为八个字:"做人尊严、如鱼得水"。

"尊严",对当时已经五十二岁的赵炳南来说,来得晚了些,但是他终于切身感受到了尊严的真正涵义,他终于可以堂堂正正做人、踏踏实实看病了。在北京中医医院工作的三十年间,他勤勤恳恳、任劳任怨。虽然,患者们不再需要生活上的救济,但赵炳南对他们的关怀反而更深了。每到春节,正月初一的一大早,赵炳南总是先到中医医院的病房,去看望那些不能回家与家人团聚的住院患者们,给他们拜年,让患者深受感动。曾经有位住院的老年患者,当赵老走到他的病床前,拉着他的手给他拜年时,这位老患者竟一时语塞,抱着赵老哭了起来,他深情地说:"赵老真是活菩萨啊!"这一习惯,一直被赵炳南保持着,一九八四年春节,他身患重病,却不顾家人的劝阻,带病去了北京中医医院,这是他人生中最后一次看望他难以割舍的患者们,最后一次给他们拜年。

如果说治病救人体现了赵炳南的高尚的医德和高超的医术,那么理论研究则从另一个侧面展现了赵老精研医学的精神。一九七五年,凝聚了赵炳南几十年心血的专著《赵炳南临床经验集》问世了,这是一本装帧简约质朴的小书,但是它字里行间都承载着赵炳南数十年临床经验的精华,是汗水与智慧的结晶。有人统计,仅书中记载的赵炳南所贡献的秘方、验方,累计达150余件,其献方数量之多、内容之广泛,在祖国中医药史上也属稀见。

在这本经验集里,人们不仅能从中读出赵炳南的医疗学术经验,也能深刻感受到赵老数十年作为医者的严谨精确,更能体会到其中蕴含了赵老毕生的心血。这本经验集的问世,正应了赵老常说的几句话:"人活九十九,经验不带走。"、"我的一点点临床体会,都是从病人那里得来的,都是病人的奉献,我们应当把这些经验用于临床,还给人民。"

"我为他人生存,我为病人奉献",是赵炳南一生的写照,也是他终身的座右铭。

今天,赵炳南已经离开我们整整三十年了,人虽远去,遗志尚在,人们至今仍在怀念、仍在追思。八十五年的人生历程,一个甲子的行医生涯,赵炳南留给人们的是一个勤俭质朴的普通医生形象,但是他高贵的人品、高尚的医德、高超的医术至今依然烛照后世。八十五年的时间,对一个人来说,可谓漫长,但在人类历史的长河之中仅仅是一瞬间,是划破夜空的一颗流星,闪光是短暂的,然而这束光的轨迹至今依然存在,它曾经也必将始终为我们祖国的中医药事业增添一缕光芒。

同志们,朋友们,我们完全有理由相信,在先辈遗志的烛照之下,我们必然能够继承名老中医们的遗志,精诚团结、共修医德、精研医术,尽心竭力推动祖国中医药事业的繁荣发展!

再次感谢大家!

附录5

赵炳南医道格言

（由中国书法家协会会员王鹤勇书写）

赵炳南醫道格言

活到老学到
老宁可备而不
用不可用而不
备

一個人什麼都可以沒

有就是不可以沒有良

心什麼都可以忘記就

是不能忘記根本

但求無愧我心

豈能盡遂人願

正人先正己

責人先責己

勤能補拙

243

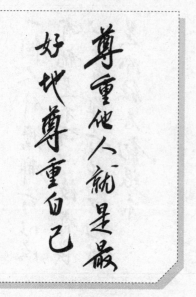

疾雖久猶可畢也

言不可治者未得

其術也 摘自内經靈枢

尊重他人就是最

好地尊重自己

赵炳南先生医道格言

赵炳南先生摄于 20 世纪 20 年代　　赵炳南先生摄于 20 世纪 30 年代　　20 世纪 30 年代赵炳南先生与家人合影

20 世纪 30 年代赵炳南先生（右一）与父母、夫人、兄嫂、孩子在宅院里合影

赵炳南先生医馆，创立于 1926 年

患者赠予赵炳南先生的感谢信

赵炳南先生与医馆同仁

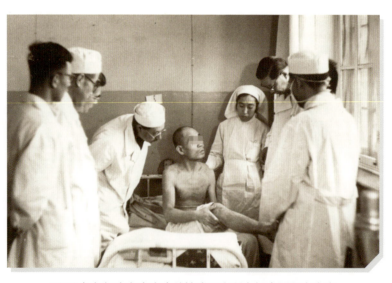

1958 年赵炳南在中央皮肤性病研究所参加中西医大查房
从左至右为吴绍熙教授、李全成教授、曹松年教授、赵炳南先生、张惠蓂护士
长、李洪迥教授等

1959 年赵炳南先生在中央皮肤性病研究所讲学

1959 年北京中医医院收徒大会后师徒合影
一排老师从左到右为祁振华、宗维新、周慕新、赵炳南、张菊人、王乐亭、魏舒和、王志敏

北京中医医院中医
研究所参加卫生部
主办中医治疗白疕
科研全体同志合影

参加卫生部主办中医治疗牛皮疬（白疕）科
研全体同志合影 于北京市中医医院
中医研究所 1965.10.

1967年赵炳南先生亲笔书写的
处方

赵炳南先生（中）和名老中医关幼波（左一）、王鸿
士（左二）等在一起

赵炳南先生(右二)和王忠诚院士(右三)一起参观展览

赵炳南先生和名医关幼波

赵炳南先生(左一)和名医王大经(中)

赵炳南先生和名医在一起
从左至右为赵炳南、王为兰、王鸿士

赵炳南参加全国科学大会时与代表合影

赵炳南先生参加学术会议

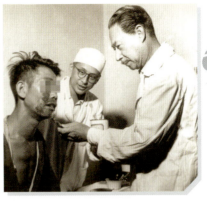

赵炳南先生带徒（张作舟），并亲自为
患者上药

赵炳南先生（左一）向徒弟
张志礼（右一）、秦汉琨（中）
传授技艺

皮肤科第一代学科带头人赵
炳南先生与第二代学科带头
人张志礼教授在一起切磋

7

赵炳南先生指导进修学生应用鲜药

赵炳南先生和学生一起研究鲜药
从左至右分别为陈凯、孙在原、赵炳南、张志礼，后面为邓丙戌

20 世纪 70 年代赵炳南先生（右一）和医护人员一起研究（张志礼左二、郑吉玉右一、林淑香左一）

赵炳南先生（左三）与众学生在一起
从左至右为陈美、陈凯、孙在原、张志礼、郭大生、秦汉琨等

精诚大医赵炳南

20 世纪 70 年代末赵炳南先生和
皮科医护人员在病房楼前合影

赵炳南先生现场指导
中药膏剂熬制工作

赵炳南先生与高益民（右三）、李维藩（左三）、谭祯强（右二）、李培廉
（右一）等合影

9

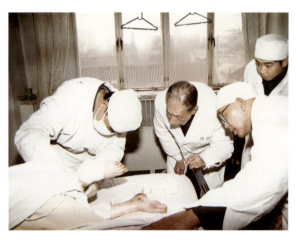

赵炳南先生（左二）指导学生换药

《赵炳南临床经验集》获全国科学大会表彰

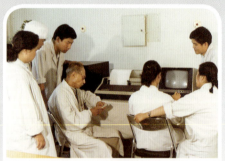

赵炳南先生常说："拳不离手，曲不离口，经验不带走。""经验不带走"是说：要把我的点滴经验和体会毫无保留地献给党和人民，传给青年一代，绝不带进坟墓。赵炳南先生在同志们的协助下，将有较好疗效的十个常见病整理成计算机语言，编好程序，输入电子计算机，备日后的临床、教学、科研应用。晚年的赵炳南先生常督促徒弟和助手："我的时间不多了，抓点儿紧。"潜台词是：我的有生之年不多了，你们要抓紧时间做好经验整理工作。将来即便我没了，文字还在，经验还在。病人找不到我，还可以找到计算机，计算机可以替我看病，他是多么牵挂他的病人啊！

陈凯医生正在为赵炳南先生录音

晚年的赵炳南体弱多病,难以胜任繁忙的门诊业务,他就克服食欲不振、恶心等身体的诸多不适,采用录音方式,讲一点录一点,根据录音材料整理成文。这是一种快速、准确、省力的方法,有利于经验的整理和传授

赵炳南先生阅读过的部分医学典籍

赵炳南先生毕生学习孜孜不倦

11

赵炳南先生在练"一尺功"

赵炳南先生当选全国人大代表

1982年北京日报刊登赵炳南先生行医65
周年报道

邓颖超同志因病未出席座谈会，
特意请人送来了贺信和花篮

时任北京市市长焦若愚出席赵炳南
先生行医六十五周年座谈会

精诚大医赵炳南

20 世纪 80 年代初赵炳南先生和部分院领导、名老中医合影

1982 年赵炳南先生为中国医史文献研究所成立欣然题词

1984 年北京日报刊登赵炳南先生逝世讣告

赵炳南先生晚年照片

北京市赵炳南皮肤病研究中心
成立大会照片

赵炳南研究室、陈彤云工作室揭牌仪式
首都国医名师,时为国家级名老中医陈彤云教授(87 岁左四)、北京市中医管理局赵静局长(左五)、科教处屠志涛处长(左二)、院长王莒生(左三)、书记陈誩(右四)、副院长金玫(右三)、王笑民(左一)、王国玮(右二)出席

1996 年 5 月北京中医医院为纪念医德高尚医术精湛的全国著名老中医赵炳南教授立杏林春满石碑

2006 年 4 月北京中医医院皮科召开赵炳南学术思想建设研讨会
前排从左至右为郑吉玉、钱文燕、陈美、王莒生、蔡瑞康、张作舟、陈彤云、袁兆庄、张承志

2013 年中国伊斯兰教协会会长陈广元缅怀赵炳南先生题词

赵炳南诞辰 115 周年系列纪念活动之——游坟
北京中医医院领导及皮肤科同仁、赵老家属在赵老坟前表达哀思

15

赵炳南诞辰 115 周年纪念会

赵恩道先生代表赵老后人发言,国家中医药管理局王志勇副局长,北京市中医管理局屠志
涛局长,北京市医管局、北京中医医院、各级学会领导出席并发表讲话,全国各地中医皮肤
科及兄弟科室老中青专家、同道齐聚一堂,缅怀赵老